社會工作名人傳

林萬億、鄭如君　等著

五南圖書出版股份有限公司

序

　　2009年專門職業及技術人員高等考試社會工作師「社會工作直接服務」，那一科測驗題第10題題目問：社會工作教育需要包括一些知識的領域，下列哪一項不是絕對必要性的知識？（A）社會環境中的人類行為（B）社會工作實施方法（C）社會工作的歷史觀點與趨勢（D）社會福利政策與服務。官方公布的標準答案是（C）。這是一題沒有標準答案的題目，但是，遺憾的是命題委員仍然堅持答案是（C）。這對社會工作教育來說是一個嚴重的誤導。亦即，對社會工作學生來說，社會工作的歷史觀點與趨勢是非絕對必要學習的課題；其餘三項則是絕對必要的。命題委員的意思大概是，不知社會工作的歷史觀點與趨勢知識的社會工作者仍可以實施社會工作；而不學人類行為與社會環境、社會工作實施方法、社會福利政策與服務的人做不出社會工作。明眼人一看就知道，出這麼一題不是在強調人類行為與社會環境、社會工作實施方法、社會福利政策與服務三者的重要性，而是在突顯社會工作的歷史觀點與趨勢的相對不重要。我相信世界上推動社會工作專業化的國家，沒有哪一國的社會工作教育會這樣看待這四者的關係。

　　很諷刺的是同一份考題的第21題題目是：地區發展、社會計畫與社會行動是最被廣泛使用的社區工作模式，其歸納、建構者是：（A）Batten（1967）、（B）Taylor & Roberts（1985）、（C）Weil（1996）、（D）Rothman（1968）。第22題題目是：1917年出版的第一本社會個案工作的專書——《社會診斷》作者是：（A）Perlman, H. H、（B）Richmond, M. E、（C）Biestek, F.、（D）Dewey, J.。不知道這兩題是社區工作與個案工作，或是歷史與趨勢？沒有Jack Rothman（1968）把過去半個世紀以來社區組織與發展的工作經驗加以彙整，就不會有後來社區工作被廣泛採信的三種模式。沒有Marry Richmond（1917）將她過去在紐約慈善組織會社的慈善學校教學的案例討論彙整，就沒有《社會診斷》（Social Diagnosis）這本書，

社會個案工作的發展很可能會延宕一陣子。試問，這兩件事是歷史？還是社會工作實施方法？同樣的情形出現在第28題：何時才真正用「團體工作」之名，來表達以小團體作為社會工作實施對象的社會工作新方法？（A）1917年、（B）1927年、（C）1930年、（D）1940年。這不是歷史是什麼？

　　拋棄歷史就不可能有典範學習的機會。典範學習（Learning from examples）可以從人身上找到學習的榜樣，也可以從事件中提煉學習的素材。在企業界稱為標竿學習（Benchmarking），透過尋求最佳行為典範，並將之視為學習對象的方式。在企業管理界，強調的是足以作為本企業模仿對象的經營模式或組織管理，以利截長補短，迎頭趕上。在臺灣教育界也將標竿學習納入校務發展的一環，各大學均在尋找模仿對象，以作為自身仿同的目標學校，以該校作為短期或長期達成目標的理想指標。

　　而典範學習在教育界推動最多的是醫學教育，醫師的養成被認為必須要有典範人物，從典範醫師的行事風格中建立醫學院學生對行醫的認同。因此，醫學界整理了一些前輩醫師的事例，好讓醫學院學生可以模仿。此外，中小學的品德教育也以歷史人物的優良事例，激勵學生模仿。

　　典範學習的理論根據是班度拉（Bandura）的社會學習理論（Social Learning Theory）（Bandura and Walters, 1963）。班度拉指出人們經由觀察、模仿、示範而從他人身上學習到行為。由於社會學習理論包含：注意（attention）、記憶（memory）與動機（motivation），使這個理論被認為是架起行為學派與認知學派的橋樑。

　　班度拉認為人們經由觀察他人行為、態度與行為結果而學習。而其中大部分行為是經由示範的觀察。從觀察他人，人們形成一個新的行為表現的想法，此後，一旦有適當機會，這個儲存在腦袋中的編碼資訊就會引導人們訴諸行動。社會學習理論說明人類行為是經由認知、行為與環境影響間持續交互的互動結果。而有效的示範學習效果必須有以下條件：

1. 注意：許多因素影響人們對事物的注意的增減，例如獨特性、情感分量、普遍性、複雜度、功能價值等。個人的性格特質也影響注意力，

　例如，敏感能力、激勵程度、理解組、過去的增強等。

2. 保留記憶（Retention）：記住那些曾經注意到的事物，包括：符碼、
　心理印象、認知組織、符號預演、運動預演。

3. 再生產（Reproduction）：記憶的再生產，包括：生理有能力、自我
　再生產的觀察。

4. 動機（Motivation）：有好的模仿理由，包括好的成績（古典行為主
　義），承諾（印象誘因）與替身（看到與喚醒增強的示範）。

　　社會工作學習的典範可以是歷史人物、教師、實習督導，也可以是工作
的伙伴，只要這些人物的行事作風足以成為社會工作者的模仿對象，就是值
得推崇的。從典範學習的精義來看，是向好的、有利的學習。

　　閱讀、研究與分析歷史幫這我們了解過去，提醒當今。歷史不是數字、
年代、人物，而是由一系列的事件所組成。唯有透過對歷史人物在一系列事
件中的表現，始能較清晰地理解歷史人物的典範價值。歷史人物因在其事件
中的表現，彰顯其典範。當然，典範人物沒有足以為人景仰的品德、操守、
能力、勇氣，不可能在諸多艱難的事件考驗，在混沌未明的環境挑戰下，她
們的事蹟被後人所記憶、傳頌、效法。

　　本書蒐集英國、美國社會工作歷史上13位重要的社會工作的開拓
者與社會改革者。依其出生順序排列，最資深的是美國的桃樂絲・狄克
思（Dorothea L. Dix, 1802-1877），最資淺的是美國的梭爾・阿林斯基
（Saul Alinsky, 1909-1972）。其中來自英國的有5位（組）：約瑟芬・
巴特勒（Josephine Butler, 1828-1906）、奧克塔維雅・希爾（Octavia
Hill, 1838-1912）、阿諾德・湯恩比（Arnold Toynbee, 1852-1883）與山
謬・巴涅特（Samuel A. Barnett, 1844-1913）、韋布夫婦（Beatrice Webb,
1858-1943 and Sidney Webb, 1859-1947）、艾格蘭汀・杰柏（Eglantyne Jebb,
1876-1928）。來自美國的除了最資深與最資淺的之外，另有6位（組）：
珍・亞當斯（Jane Addams, 1860-1935）、瑪麗・芮奇孟（Mary Richmond,
1861-1928）、阿寶特姊妹（Edith Abbott, 1876-1957 and Grace Abbott,

1878-1939）、瑪麗・范柯立克（Mary van Kleeck, 1883-1972）、柏莎・藍諾茲（Bertha Capen Reynolds, 1885-1978）、夏綠蒂・陶爾（Charlotte Towle, 1896-1966）。

如果就重要事蹟來分，狄克思是精神病理社工，巴特勒與杰柏是性別與兒童，希爾是住宅，湯恩比、巴涅特、韋布夫婦、亞當斯、阿寶特姊妹都屬睦鄰運動，芮奇孟、藍諾茲、陶爾屬個案工作，范柯立克與阿林斯基屬基變社工。若再以邂逅社會工作或社會改革的機運來分，參與慈善組織會社的有希爾、芮奇孟、杰柏、碧翠絲・韋布；參與或支持社會改革的有湯恩比、巴涅特、韋布夫婦、亞當斯、阿寶特姊妹、藍諾茲、陶爾、范柯立克與阿林斯基等。

早期在英國從事貧窮兒童教育與感化院的卡本特女士（Mary Carpenter）也是很值得推薦。只是，社會工作界對她相對陌生。也有人會問如果選擇慈善組織會社的重要發起人，為何不納入洛可（C. S. Loch）、博山葵（Bernard Bosanquet）等人，洛可長期擔任倫敦慈善組織會社的執行長，且被英國人尊崇為個案工作的創始人。本書認為慈善組織會社不是任何個人單獨創始的，而以芮奇孟來作為慈善組織的代表是因其不只是建立一套個案工作的原則，還將個案工作系統化、理論化，其500頁的巨著《社會診斷》，足以成為後世的典範。本書不納入洛可、博山葵等人的另一原因是他們的宗教色彩較濃。而同是美國慈善組織系統的迪萬（Edward Devine）、李波特（Porter Lee）也都是當年紐約慈善組織會社的重要人物，對當代社會工作專業教育貢獻良多，為何沒有被列入？的確迪萬創立了紐約慈善學校，李波特接手林賽（Samuel M. Lindsay）擔任院長，更發起社會工作是功能（function）還是成因（cause）重要的爭論？且到過中國推動救濟事業。沒有將他們納入，的確會有遺珠之憾。不過，與芮奇孟比起來，他們可討論的事蹟相對少，是被割捨的主因。

至於加入大學睦鄰運動的也不只本書提到的這些人物，還有一些人也是在各自的服務領域裡功績彪炳，例如：拉斯洛普（Julia Lathrop）、凱

莉（Florence Kelly）、布蕾金瑞琪（Sophonisba Breckinridge）、漢米爾頓（Alice Hamilton）、瓦德（Lilian D. Wald）等人，只能說有了亞當斯、阿寶特姊妹之後，在睦鄰運動方面事蹟就相對飽和了。同樣的，在基變社會工作方面，也是將陸里（Harry Lurie）、費雪（Jacob Fisher）、柯拉葛（Ewan Clague）等人割捨。就那個時代來說，也是一群人共同的努力。因此，介紹了范柯立克，就會把這些人也請出來。

又為何沒有把社會團體工作界的重要人物一併介紹呢？例如柯義爾（Grace L. Coyle）、柯那普卡（Gisela Konopka），的確這是值得考慮的。沒有她，團體工作的出現會晚一些時日。

最後，很敬佩修習我「社會工作名人名著選讀」的學生，很勇敢地將他們的讀書心得、討論結晶整理成本書的章節，分享給社會工作界，作為向社會工作前輩致敬的禮物。既然帶領學生一起研讀，就有義務將他們的文稿逐字、逐句、逐章的閱讀，修正其錯誤，增補其遺漏，並加上一些評論，直到每個章節都適合問世為止。所以，時間也耗費較多。但是，這是值得的。也很感謝五南出版公司支持這類書籍的問世，可能不會獲利太多，但將造福社工人，也會影響被服務對象的福祉。

希望這本書能帶給社會工作界再次的反思，避免重技術、輕人文，重技巧、輕哲理，重此時，輕歷史的弊病。如果社會工作發展成為只處理「案主」當前問題的技術專家，社會工作很容易被相鄰專業取代掉。

林萬億 謹誌
於2013年秋

目錄

作者簡介

第一章　林萬億　臺灣大學社會工作學系教授
第二章　董盈君　臺灣大學社會工作學系畢業，東華大學自然資源與環境學系碩士班研究生
　　　　陳慈慧　臺灣大學社會工作學系畢業
第三章　宋名萍　臺灣大學社會工作學系碩士班研究生
　　　　陳慈慧　臺灣大學社會工作學系畢業
第四章　魏滿佐　臺灣大學社會工作學系畢業
　　　　施郡珩　臺灣大學社會工作學系畢業
　　　　蔡奕屏　臺灣大學社會工作學系畢業，臺灣大學建築與城鄉研究所研究生
第五章　鄭如君　臺灣大學社會工作學系碩士
　　　　林萬億　臺灣大學社會工作學系教授
第六章　陳映竹　臺灣大學社會工作學系學生
　　　　吳珈維　臺灣大學社會工作學系畢業
　　　　董奕弦　臺灣大學社會工作學系畢業
第七章　陳映竹　臺灣大學社會工作學系學生
　　　　陳怡萍　臺灣大學社會工作學系學生
　　　　郭德蕙　臺灣大學社會工作學系畢業
　　　　李尙樺　臺灣大學社會工作學系學生
　　　　李孟璇　臺灣大學社會工作學系畢業
第八章　宋名萍　臺灣大學社會工作學系碩士班研究生
　　　　董奕弦　臺灣大學社會工作學系畢業
　　　　蔡奕屏　臺灣大學社會工作學系畢業，臺灣大學建築與城鄉研究所研究生

第九章　李盈儒　臺灣大學社會工作學系碩士班研究生
　　　　王　悅　臺灣大學社會工作學系碩士班研究生
　　　　李佳勵　臺灣大學社會工作學系畢業
第十章　鄭如君　臺灣大學社會工作學系碩士
　　　　郭德蕙　臺灣大學社會工作學系畢業
　　　　陳怡萍　臺灣大學社會工作學系學生
第十一章　董　昱　臺灣大學社會工作學系畢業，清華大學社會學研究所
　　　　　　　　　碩士班研究生
　　　　　劉冠儀　臺灣大學社會工作學系畢業，陽明大學衛生福利研究
　　　　　　　　　所研究生
　　　　　董盈君　臺灣大學社會工作學系畢業，東華大學自然資源與環
　　　　　　　　　境學系碩士班研究生
第十二章　王　悅　臺灣大學社會工作學系碩士班研究生
　　　　　李佳勵　臺灣大學社會工作學系畢業
第十三章　魏滿佐　臺灣大學社會工作學系畢業
　　　　　吳珈維　臺灣大學社會工作學系畢業
　　　　　施郡珩　臺灣大學社會工作學系畢業
第十四章　李盈儒　臺灣大學社會工作學系碩士班研究生
　　　　　李佳勵　臺灣大學社會工作學系畢業
　　　　　王堯平　臺灣大學社會工作學系畢業
　　　　　董　昱　臺灣大學社會工作學系畢業，清華大學社會學研究所
　　　　　　　　　碩士班研究生

第一章　從社會工作歷史人物學習典範

前言

　　一部社會工作發展史幾乎就是一部歐美社會福利史，或福利國家發展史的縮影。如果沒有社會福利的發展，幾乎可以斷定不會有今日社會工作的出現。誠如美國社會福歷史學者川特諾（Trattner, 1999: 1）所言：「任何社會福利體系的基本信條與方案反映了該社會的系統功能運作的價值。如同其他社會制度的出現一般，社會福利體系不可能憑空冒出，必然從習俗、法規與過去的實踐中找到其血脈。」另一位社會福利史學者賴比（Leiby, 1978: 6）也說：「一個國家的社會福利制度的出現與發展必然回應了某種社會、文化、政治與經濟環境，且被此環境所形塑。」一般論者都會說：「社會福利政策的發展是為了回應社會問題。」（Karger & Stoesz, 2006），更精準地說是：「回應十九世紀工業化下的都市生活問題」（Leiby, 1978: 2）。亦即，貧窮、失業與勞工集中到城市之後衍生的居住問題。

　　然而，不同的學者對史料的運用與分析會因觀點不同而有極大的差異。以繆瑞（Charles Murray）的《根基鬆動》（*Losing Ground*）（1984）為例，他分析一對未婚但懷孕了的年輕夫婦哈洛德與斐莉絲（Harold and Phyllis）的生活經驗，驟下結論認為，由於1970年代的美國擁有慷慨的社會福利方案，例如：有依賴兒童的家庭補助（AFDC）、公共住宅、醫療補助（Medicaid）、食物券（food stamp）等，導致這對年輕夫妻選擇不結婚、不工作而可以過活。這種情形在1960年代比較不可能發生。故繆瑞的觀察結論是：「慷慨的社會福利方案使人們理性地選擇不結婚與不就業。」（Murray, 1984）

　　這樣的分析結論得到同是保守主義的學者的贊同。但是，其他學者則批評繆瑞的結論犯了嚴重的歷史方法論謬誤。首先，僅用少數資料就通則化歷史事實，犯了過度概化（overgernalization）的謬誤。其次，誤用資料，因為1960至1970年代增加的社會福利預算是給老人福利用得多，不是上述的那些福利方案。第三，繆瑞將複雜的歷史當成一件事（one thing）來看待，化約

了歷史事件，忽略了多種影響貧窮與失業的因素。例如：職業結構轉變、失業率升高等（Popple & Leighninger, 2008）。據此，了解不同的社會福利史觀是重要的，讓讀者清楚從哪個角度觀看歷史事件與人物。

壹、社會福利史觀

對歐洲的社會福利發展的觀察，會因為站在不同的角度有不同的理解。英國社會福利史學者佛拉瑟（Fraser, 2009）將不同的史觀整理成八個派別，介紹如下：

一、輝格模式（the Whig Model）

「輝格」（Whigs）的名稱是「Whiggamores」（意為「好鬥的蘇格蘭長老會派教徒」）乙詞的縮寫。1679年，因約克公爵詹姆斯（James II，後來的詹姆斯二世，查理一世的次子）具有天主教背景與親法國理念，就詹姆斯是否有權繼承王位的問題，英格蘭議會展開激烈的爭論。一批議員反對詹姆斯公爵的王位繼承權，被政敵托利黨（the Tories）譏稱為「輝格」。輝格黨人得利於1688年的光榮革命（Glorious Revolution），詹姆斯二世被驅逐，喪失其作為史上羅馬教皇最後一位加冕的英格蘭、蘇格蘭與愛爾蘭國王。輝格黨人的基本主張是君主立憲主義（constitutional monarchism）。其於1715至1760年間長期支配英國政治，史稱輝格霸權（Whig Supremacy）。

輝格黨人起初只是一群鬆散的君主立憲主義者，到了1784年，其領導人法克斯（Charles James Fox）為了對抗對手執政的托利黨年輕皮特（William Pitt the Younger，1783年以二十四歲青年當上首相）而組成較嚴密的政黨。當時，兩黨的組成分子都是富裕的政治世家，而非公民普選的議員。工業革命後，輝格黨支持新浮現的工業利益階級與富商。而其對手托利黨則繼續支持地主與貴族家族。直到1834年，托利黨才轉型成為今

日的英國保守黨（the Conservatives），其主要受到皮爾（Robert Peel）的影響。1834年英國國王威廉四世（King William IV）更換屬於輝格黨的梅爾本（Lord Melbourne）首相，而擬任命屬於老托利（old Tory）的威靈頓公爵（Duke Wellington）續任，威靈頓公爵志不在此，於是推薦皮爾。皮爾發表談我思宣言（Tamworth Manifesto），主張在保守良善之餘，改革陋規（reforming ills while conserving the good）的保守主義哲學。從此，保守黨取代托利黨的稱號。1846年因為自由貿易法案，保守黨一分為二。保護主義派（the protectionist）拒絕稱自己為保守黨人，而自稱是保護主義者（Protectionists），甚至希望恢復托利黨名。1859年，皮爾派（The Peelites）脫離保守黨加入輝格黨與基變派（The Radicals），組成自由黨。而留在保守黨的人馬，繼續使用保守黨名迄今。同時，十九世紀中葉以來，輝格黨不只支持議會政治、工會，也支持天主教解放運動、解放奴隸，以及普及的公民投票權。

1859年輝格黨在格拉史東（William Gladstone）帶領下改名自由黨（the Liberal Party），吸納了部分輝格黨人、自由工會支持者，以及保守黨的皮爾派等。當時，其信仰是古典自由主義（Classical Liberalism），主張自由貿易、減少政府介入經濟，史稱葛拉史東派自由主義（Gladstonian Liberalism）；同時，自由黨主張社會改革、個人自由、削減皇室權力、降低英國教會干預、擴大公民投票權等。

1880年代後，自由黨注入新的價值，亦即現代的、進步的、新的自由主義（New Liberalism），也就是社會自由主義（Social Liberalism），主張個人自由與國家介入保障個人基本福利並不衝突。於是，就出現了二十世紀初到1920年代間的自由主義改革（Liberal Reforms），特別是從1908年阿斯奎斯（Herbert H. Asquith）擔任首相，到1916年喬治（Lloyd George）繼任首相，再到自由黨衰退的1922年間，建立了當今英國福利國家的基礎架構。

1929年以後，自由黨幾乎完全被1900年新成立的工黨（The Labour Party）所取代，落後成為英國第三大黨。1981年與新成立的社會民主黨

（Social Democratic Party）組成社會民主自由聯盟。1988年兩黨合併成為自由民主黨（Liberal Democratic Party）迄今，一直是英國的第三大黨。

　　立基於輝格黨的傳統，輝格史觀就出現於十九世紀中葉的英國，他們相信自己擁有幾近完美的自由憲政理念；也認為歷史的演進是因具有前瞻性的人民施壓與發展而出現；同時，也相信評估過去歷史的進步必須與現代經驗關聯。據此，他們認為歐洲社會政策的發展是一條從知識的黑暗時期進步到啟蒙的路徑。當一個社會更敏感於社會需求時，自由市場經濟就會被限縮，同情與關懷弱勢者與差異者的心態油然而生，進步改革的力量就上臺了。輝格史觀滿足了1948年以降英國福利國家發展的解釋期待，讓英國福利國家的發展找到一條可以往前推演的路徑。也就是英國今天之所以會發展福利國家是因為過去一脈相承的歷史演進。

　　然而，輝格史觀有其詮釋的風險，因為，觀察家很容易將過去的經驗以現在的概念來理解，陷入一種「現在—過去」的對話（present-past dialogue）陷阱，以今日的道德標準來衡量過去的經驗，而忽略過去的事實。

二、務實模式（the Pragmatic Model）

　　務實模式的史觀解釋今日的社會政策不是以今非古，而是承認今古之間有其差異。過去雖可能是同一個國家，例如：同是英國，卻是不同的朝代，甚至不一樣的地理範圍與政治制度。不必以今日的經驗來看待過去的事實。從這個角度出發，當代社會政策只不過是工業革命以降，一連串解決社會問題的實踐過程而已。據此，社會政策是為此而產生的（ad hoc）、且非計畫的；是漸進的、非基變的；是不規律的，非直線的。這樣的史觀在意的是社會政策發生的當下歷史與政治脈絡，強調實務而非理論，注意短期決策而非長期政策演進。當然，就沒有提供任何空間給人道主義者或社會改革家來引領社會政策的創新，而是看到政客們如何來宣傳與定義當時的社會問題。當

人們被說服當下的社會問題已到不能容忍的地步了，政府必須做出回應，社會政策於焉出現。當然，務實觀點看到的社會問題也不見得是完整的。

三、官僚模式（the Bureaucratic Model）

官僚模式認為不論是人道主義者倡議，或是務實的政治需要，政府都必須靠官僚體系的作為，始能讓社會政策實現。因為人道主義倡議者很快會從政策過程的螢幕中消失；而社會問題不會自動轉換成為社會政策，必須靠一群官僚體制的專家，才能將人道理念與社會問題轉換成為政策。社會政策的實現涉及社會立法與行政過程，因此，了解福利體制的官僚作為是理解社會政策之所以出爐的重要面向。不論是地方層級或是中央層級，政府的文官體制已納入許多不同專業與專家，他們獨立於政治與大眾利益的壓力之外，依其專業判斷，設定目標，推動社會政策，以因應社會變遷，滿足人民所需。據此，欲了解社會福利史，必先了解在行政體系中的官僚作為，了解他們如何發起、完成、執行新的社會政策。這是從歷史學的（historiographical）角度來了解官僚在社會政策制訂過程中所扮演的角色。官方檔案就成為研究社會政策很重要的第一手資料。亦即，官僚制度、官僚活動、官員心智（officer mentality）都是研究社會政策的重要參考。問題就是官員心智如何被知悉？很多官僚對社會政策的想法不見得會留下正式紀錄，很多官方檔案未完全記錄下官僚的檯面下活動。

四、意識形態模式（the Ideological Model）

不論是務實觀點或是官僚模式，都低估在社會政策創新中理念（ideas）的重要。沒有社會福利的理念，社會問題如何能自動成為解決的方案？官僚如何能設定政策目標？了解當時社會的主流價值、態度，以及在當代知識脈絡下政策發展的空間，才是了解社會福利史的核心。意識形態觀點將社會政策發展扣緊整個時代普遍的文化氛圍。知識脈絡會正當化社會政策的

出現與發展。例如，工業革命之後，追求現代化（modernisation）成為支撐社會福利制度的意識形態基礎；反之，1795年的史賓漢蘭制（Speenhamland System），受挫於放任自由主義（Laissez-faire）；而政府干預主義（interventionism）助長二次戰後福利國家的發展。然而，困難在如何能知曉這些理念與價值是真正影響到社會政策的制訂？

五、陰謀論（the Conspiratorial Model）

意識形態的批判者認為意識形態是反映該社會優勢階級的價值。因此，政策必然服膺於當代的意識形態，粉飾優勢階級的利益與合理化其價值。據此觀點，社會政策是為了實現某些社會與政治目的產物。社會福利不是為慈善而存在，是資產階級為了控制社會的陰謀手段。陰謀論為批判論者與結構主義學者所偏好，例如，傅科（Michael Foucault）對中世紀以來歐洲大量興建救濟院、收容所、習藝所等機構的批判，認為那是統治者淨化社會、控制人民行為的手段，讓瘋子安靜、工人工作、學童學習、病人被規制。

六、資本主義模式（the Capitalistic Model）

資本主義模式的史觀認為福利的倫理與資本主義倫理本質上是對立的。社會福利之所以出現是資本家為了鞏固自己在現代化社會中的經濟利益，而必須付出的工業化社會成本；同時，藉此促進社會組織來創造其商業利益。這個觀點認為只要是工業社會必然會走向福利資本主義。這是一種聚合論（convergence theory），假設在進步的工業社會裡，勞工福利的提供是為了穩定勞工家庭；教育的普及是為了供給工業社會訓練有素的勞動力；健康照顧的提供是為了儲備健康的勞動力以供應生產所需；社會福利就成為促進國家效能（national efficiency）的必要手段。

七、民主模式（the Democratic Model）

　　民主模式認為社會福利是反映民主社會選民的需求。工人階級意識形態發展、工會組織制度化使工人更加團結。當工人擁有投票權之後，政府必須針對工人的需求提供相對應的福利。普及的投票權使窮人也可以成為社會政策的行動者，藉由其手中的選票讓自己進入政治舞臺。據此，當工人支持的政黨經由民主選舉獲得執政機會後，更多有利於工人階級的福利方案亦隨之推出。循此，假設福利國家的出現必須植基於民主政治與社會自由。

八、混合經濟模式（the Mixed Economy Model）

　　持這種觀點的學者認為福利國家的發展反映了國家、志願部門、家庭與市場間的互動過程。任何福利國家的社會福利都不可能單獨由任何一個機制來提供，而在不同的歷史時間點上，不同的福利提供系統扮演的角色不同。不同時期的社會風險籃子（social risk basket）裝著不同的風險，必須由不同的機制來滿足。而一部社會福利史就是這些福利提供機制間不同組合的過程。某些時候非正式或志願部門扮演主要的福利提供角色；反之，國家或市場扮演較主導的位置。

　　至此，我們相信沒有任一單一理論或觀點可以解釋歐美國家社會福利的發展。如果單純地以為工業革命就自動地創造出英國的福利國家，也未免簡化了社會福利出現的複雜過程。然而，沒有工業革命，的確很難想像會有現代福利國家的出現。同樣地，基於英國輝格黨以來的自由與進步主張而認定其是創建英國社會政策的主要推手，也是過於一廂情願。輝格黨與後繼的自由黨，不見得意識到推動普及的投票權會使自己的政黨泡沫化，而被工黨取代。同樣地，若相信剛完成德國統一的俾斯麥首相是有意要促成德國社會保險的發展，也是高估了俾斯麥的善意。而同是英國君主立憲下的官僚體制，何以會在不同的時期創造出不同的社會政策？的確，資本階級為了經濟利益，容忍有限度的社會福利出現，可是卻無法有計畫地限制福利國家的發

展。中產階級為了穩定社會而推動社會福利，也無法如預期地引導社會福利的發展方向。同是民主國家，卻發展出極其不同的社會福利體系。

　　本書不擬確證這些觀點的孰是孰非，也不擬針對特定史觀發展論述，而是努力在複雜的歷史事件中，尋找誰在該時期，針對特定的社會議題提出理念、採取行動，影響該社會議題被轉換成為社會政策。但也不敢相信單憑任何一位先知或英明的社會改革者就可以扭轉乾坤，創造歷史。只是，我們相信沒有這些人物的倡導，某些社會議題必然會被延宕或甚至在滔滔歷史洪流中被淹沒，而遭遺忘。

　　為了讓這些社會工作的前輩們的身影突顯，不可避免地須要將該時代的社會、政治、經濟背景交代清楚，否則會過度突出這些人物的個人特質。不過，我們也相信這些人物若無過人之處，斷難在那個政治尚未充分民主、資訊尚未流通無阻、人權尚未獲得確切的保障，甚至女性的地位仍然偏低的情境下，可以勇敢地挑戰既定的社會規範，對抗不利於弱勢者的社會結構，成就讓後世景仰的功績。

貳、從工業革命到慈善組織會社

　　研究當代社會工作發展的學者莫不相信專業化在工業化的美國是不可避免的（Wenocur and Reisch, 1989: 24）。而美國社會工作的專業化植根於出現在1870年代的城市志願慈善組織。這些組織無疑地是被兩股勢力所推動：女性主義與基督新教教士。他們的動心起念從博愛到社會控制都有（Wenocur and Reisch, 1989: 25）。這也說明了本書所推崇的社會工作前輩為何以女性偏多的原因。然而，美國的城市慈善組織無疑地傳承自英國1869年的倫敦的慈善組織會社。該組織原名「倫敦有組織的慈善救濟與遏阻行乞會社」（The London Society for Organizing Charitable Relief and Repressing Mendicancy）（Lubove, 1965: 2）。光看這名稱就可以看出其夾雜著慈善與社會控制的目

的。無疑地，英國的慈善組織會社是爲了應付工業革命以來，維多利亞盛世（Victorian plenty）衍生的貧窮問題而生（Woodroofe, 1962: 3）。

一、從工業革命到社會改革

十九世紀中葉英國的維多利亞盛世足以誇耀世人。從1851年的大博覽會（Great Exhibition）到1873年的經濟蕭條期間，英國的人口從一千八百萬增加到二千二百萬；出口總值從七千一百萬英鎊增加到將近二億英鎊；進出英國港口的船隻從1847年的一千四百萬噸增加到1870年的三千六百萬噸。倫敦於是成爲世界財政金融的中心（Woodroofe, 1964）。

工業革命不但與社會經濟結構的本質改變有密切相關，而且也和社會與政治上層結構的基本變遷有關。前者指涉地主貴族政治（landed aristocracy）的銷蝕與商業寡頭政治（business oligarchy）的崛起；後者則指涉國家在維持資本主義社會的重要性（Bailey & Brake, 1975: 2）。對英國來說，工業革命後，家庭手工匠被現代勞工所取代，工人人數增加。但是，失業的貧民與流浪者也增加。

從1832年的皇家委員會的濟貧法調查報告由自由放任經濟學者西尼爾（Nassau Senior）與效用主義者（Utilitarianism）邊沁（Jeremy Bentham）的前任祕書恰維克（Edwin Chadwick）主持，便已是一葉知秋了，宣告1795年以來實施的史賓漢蘭制（Speenhamland System）的終結。西尼爾認爲「津貼制度減除了人們對飢餓的恐懼，然而飢餓使人們保持勤勉」，其說法就像後人質疑「福利國家使我們軟弱」一般（Fraser, 2009: 53）。1834年實施的「新濟貧法」（New Poor Law）並沒有解決日益擴大的貧富差距，工人淪落爲貧民的大有人在，新聞媒體不斷地報導貧民救濟的捐款請求，一些新的濟貧機構也陸續設立，特別是1860年代的商業危機，倫敦的教堂、慈善機構忙碌異常。然而，私人的慈善機構也被批評浪費資源。

「新濟貧法」的修正使英國的濟貧工作又回到1601年舊濟貧法時代較

嚴苛的濟貧原則。令人驚訝的是，新濟貧法無視英國已經工業化，貧民因失業或景氣不佳所造成的多於早年因個人因素所造成的。為強化新濟貧法的精神，1852年英國又通過「院外救濟規制令」來執行「較少合格原則」（less eligibility）。較少合格原則是依恰維克的邏輯，如果貧民階級的生活高於勞工階級，勞工就會想盡辦法擠進貧民階級；反之，成為貧民之後的處境越嚴峻，貧民就會成為勤勉的勞工（Fraser, 2009）。亦即貧民救濟金必須低於最窮的工人所能賺到的薪資。就是窮人必須生活在工作窮人的生活水準之下（Kirst-Ashman, 2007）。因此，習藝所簡直就像十九世紀法國的巴士底監獄（Bastille）一樣的不人道（Fraser, 2009）。

「新濟貧法」的實施看似使窮人減少，1834年英國有一百二十六萬窮人（8.8%），1890年只剩下八十萬（2.5%）。事實如此嗎？其實貧窮現象是社會建構的，只要合格標準越低，窮人就越少（Rose, 1986）。

雖然，英國於1833年也通過了「工廠法」（the Factory Act），解決了童工、女工的工時問題。但是，失業與貧窮問題仍然存在。只要生意興隆，雇主就會讓工人夜以繼日地工作，生意清淡時，他們毫不遲疑地拋棄工人。如此，工廠門口永遠有一群失業的工人在等著找工作，即使對有工作的工人來說，低廉的薪資仍不足以餬口。廉價的勞力支撐了英國十九世紀空前的經濟繁榮，但也引發了社會改革的浪潮（Rose, 1986）。有工作不等於脫離貧窮，工作貧窮充斥著十九世紀的英國勞動市場。

因此，工人憤怒了，文學家也看不下去。1838年狄更斯（Charles Dickens）出版了《孤雛淚》（Oliver Twist），藉由小說主人翁崔斯特（Oliver Twist）這位小男孩的遭遇來來控訴1837年到1838年間習藝所收容的窮人生活，其悲慘情況令人鼻酸（Fraser, 2009）。當英國的地主與新興中產階級正在享受工業革命成果的當下，恩格斯（Engles, 1845）已經出版了德文版的《英國工人階級的狀況》（The Condition of the Working Class in England），書中揭露了工業城市裡工人生活的貧困面。英國人自己也看出了這種貧富強烈的對比，一篇未署名的作品〈慈善與貧民〉（Charity and

Pauperism）刊登於1869年出刊的《週末評論》（*The Saturday Review*），道出了社會中不快樂的一面（Woodroofe, 1964: 7）。

工業化社會的英國，工人階級深知自助與互助的重要性。否則在放任自由主義思想主導的維多利亞盛世，很難提升自己的地位與生活品質。例如：週日學校（Sunday school）的辦理，工人將子弟送到週日學校就學。工會也辦理成人教育，例如：機械學校（Mechanics' Institutes）、實用知識擴散會社（the Society for Diffusion of Useful Knowledge）、男性勞工工會（the Working Men's Union）等組織均扮演鼓勵勞工進修的團體。這些工人的自助與互助是為符合當時主導社會的布爾喬亞價值（Bourgeois value）。因此，大大降低了中產階級對工人的恐懼。因為在當時的托利黨人的眼中，工人形象是「衝動、不知反省、暴力的」，「充斥著貪婪、無知、酗酒、恐嚇的罪惡。」由於許多成人教育來自中產階級的贊助，而使工人與中產階級間的距離逐漸縮小；也由於工人的自我教育，使中產階級相信這是有利於讓工人擁有政治與社會權利的方式（Fraser, 2009）。

為了降低貧窮率與預防傳染病進入中產階級所居住的地區，一些通往貧民窟的道路被切斷，使得東倫敦區（East End）成為被廢棄的地段。由於過度擁擠造成房價上漲，再加上泰晤士河造船工業的沒落與1860年代的馬鈴薯饑荒，使得失業工人與窮人逐漸變得好戰。

1864至67年由「提升工人階級物質生活水準全國聯盟」（Universal League for the Material Elevation of the Industrious Classes）所發動的改革，簡稱改革聯盟（Reform League）。1865年的英國國會選舉，支持改革的自由黨議員同情工人的處境，決定讓工人有機會進入英國議會，鼓舞了改革聯盟的聲勢。1866年3月自由黨的葛拉史東財相（William Ewart Gladstone）提出改革法案（Reform Bill），被譏笑為「想太多了！」。三個月後，再提出羅素—葛拉史東（Russell-Gladstone）修正案，仍被擱置。

改革法案的失敗，帶給改革聯盟很大的挫敗。1866年6月29日發動倫敦特拉法廣場（Trafalgar Square）遊行，其聲勢與暴力驚動眾人。7月2日

第二度遊行，熱度依舊，整個倫敦西區為之騷動。7月23日，海德公園遊行（Hyde Park Railings），被托利黨政府宣布為違法行為，遭警方舉牌禁止。改革聯盟不為所動。從改革聯盟總部愛德斐高地8號（8 Adelphi Terrace）出發，三路挺進海德公園，主遊行隊伍在公園門口被一千六百名警察阻擋，在與警察談判無效後，群眾推擠進入海德公園，是為「海德公園圍牆事件」（Hyde Park Railings Affairs）。其他兩路也分頭衝入公園。估計遊行人數加上圍觀的群眾，總計超過二十萬人，警察請求軍隊介入，騎兵隊奔馳前來支援。被群眾以「這是人民保母嗎？」喝斥阻止，僅在遠處對峙。次日，遊行隊伍移師特拉法廣場。之後，全國各地紛紛響應，例如：1866年8月28日的伯明罕遊行，有一萬人參與。後來包括曼徹斯特（Manchester）、里茲（Leeds）、都柏林（Dublin）等大城都加入示威遊行。

在與托利黨政府談判無進展之下，1867年5月6日改革聯盟再次發動海德公園示威，政府依然宣布該群眾集會為違法行為。然而，二十萬人聚集於海德公園，分搭十個演講檯演說。海德公園的搭檯自由演說的傳統於是不再被宣告為非法。「雖然我不同意你的觀點，但是我誓死捍衛你說話的權利」的言論自由被承認。1866年到1867年的暴動，英國政府明白單靠警察力量來控制失業工人與犯罪開始被懷疑。終於，1867年的改革法案（Reform Act）通過同意讓男性勞工擁有投票權，史稱英國的「公民戰爭」（civil war）。

二、慈善組織會社的興起

城市慈善（urban charity）的興起肇始於工業革命後的西方社會。如何穩定工業、窮人、血汗工人、擁擠與衛生條件不良的階級，成為中產階級關心的主題。而富有區域仍然繼續將貧民趕到貧苦地區，貧苦地區卻沒有能力去處理住宅的問題。這也就是慈善組織會社（Charity Organization Society, C.O.S.）於1869年成立於倫敦以協調城市慈善組織的背景（Bailey & Brake, 1975: 5）。而慈善組織會社的成立也被批評為反國家提供與自我依賴的慈善

原則的始作俑者（Timms, 1983: 69）。

維多利亞慈善（Victorian philanthropy）起因於對不同的關懷對象的慈善，舉凡走失的貓狗、遊童、墮落的婦女、醉漢等。1861年估計倫敦一地就有六百四十個慈善機構。其中一半組成於十九世紀初，一百四十四個成立於1850至60年代。每年捐募基金超過二百五十萬英鎊，金額遠超過「新濟貧法的基金」。這些慈善組織分別由不同的教會支持，包括英國國教、非國教派、羅馬天主教等。歐洲、美國的慈善起源與宗教的關係至爲密切。

新的服務方式也興起，其中作爲所謂貧富「一國兩制」（the Two Nations）間的橋樑，透過個人接觸來縮短其間的鴻溝者，首推於1843年由英國國教派所推出的「都會訪問與救濟協會」（the Metropolitan Visiting and Relief Association）。此外，不同的慈善組織提供不同的服務，包括：慈善學校、醫院、施捨、貧民救濟院、孤兒院、感化院、娼妓感化所等。

一些住宅相關的基金會也出現，例如匹巴迪基金會（Peabody Trust）提供廉價的房屋租給勞工階級。在勞工住宅服務中，以希爾（Octavia Hill）提供廉價租屋給窮人的經驗較成功。希爾發展住宅管理，培育租屋管理員，深深地影響後世社會工作者的養成（Woodroofe, 1964）。

早期英國慈善組織會社是採取查墨斯（Thomas Chalmers, 1814）的鄰里協助原則。查墨斯認爲慈善救濟的目的是在於「從同化一個城鎭到一個國家教區」。他發現有四種自然資源可以協助窮人：一是需求者本身的習性與經濟力；二是親戚；三是鄰里；四是富人（指教區內的仕紳與佃農）。而透過鄰里教區的協助，可以使人人相識而分享個人責任，如此並可遏阻受助者「貧窮化」（pauperization）。以查墨斯在英國格拉斯哥（Glasgow）所進行的濟貧工作爲例，他強調四個濟貧的工作原則：1.仔細調查每一個案的致貧原因與自我維持能力；2.不能自我維持的，其親戚、朋友、鄰里被鼓勵支持孤兒、老人、病人與殘障的救濟工作；3.家庭不能自我支持者，才由地方上有錢的市民負起責任；4.如果仍然不足以維持，才由教區負起責任，請求公衆協助（Fraser, 2009）。

　　爲了克服資源浪費的現象，索里牧師（Reverend Henry Solly）建議在倫敦設立一個公私慈善機構的協調委員會來整合救濟資源。於是1869年，「慈善組織會社」（C.O.S.）成立於倫敦，成爲往後類似機構的範型。這個組織接受上述查墨斯的理論，認爲貧窮是個人的責任，應該透過調查來了解貧民的問題。同時，爲了避免職業乞丐，應禁止貧民接受不同機構的救助。慈善組織會社反對擴大公共救助，反對增加政府濟貧支出。

　　倫敦慈善組織會社的主要成員包括：博山葵（Bernard Bosanquet）、丹尼生（Edward Denison）、希爾（Octavis Hill），以及被認爲是個案工作先驅的洛可（C. S. Loch），基本上都是主張以慈善作爲社會再生器（social regenerator）。從1875年到1913年長期領導倫敦慈善組織會社的洛可嘗言：「我們要以慈善來創造人們的自助。」（Fraser, 2009: 153）洛可其實是在創造一種「慈善的教會」（a Church of Charity）。無怪乎也曾加入慈善組織會社的碧翠絲‧韋布（Beatrice Webb）說這是「人道的宗教」（the religion of humanity）（Woodroofe, 1964: 31）。她又說：當時的慈善組織會社是夾雜著個人的罪惡感創造出來的「罪惡感的階級意識」（class consciousness of sin）（Woodroofe, 1964: 22）。

　　慈善組織會社基本上是推銷中上階級自助的個人主義倫理（self-help individualist ethic），對後世社會工作來說，具有雙重性：一方面成爲專業的先驅，另一方面卻是意識形態的反動。他們相信貧窮是因爲自身不夠努力造成的，只要透過各種形式的鼓勵，情況必然可以改善。希爾從租屋管理的經驗發現：「這是一種練習，把這些房客的力量帶出來，要讓他們在某些限制下自己負起責任來。」（Fraser, 2009: 153）。

　　洛可給慈善組織會社五個原則：第一，慈善工作之所以成功在於個人因此而自我依賴（self-dependence）。第二，所有手段都在施壓或帶動個人自我幫助或迫使其自我依賴，因此，使救助對象有匱乏的恐懼、有羞恥感、被親戚所影響、有被剝奪權利的威脅等都是可用的武器。第三，家庭要被當成是一個整體，否則這個最強的社會連結會被弱化。家庭有照顧兒童、老人、

病人、有問題的人的責任，要盡可能地承擔。第四，完整知識的必要，包括個人尋求救濟的環境與幫助他們的手段。第五，救濟如治療般要有效果，不同於申請者的自助角度，必須在給與的質量上均達到適足（Woodroofe, 1964: 33）。

洛可首先假設每個人均有自我依賴的可能。如果失敗了，那是個人造成的，無涉外部環境成因。顯見，慈善組織會社並沒有進入社會是一個集體的思考。他們假設社會條件既已存在，每個人只要努力都可以從社會獲得生存機會。只要個人是個有效能的工人，就可能成為社區中有價值的人，也就能夠養活家中幼小，讓他們也成為有用的人（Woodroofe, 1964: 33）。

其次，假設濟貧工作的國家介入角色越少越好。其實，在「新濟貧法」中就已設定了較少合格原則。國家只負責那些不合私人慈善救濟資格的人們，例如：浪費、酗酒、敗德、長期貧窮，以及超出私人慈善所及者（Woodroofe, 1964: 34）。這也是為何在1905年到1909年間的「濟貧法皇家委員會」中，包括代表慈善組織會社的洛可、博山葵與希爾在內的「多數報告」（the Majority Report）主張應由慈善志工繼續扮演濟貧的主要角色即可，政府不須要介入太多（林萬億，2010）。

第三，洛可承襲了舊濟貧法與新濟貧法的精神，將貧民區分為值得幫助（deserving）與不值得幫助（undeserving）兩類。不值得幫助的窮人基本上是不被幫助的。這是與假設貧窮是個人的人格問題一致。1905年的「失業工人法案」（Unemployed Workmen Act）討論中，慈善組織會社公然抨擊「給失業工人救濟，不就等於讓他們有了工資的取代，他們怎麼還會要去工作呢？」（Woodroofe, 1964: 35）

第四，洛可給慈善組織會社的工作人員一個標準化的「個人申請協助注意事項」（the Society's Notice to Person Applying for Assistance），這是今日個案工作（casework）指導原則的雛形。洛可認為個案工作是慈善組織會社的首要條件。個案工作也是慈善組織會社優於其他組織的地方。讓這些工作紀錄被寫下來、標準化及保密是重要的。其中保密的重要性，希爾也認

為保護窮人的私密性是必要的。對於知識的重要性，希爾強調性格的知識（knowledge of character）與如何區分值得幫助與不值得幫助的窮人。進一步，希爾認為工作關係的建立才能促成案主的改變。這些都帶給後世社會個案工作者很大的啟發（Woodroofe, 1964: 42-52）。

從維多利亞時期的英國慈善傳統可以發現，女性扮演重要的角色，當時的友善訪問者大多是出身名門、貴族、殷商的「慷慨女士們」（Lady Bountiful）。這個時代，出現了一些讓人佩服的女性慈善家，卡本特女士（Mary Carpenter）（1807-1877）是一位唯一神論教派（Unitarianism）牧師的女兒，她興辦貧民學校（ragged school）於布里斯托（Bristol），讓貧童免費就讀，她發表許多文章，建議通過各種教育法案，也是第一位在倫敦統計會社發表論文的女性教育家；她也是一位反蓄奴運動的活躍分子，積極推動包括女性教育、感化教育、支持女性投票權等活動。

巴特勒女士（Josephine Butler）為娼妓的健康奔波，她的父親約翰格雷（John Grey）是1830至1834年英國輝格黨首相格雷爵士（Lord Grey）的表兄弟，他們一起參與改革英國的議會，從小就被家族的政治與社會改革氛圍所啟蒙。希爾出身穀物羊毛商賈之家，她的外公更是參與公共衛生改革的醫師。碧翠絲·波特（Beatrice Potter）雖然不是出身貴族，但也是商賈之女，她的大姊是一位社會工作者，她的祖父波特（Richard Potter）擔任過自由黨的下議院議員，參與過1832年的改革法案，擴大英國男性投票權，從原先的五十萬增加到八十一萬三千，約占成年男性人口的六分之一。艾格蘭汀·杰柏（Eglantyne Jebb）也是顯赫的上層階級家族女兒。

維多利亞時期主流的家庭價值是培養女性成為柔順的淑女，有持家能力，能夠為丈夫提供在外忙碌回家後的休憩港灣，女性不被看成擁有獨立的人格，她們被認為是柔弱的，一切均以父親和丈夫馬首是瞻。因此很長一段時間裡，女性在法律上都沒有財產權、繼承權，乃至離婚和探視孩子的權利。中產階級女性是美麗的花瓶，女性作為「家庭天使」（family angel）既是讚譽，也是思想的禁錮，個人獨立的欲望得不到滿足，導致很多悲劇和

痛苦。對女性的教育也是從這個要求出發，培養具有犧牲奉獻精神的淑女。
杰柏的父親堅決反對讓她去就讀大學，原因不外乎是擔心女兒在大學的教育
摧毀下，變成一位無趣、過度獨立的新女性，而找不到下半生可依靠的結婚
對象（Mahood, 2009）。如果這些女性沒有過人的勇氣與見識，是不可能像
巴特勒一樣義無反顧地為當時被歸類為汙穢的娼妓的人權奔走。希爾勇敢
地面對勞工房客的強勢作風。年輕時期的碧翠絲‧波特對慈善救濟的方式感
到質疑，進而開始投身探究造成貧困的成因，幫助她的堂哥布斯（Charles
Booth）調查倫敦的貧民生活，發現低水準的教育、住宅、公共衛生等公共
議題才是造成貧窮的主因。杰柏也不可能甘冒祖國的抨擊，成為救援戰爭下
苦難兒童的先鋒。

　　由於「慷慨女士們」為協助都市中貧苦的勞工與移民所做的努力，帶
有強烈的中產階級或是布爾喬亞階級意識，特別是慈善組織會社的傳統。因
此，從社會主義的觀點看來，慈善組織會社的產生是中產階級以節儉與自助
來教化窮人，以及控制與管理公共與私人慈善，藉此施惠值得協助的窮人與
控制不值得協助的窮人的一種手段（Bailey & Brake, 1975: 5）。

三、社區睦鄰運動的展開

　　在一片興辦週日學校、貧民學校風潮中，早在1850年，毛利斯
（Frederick Denison Maurice）也興辦了男性工人學校（the Working Men's
College），鼓勵受教育者與文盲都應該成為朋友，居住相鄰，所有人均應
在社會秩序下實現其功能（Woodroofe, 1964: 65）。1867年，曾經加入慈善
組織會社的基督教社會主義者丹尼生（Edward Denison）加入倫敦東區成
為移居者（settler），放棄自己舒適的生活，進入東倫敦的貧民區，教導貧
民讀《聖經》、歷史與經濟。二年後，他引來包括魯斯金（John Ruskin）
在內的幾個志同道合者，發起另一種幫助貧民的方法，稱為「大學睦鄰」
（University Settlement）。

　　這種與貧民一起生活學習的經驗，表現得最淋漓盡致的是巴涅特教士（Canon Samuel Augustus Barnett）。他曾在牛津大學（Oxford University）修神學，於1873年接掌東倫敦的聖裘蒂教堂（St. Jude's Church）。巴涅特受到其未婚妻羅蘭（Henrietta Rowland）的鼓舞，結婚之後，羅蘭更是巴涅特的得力助手。巴涅特的教區充斥著失業、疾病的工人，住宅破舊擁擠。他前往牛津與劍橋去招募人力前來協助，其中最出名的就是湯恩比（Arnold Toynbee）。這位牛津的畢業生，獻身貧民窟工作，死於1883年。為了紀念他，這群貧民區工作者遂建立了一個大學睦鄰會館，名為「湯恩比館」（Toynbee Hall）。湯恩比與巴涅特教士關心的是社會和諧，而非如1848年馬克斯（Karl Marx）《共產主義宣言》所宣稱的經濟平等。他們接受的是一種可實踐的社會主義（practicable Socialism），不必經過革命、所得分配、增稅與組黨，就能改善工人的生活。湯恩比相信「經由睦鄰的信念可以將那些貪得無厭的財閥（Robber Barons）改變成為羅賓漢（Robin Hoods）」（Woodroofe, 1964: 69）。

　　湯恩比館的主要目的有三：（一）貧民的教育與文化發展，（二）提供居民、學生有關貧民生活的資訊，（三）覺醒社會大眾有關社會與健康問題，並為社會改革與社會立法辯護。在湯恩比館服務過的人，深受其影響，例如：英國福利國家的創建者之一貝佛里奇（William Beveridge）於1903至1905在此擔任家區主任；英國著名的經濟史學家、社會批判家、社會主義者陶尼（Richard H. Tawney）也於1903年陪貝佛里奇一起住進湯恩比館；1909年曾經短暫擔任過碧翠絲‧韋布的祕書，二次戰後出任英國工黨執政時期的首相艾德禮（Clement Attle）的執行祕書，也曾擔任過湯恩比館的執行祕書。

　　這些曾經在湯恩比館住過的人，都留下極其深刻的生命經驗。例如，貝佛里奇自豪地說：「這地方是一個人性的學士後教育場所」。他寫給母親的信中還提到：「這不只是一個教育中心、傳道中心、社會投入的中心，而且還是個俱樂部，住在這裡的人們以鄰里關係實踐公民責任。」艾德禮也在此

　　經歷和貧窮與剝奪一起工作的震撼教育，而從保守的慈善觀點，改變成為積極推動福利國家的社會改革者（Woodroofe, 1964: 68）。

　　維多利亞晚期的英國，1873年遭逢不景氣，失業工人更多，光靠「新濟貧法」微薄的救濟顯然無以維生。一些著名的貧民生活調查紛紛出籠，1881年喬治（Henry George）的《進步與貧窮》（*Progress and Poverty*）、1883年勉思（Andrew Mearns）出版《被逐出倫敦的哀號》（*The Bitter Cry of Outcast London*）、1889年辛史（G. R. Sims）出版《貧民生活與可怕的倫敦》（*How the Poor Live and Horrible London*）、1890年布史（William Booth）出版《在最黑暗的倫敦與迷途》（*In Darkest England and the Way Out*）、1892年布斯（Charles Booth）出版了十七卷的《倫敦人民的生活與勞動》（*The Life and Labour of the People in London*）。這些作品道盡倫敦勞工生活的悲慘，是工業化下對貧窮的反思（Fraser, 2009; Rose, 1986）。

　　1867年馬克思（Karl Marx）的德文版《資本論》（*Das Kapital*）出版，深深地影響到社會主義與共產主義的發展，他預言資本主義必然解體。馬克思的觀察大部分來自英國工業革命後的社會困境。然而，馬克思主義在英國並未獲得普遍支持，反而是1884年成立的費邊社（Fabian Society）[1]影響英國二十世紀的社會政策較深遠（Marsh, 1980）。

　　費邊社由一群信奉改革的社會主義者組成，他們不同意馬克思的無產階級革命，而主張漸進的社會改革。費邊社的創社成員中有出名的社會改革者，例如：蕭伯納（George Bernard Shaw）、韋布夫婦（Sidney and Beatrice Webb）等。費邊社的組成影響了1900年英國工黨的成立（Marsh, 1980）。

---

[1] 費邊社創立於1884年，原為1883年成立的新生活友誼會（the Fellowship of New Life），成員包括詩人卡本特（Edward Carpenter）與戴維生（John Davidson）、性學醫師艾力思（Havelock Ellis），以及後來成為費邊社祕書的匹思（Edward R. Pease）。後來逐漸轉型成為政治與社會改革團體。費邊社名稱來自波墨（Frank Podmore）的建議，推崇羅馬大將費比思‧馬克西姆思（Fabius Maximus），人稱緩進者（the Cuncator），他的攻擊策略是騷擾與磨損而後攻擊之，而不是像漢尼拔將軍要求的直取迦太基。亦即，時機不成熟，改革者必須像費比思一樣忍耐、等待，直到時機來臨，全力搶攻。否則，等待將是浪費時間與毫無成果。

二十世紀初，英國工黨對社會政策的影響不及先前成立的自由黨，但在自由黨於1920年代沒落後，工黨遂取而代之。費邊社的影響力直到今天仍未消失，尤其是其所創設的倫敦政經學院（LSE）成爲往後英國社會政策的搖籃，包括影響英國社會政策發展的學者陶尼（R. H. Tawney）、馬歇爾（T. H. Marshall）、貝佛里奇（W. Beveridge）、提默思（R. Titmuss）、紀登斯（A. Giddens）都出自該學院。

1905年到1909年間，「濟貧法皇家委員會」對1834年的新濟貧法進行檢討，由費邊社代表希尼·韋布（Sidney Webb）所操刀的「少數報告」（the Minority Report），深信英國社會需要一套普及的社會服務，被後人尊稱爲英國福利國家的「大憲章」（Magna Carta）（Fraser, 2009; Barker, 1999）。

經過諸多對慈善組織的友善訪問者的批評，包括：不適當、無組織、存在宗教與教派偏見等，友善訪問者（friendly visitor）要扮演如洛可（C. S. Loch）所宣稱的社會醫師（social physician）之角色（Woodroofe, 1962: 53），顯然還有一段距離。於是，1896年起友善訪問者與社會工作者開始有了訓練計畫。這些推動訓練計畫的源頭，最早可追溯到1864年的希爾（Octavis Hill）的廉價勞工住宅出租服務。之後，她發現收租員的訓練是重要的。從她教導新進的收租員如何幫助窮人的經驗中，她認識到「如何結合清新、愛、不做作、個別的同理與恬靜、嚴肅、不屈服、教導的精神於一體」是一大問題，必須加以訓練（Woodroofe, 1962: 54）。約莫同時，位於韶瓦克（Southwark）婦女大學睦鄰中心（the Women's University Settlement）的領導者希維爾（Margaret Sewell）也開辦志工訓練課程。這兩者刺激了倫敦慈善組織會社於1896年開辦友善訪問者（friendly visitors）與個案工作者（caseworker）的訓練班。但是，英國的慈善工作卻沒有藉此轉型爲當代社會工作。雖然，1903年倫敦慈善組織會社也設立了社會學學院（the School of Sociology）招收了十六名學生，但因經費缺乏，曇花一現於1912年就併入倫敦經濟學院的社會科學與行政系了（Woodroofe, 1962: 52-54）。這使得英國最老牌的社會工作教育家楊哈斯本

（Eileen Younghusband）感嘆道：「我們的社會學學院沒了，因此，生不出芮奇孟（Mary Richmond）、漢彌爾頓（Gordon Hamilton）、陶爾（Charlott Towle）之輩的社會工作專家，也出版不了標準課本，以及社會工作的文獻。」（Younghusband, 1964）。

　　英國之所以沒有在二十世紀初發展出當代社會工作專業，從參與社會改革的前輩們經驗中或可窺其一二。首先，雖然慈善組織會社曾經廣泛受到重視，也努力培育友善訪問者。但是，在1880年代以降，英國自由黨轉型吸納社會自由主義，積極推動社會改革的氛圍下，結構改良逐漸成爲社會主流價值。其次，1884年成立的費邊社，開啓了英國漸進改革的費邊社會主義論述，不但吸納了許多社會改革者加入，例如：蕭伯納、韋布夫婦等，也參與工黨的組成，讓英國的社會改革找到了有別於馬克斯主義的階級革命路線的出路，也就無須強烈地依賴婦女慈善與宗教博愛的窮人個案工作。第三，工黨成立後，接續自由黨的社會改革，透過許多結構改良的社會立法，擴大英國福利國家的基礎。於是，透過社會政策與立法來解決失業、貧窮的問題，遠比個案工作更有效。第四，睦鄰運動精神與福利國家的建立結合。例如：貝佛里奇、陶尼、艾德禮等人都曾在湯恩比館工作過，這些工作經驗帶給他們建設英國成爲一個現代福利國家很大的啓發。有這樣的不同發展走向，楊哈斯本女士其實無須多慮了！

參、從五月花號公約到獨立宣言

一、追求幸福新世界

　　1601年，登基四十三年的英國伊莉莎白女王在國會演說：「雖然上帝使我的地位崇高，但是我以你們的愛來統治這個國家，那才是我所珍視的榮耀……，除非我的生命、我的統治能帶給你們福祉，否則我絕不眷念生命與

王位。你們也許有過更強大、更明智的王子坐過這個王位，卻從未，也永遠
不會有比我更愛你們的君主。」這位終身未婚的女王，用這一段話詮釋了她
的「濟貧法」（The Poor Law of 1601）。伊莉莎白濟貧法放棄早先對貧民的
鎮壓傳統，改以較合理的行政管理來救濟貧民（Fraser, 2009），確立了往後
三百多年英國濟貧制度的基調，也成爲各國社會救助的範本。

　　而人民似乎急切地在尋找新的幸福。1606年，由一群英國商人組成的
新世界（New World）淘金事業──維吉尼亞公司（Virginia Company），於
隔年成功地建立了第一個永久性英國移民據點──詹姆斯鎮（Jamestown）
之後。1620年9月16日包括清教徒在內的一百零二名移民搭乘「五月花
號」（Mayflower）的木製帆船，從英格蘭的普利茅斯（Plymouth）準備
前往美洲新大陸的維吉尼亞移民。因天氣惡劣，航道偏移，航行六十六
天之後，於11月11日在鱈角（Cape Cod）附近靠岸，到達現今麻薩諸塞
（Massachusetts）的普利茅斯殖民地。六十六天的航程只有一人死去，且誕
生了一名嬰孩，所以仍然維持一百零二名抵達目的地。

　　爲了平息這班移民者在航行中累積的糾紛，也爲了上岸建立新殖民地，
以及爲可能的自治政府做準備。當「五月花號」靠岸於鱈角時，船上一百
零二名新移民中的四十一名成年男子簽署了《五月花號公約》（*Mayflower
Compact*）。這份公約成爲美國日後無數自治公約中的首例，它的簽約方式
與內容代表著人民可以由自己的意志來決定自治管理的方式，不再由凌駕於
人民之上的強權來決定管理。就此開創了一個自我管理的社會結構，這在王
權與神權統治的時代，蘊含了許多現代民主的信念，也成爲美國社區組織中
自治、參與、民主理念的重要的源頭。

　　《五月花號公約》寫道：「爲了上帝的榮耀，爲了增加基督教的信仰，
爲了提高我們國王和國家的榮耀，我們飄洋過海，在維吉尼亞北部開發第一
個殖民地。我們這些簽署人在上帝面前共同莊嚴地立下誓約，自願結爲民眾
自治團體。爲了使上述目的能得到更好的實踐、維護和發展，將來不時依此
而制定頒布，被認爲是對這殖民地全體人民最合適、最方便的法律、法規、

條令、憲章和公職，我們都保證遵守和服從。」

　　此後，歐洲的移民不畏千辛萬苦，橫渡大西洋，到這個他們心中的天堂。1775年美國獨立戰爭前，這個新世界已經移入了英格蘭、愛爾蘭、蘇格蘭、荷蘭、德國、波蘭、法國、西班牙等國移民三百萬之眾。

　　隨著移民進入，各移民母國的救濟措施也跟著進來。例如：1609年荷蘭移民建立了自己的荷蘭改革教會的貧民救濟系統。直到1664年英國成為新世界的殖民統治者為止，才依循英國伊莉莎白濟貧法的規定，由稅收做為公共救濟的經費（Trattner, 1999: 17）。

　　移民社會並不如想像中那樣黃金淹腳目。貧窮仍然陰魂不散地在新世界出現。工業革命前的美國殖民地貧窮問題並沒有比移民母國減輕。光靠稅收來濟貧，顯然不足以支撐負擔沉重的濟貧經費。以1772年為例，在殖民地城市中，依當時的生活標準，每四個自由人中就有一位可能會被歸類為窮人或是近貧（Nash, 1976；引自Trattner, 1999: 31）。

　　於是，如同在移民母國的經驗，許多善心人士加入行善（doing good）的行列，包括耳熟能詳的佛蘭克林（Benjamin Franklin）、華盛頓（George Washington）等人都不忘從事私人慈善（Trattner, 1999: 33）。

　　創始於1647年英格蘭北部，再向外擴張的貴格教徒（the Quakers），可能是當時在美洲新世界投入最多時間、心力與金錢在貧民救濟的教派。他們相信透過愛與友伴可以凝聚在一起，也相信不同的人都是上帝的子民，在他們眼中，眾人都是上帝的子孫，精神平等。於是，貴格教徒關切生活世界中需求的問題，他們首先幫助他們自己的教友，而非他人。每一個貴格教派的聚會所都有一個永久的濟貧基金，以協助教友遭受災難與痛苦的不時之需。不過，當時貴格教徒會如此熱衷於慈善救濟出於人道主義（humanitarianism）者少，源於教會利益者多。由於在英格蘭被宗教迫害的經驗，使他們必須以慈善行動來避免被新世界的社會所排擠。人道主義成為貴格教徒因應殖民地社會攻擊的一種社區自衛方式。慈善工作協助貴格教會凝聚與安身立命。由貴格教徒組成的新英格蘭友誼會社（the New England

Friends）組織「因應苦難」（the Meeting Suffering）的活動，就是殖民地最典型的教會濟貧組織（Trattner, 1999: 34-35）。

除此之外，其他教會也先後投入濟貧的活動，例如：1657年居住於波士頓的蘇格蘭人組成蘇格蘭人慈善會社（the Scots Charitable Society），1754年波士頓的英國國教派（Anglicans）也組成聖公會慈善會社（the Episcopal Charitable Society）。1767年愛爾蘭慈善會社（the Charitable Irish Society）出現，不久之後，日耳曼紐約會社（the German Society of New York）組成。法國人慈善會社（the French Benevolent Society）也不遑多讓（Trattner, 1999: 35）。可見當時殖民地的私人社會慈善若不是起於宗教信仰，就是因於族群互助。顯見殖民地的社會慈善，公共救濟部分是基於英國1601年的濟貧法傳統，私人慈善則是宗教與族群互助，兩者並行不悖。

二、從慈善到人權

三個事件使得殖民地的社會慈善產生根本的變革。首先，始於1720年代，顛峰於十五年後的大覺醒（the Great Awakening），是針對過去過於依賴教條、懺悔、重生的宗教信仰，在墾荒拓邊的過程中，人的責任逐漸被強調。在大覺醒運動的風潮下，人不只是敬神，也鼓勵宗教信仰獨立。因此，既有建制的教會權威勢力逐漸式微。先前依宗教信仰而從事的慈善也出現質變，慈善不再是中、上層階級的善行活動，而逐漸轉變為每個人的責任。慈善已超越過往的靈魂洗滌，擴大為解救他人，促進與淨化人類生活條件。

其次，源於科學發明的啟蒙運動（the Enlightenment），特別是牛頓（Sir Isaac Newton）發現地心引力，建立一套理性的科學機制，有利於依法治理的和諧政府存在。洛克（John Lock）研究心理學，確認人的存在並非本然如此，而是被後天環境所形塑。據此，改變成為可能。無止境的進步信念逐漸取代喀爾文教派（the Calvinism）嚴格的決定論與認為悲憫與需要是不可避免的信念。據此，貧窮被認為是可避免的、可消滅的。窮人相較於社會

中的優勢者，是生活在不正義與不公平的環境下，應該有權獲得國家提供適足的資源。從而，人道主義與社會改革油然而生。教育貧童的免費學校、週日學校、慈善學校、改革賭博、戒酒，以及少年犯罪矯正等於焉出現。

第三，美國革命（American Revolution）爆發於1775年。經歷了八年的戰爭，英國終於在1783年訂定的巴黎條約中承認了美國的獨立。也因爲許多殖民地的居民逃離十三州到北方安頓下來，這場戰爭亦同時爲了日後加拿大的建國做準備。當1775年4月殖民地的獨立戰爭爆發，距離1606年英國人開始殖民這塊處女地，已近170年了。1776年6月7日，在費城的大陸會議集會中，維吉尼亞的理查·亨利·李（Richard Henry Lee）提議宣稱：「這些殖民地是自由和獨立的國家，並且依其權利必須是自由和獨立的國家。」6月10日大陸會議指定一個委員會草擬「獨立宣言」（United States Declaration of Independence）。實際的起草工作由湯瑪斯·傑佛遜（Thomas Jefferson）負責。7月4日「獨立宣言」獲得通過，並分送十三州的議會簽署批准。

「獨立宣言」其前言寫道：「我們認爲下面這些真理是不言而喻的：人人生而平等，造物者賦予他們若干不可剝奪的權利，其中包括生命權、自由權和追求幸福的權利。爲了保障這些權利，人類才在他們之間建立政府，而政府的正當權力，是經被治理者的同意而產生。當任何形式的政府對這些目標具破壞作用時，人民便有權力改變或廢除它，以建立一個新的政府；其賴以奠基的原則、其組織權力的方式，務使人民認爲唯有這樣才最可能獲得他們的安全和幸福。爲了愼重起見，成立多年的政府，是不應由於輕微和短暫的原因而予以變更。過去的一切經驗也都說明，任何苦難只要是尚能忍受，人類都寧願容忍，而無意爲了本身的權益廢除他們久已習慣了的政府。但是，當追逐同一目標的一連串濫用職權和強取豪奪發生，證明政府企圖把人民置於專制統治之下時，那麼人民就有權利，也有義務推翻這個政府，並爲他們未來的安全建立新的保障——這就是這些殖民地過去逆來順受的情況，也是他們現在不得不改變以前政府制度的原因。當今大不列顛國王的歷史，是接連不斷的傷天害理和強取豪奪的歷史，這些暴行的唯一目標，就是想在

這些州建立專制的暴政。」

在美國殖民地爭取獨立的過程中，1776年初，潘恩（Thomas Paine）出版《常識》（*Common Sense*）乙書譴責英國政府的高壓政策，並支持北美十三州獨立，大力鼓舞了十三州人民揭竿起義。誠如美國當代哲學家傅克（Sidney Hook）為《常識》再版的序文中所言：「潘恩之所以全身心地投入這場美國革命，並不是作為一個美國人，侷限在為美國的利益；而是作為一個自由人，一個世界公民。他堅信，他為美國所做的努力，就在為英國、法國，以及所有被奴役的地方爭自由的努力。」

潘恩又在1791至92年間出版了《人的權利》（*Rights of Man*）乙書。他說：「當一個我們稱之為文明的國家，卻讓老人進入習藝所（workhouse），青年上了絞刑臺，一定是這個政府的系統出了什麼問題。」他質疑當時工人賺的薪水繳稅之後，根本無法養家活口，尤其是生病的時候。因此，他提出一套有別於傳統慈善的權利觀點給英格蘭政府作為消滅貧窮的救濟或所得分配制度，包括：濟貧、住宅、教育、鼓勵生育與婚姻、喪葬、交通補助、就業等（Pierson and Castles, 2006）。然而，不像《常識》一書撼動美國保守派對獨立戰爭的躊躇不前，《人的權利》的理想卻等到一百年後才陸續被實現。

「獨立宣言」強調平等、自由與幸福是人的基本權利。促成美國各州政府開始建立新的濟貧行政。例如，紐約州建立一個州政府的監督濟貧委員會（the Committee on Superintended of the Poor）。然而，這還很難說是課予地方政府濟貧責任，毋寧說是貧民生活照顧不足，將帶來地方政府的麻煩。到了1790年代西北地區的俄亥俄州、印第安那州、伊利諾州、密西根州與威斯康辛州也紛紛通過州的濟貧法，作為濟貧行政的依據。南方各州則進展較快，1780至1785年間，已有地方政府設置濟貧監督員體系，濟貧事務已徹底世俗化，停留在縣級系統。

雖然，美國憲法序言的五十二個字中提及「促進一般福利」（promote the general welfare）四個字，意指國會有為此目的選擇執行稅收與花費的權

利。然而，美國的聯邦政治制度與缺乏授予聯邦政府針對有需求的人民的特定責任，使得美國不像英國、德國，以及諸多歐洲國家一樣，有針對社會福利的中央立法。雖然，這留給各州彈性的執行空間。但是，也帶來美國社會福利發展的混淆、不確定、無效率與緩慢（Trattner, 1999: 41）。

三、從公共救濟回到院內救濟

1795年英國史賓漢蘭制被推翻，是因牴觸自我規制的市場經濟或放任自由主義（laissez-fair）、馬爾薩斯（Thomas Malthus）的《人口論》（*Essay on the Principle of Population*），以及人道考量（Fraser, 2009；林萬億，2013）。在美國，地大人稀，根本不會有馬爾薩斯預警的問題發生。倒是放任資本主義和公共救助會造成貧窮化、不道德與降低生活水準，卻深深影響美國的濟貧工作，更甚於英國（Trattner, 1999: 54-55）。

首先，自前述的啓蒙運動以來，美國人民已逐漸不相信窮人是值得憐憫與需要被救濟的。反而，認爲窮人也有責任爲自己的生活條件負責。

其次，「獨立宣言」更加強化美國人的信念，認爲貧窮不必然存在，是可消滅的。廣大的土地與資源，人們必須更努力工作，只要認真工作，有工作能力的人本不該成爲窮人。有工作能力的人行乞或接受公共救助已非基督要救贖的。

第三，源自於史密斯（Adam Smith）與其追隨者的經濟教條，認爲不足或不確定的薪資將假設任何人必將工作以獲得足夠的收入來養家活口。即使，美國不見得有那麼多工作機會，讓每個人都能找到工作。

第四，公衆心中的刻板印象，已不在意個人的需求，認爲值得幫助的窮人（worthy poor）與不值得幫助的窮人（unworthy poor）之區分只是要不要去工作而已。有工作能力的人不去工作是不值得憐憫的，是罪惡的。不論人們多麼努力掙扎尋找工作機會，沒有工作仍然會被認爲是道德的敗壞。

第五，新教倫理（the Protestant ethic）要求富人慈善、努力工作，以

及窮人也要有道德。據此信念，個人有能力依自己的努力實現經濟的成就。如此，第二個大覺醒（the Second Great Awakening）與信仰復興運動（revivalism），相信個人因素——勤勞、節儉、美德、轉念是救贖之道。如果個人失敗了，純屬個人的錯誤、愚昧、壞習慣，或是其他人格的孱弱。貧窮是個人的事，只有個人能克服之。

第六，大量的新移民湧入美國也讓美國人對窮人的態度改變。在1800至1860年間，至少有六百萬移民進入美國，主要是貧窮的日耳曼與愛爾蘭的天主教徒，分布於巴爾的摩（Baltimore）與波士頓間，這些新移民成為新的貧窮化來源。更糟糕的是，這些新移民的飲酒習慣與差異的生活習慣，生活品質又相對低下，居住環境不佳、營養不良，又不同於新教徒的中產階級文化，讓新教徒主導的多數城市警覺到必須努力維持都市秩序，以免社會混亂。

第七，院外救濟（outdoor aid），特別是公共救濟只會使這樣的問題加劇。1821年，波士頓市長昆西（Josiah Quincy）擔任州的公共救濟調查委員會，在他的調查報告中寫道：「（公共院外救濟）是最浪費、最昂貴、最傷害道德與瓦解他們勤勉習性的。」（Trattner, 1999: 56）

最後，獲得公共救助既然是一種權利，就易使被救濟者忘記感恩之心；也讓施予者失去救濟他人的愉悅感；進一步，公共救濟被認為排擠了私人慈善的空間，而私人慈善才是基督教徒的美德。

有了上述眾多理由，美國的公共救濟制度注定要被改變。而其中影響最深遠的是1824年的紐約州務卿葉慈（J. V. N. Yates）所擔綱的〈葉慈報告〉（Yates Report）。這篇報告影響美國社會福利史至鉅，該報告指出該州有四種主要的公共救助：機構救濟（institutional relief）、家庭救濟（home relief）、委外救濟（contract relief）、拍賣救濟（auction relief）。報告也指出：「窮人經由簽約或拍賣到農場安置（farmed out）者經常被殘暴對待，極不人道。」「教育與兒童的道德嚴重被忽略。」「這些兒童成長在汙穢、怠惰、疾病之下，已然成為及早進入監獄或墳墓的候選人。」「有工作能力

的窮人很少被雇用；家庭救濟鼓勵怠惰、敗德、遊手好閒、疾病與犯罪。」葉慈主張停止家庭救濟，建立機構才是解決之道，特別是針對年輕的依賴者。對葉慈來說，兒童進入公共機構是「健康與道德的。」「他們將受到教育以使其成爲未來有用之人。」最後，葉慈建議十八到五十歲的健康者不得接受公共救助，老人、年少者、殘障者進入公共機構救濟。其行政由縣主管，而非由鄉鎮負責（Trattner, 1999: 57-58）。

據此，1824年紐約州通過縣濟貧院法案（County Poorhouse Act），設置濟貧監督官，各州群起仿效。即使，院內救濟（indoor relief）不是當時唯一的救濟方法，至少也是最主要的一種。例如，1824年麻薩諸塞州有八十三個濟貧院，到了1860年增加到二百一十九個。

然而，如同英國的「新濟貧法」時代一樣，院內救濟出現極大的弊端。首先，美國社會經濟環境已改變。工業資本主義帶動移民往城市遷移，貧民已不是早年的鄰居（neighbors），而是低階層的人（lower classes）。要維持地方主導的貧民救濟院有相當困難，地方濟貧院的負擔越來越沉重，必須仰賴州政府協助。因此，州政府也大量興建大型機構以因應之。

其次，縣立機構缺乏照顧配套，以致老人、年輕的、病人、瘋子、癲癇的、精神耗弱的、盲人、酗酒的、少年犯罪者、重罪犯人、男的、女的、健康的混居一堂，裸露、怠惰、飢餓、敗德、虐待情事經常發生。用現代語言來形容這是「活墳墓」，或是「社會墳場」。1850年代紐約州立法委員會調查發現該州鄉村濟貧院結論道：「一般家畜被對待的方式比這些機構對待窮人的方式要來得人性許多。」（Trattner, 1999: 60）。當然，並不是所有機構安置都是如此地不人道。有些機構的確也提供了如當年〈葉慈報告〉所倡議的「健康與道德」的照顧。

不過，如同在英國一樣，人道主義者、新聞記者、文學家也開始抨擊這些機構安置醜陋的一面。因而，促成了機構的改革。其中，將不同需求的人給予特殊處置的趨勢應運而生，例如：1824年少年犯罪感化院出現於紐約市，1847年麻省跟進，二年後紐約州設置。再五年，俄亥俄州也成立了。

　　早在1773年維吉尼亞州就已興建精神病院了。1819年康乃狄克州設立私立聾啞之家，1822年俄亥俄州興建聾啞之家，1826年肯塔基州設立州立的聾啞之家。俄亥俄州於1837年再建盲人之家。顯見，社會改革者的時代已來臨。

　　美國社會福利改革第一人，非狄克思（Dorothea Dix）莫屬。這位被與精神疾病照顧改革劃上等號的社會工作前輩，就在這樣的歷史滾滾大河中挺身而出，成為在當代社會工作尚未成為一門專業之前，值得後世社會工作者學習的榜樣。

肆、從科學慈善到社會工作專業化

一、科學慈善的興起

　　英國的慈善組織會社於1877年傳入美國，創建者是水牛城（Buffalo）的聖公會牧師賈汀（Rev. Stephen Gurteen）（Lubove, 1965）。不論在美國或者英國，慈善組織會社的功能均在於達成下列三點：（一）結束慈善的濫用，尤其是針對職業的乞丐；（二）使慈善能有效地提供給確實值得協助的人；（三）動員助人的力量（Leiby, 1978: 111）。

　　如同在英國的經驗一般，美國的慈善組織大多是出自中上階級的婦女之手。例如：紐約自由人救濟協會（the Freedmen's Relief Association）的主要發起人樓威爾女士（Josephine Shaw Lowell），她是首位被任命為紐約州慈善委員會的女性委員，同時，亦發起創辦紐約慈善組織會社（New York Charities Organization Society）。另一位是史秋拉女士（Louisa Lee Schuyler）在南北戰爭開戰後不久即組成紐約州慈善救濟協會（the New York State Charities Aid Association）。這些婦女之所以挺身而出是結合了女性主義與上流社會高貴的社會責任情操的地位焦慮（status anxiety）（Wenocur and Reisch, 1989: 26）。從此，婦女工作與社會工作幾乎被劃上等號。

　　而在此之前，第一位由志願工作轉任有薪資的「社會服務工作者」，可能是1861年美國內戰開始成立的美國衛生委員會的特別救濟部（The Special Relief Department of the United States Sanitary Commission）（Kidneigh, 1965）所聘僱的社會服務工作人員。其主要工作是協助解決內戰中士兵與其家屬社會和健康的問題。而由於戰爭的因素，女性被允許進入這項有意義的工作行列，成為社會服務的先鋒。然而，戰爭一結束，這些社會服務工作者就銷聲匿跡了。

　　1863年麻省慈善委員會（Massachusetts Board of Charities）在這一年成立，主要是協助該州的救濟院、醫院與其他社會機構提供建議與調查工作。在其主席賀山繆（Samuel Howe）與支薪主任山本（Frank Sanborn）的領導下，廣受各機構的歡迎。此後，1870年代，其他州也成立了類似的機構。而這些委員會的工作者並不是方案管理者，而是處理行政與貧窮調查的工作。以麻省慈善委員會的調查報告為例，他們認為貧窮的起因不外乎：（一）生理殘缺，（二）道德敗壞，（三）心智不足，（四）意外事故與虛弱，而支薪的員工專門來區分這些致貧原因（Pumphrey, 1971）。然而，當代社會工作的直接源頭並非上述的組織或機構，而是前述大家耳熟能詳的慈善組織會社。

　　基於恐懼貧窮化的思慮，加上受美國內戰之後流行的史賓塞（Herbert Spencer）社會理論與達爾文理論（Darwinian Theory）的影響，慈善組織會社運動逐步有「科學的慈善」（scientific charity）的美名。將貧民區分為值得協助與不值得協助兩類，為了有效地輸送慈善，科學的方法被引入以管理城市慈善事業。然而，協助的對象是個人，而非個人的環境；貧窮的歸因也是個人的偏差與失德，而非社會因素造成（Leiby, 1978; Axinn & Levin, 1982）。科學慈善的內涵主要有二：一是有效地組織社區中的慈善資源；二是採行企業界所流行的功能特殊化、集中協調與行政的技術（Lubove, 1965: 6）。慈善組織會社將調查與行政責任交給有支薪的員工，而治療貧民的責

任則仍歸友善訪問者。

　　科學的慈善領導者反對不分青紅皂白的人性與貧窮的通則化理論，同時堅持小心檢視申請者的背景資料。他們反對情緒性的慈善愛心，贊成像醫師一樣地來診斷病人，然後開出處方。社會治療的觀察與分類於焉形成（Lubove, 1965: 10）。

　　然而，科學的慈善並無明顯異於志願性慈善事業，因為友善訪問者是不支薪的；而且，他們與受訪者的關係是友善的、鄰里的關係，而非專業的關係。慈善組織會社的理想並不在於進行社會改革，而是在重建小鎮的社會互動模式，由初級團體來擔任有力的社會控制機制；由慈善組織會社來人工化城市衰敗之後的自然關係的重現。然而，志願的友善訪問者卻無能去調和富人與窮人成為鄰居。事實上，他們也無此意圖。他們聲稱富人與窮人的關係是友善的。但是，他們從不懷疑自身的優越性。慈善組織會社的發言人從不敢說友善訪問者是用來消弭階級差距。因此，可以相信，慈善組織只是反映了對貧民與種族的恐懼，而不是期待去合作與公平地結合經濟上與種族上的群體區隔（Lubove, 1965: 14-16）。

　　諷刺的是，一向反對救濟機構「官僚化」與主張志願服務準宗教認可的慈善組織會社，卻反而成為福利科層制與專業化的建造者（Lubove, 1965: 18）。在1890年第十七屆全美慈善與矯正研討會（National Conference of Charities and Corrections）上，樓威爾（Josephine S. Lowell）仍聲稱公立救濟應該只提供給極端不幸的人，例如：嚴重的饑荒時，私部門的慈善組織反對貧民救濟的國家化是不容置疑的（Axinn & Levin, 1982: 100）。然而，由於科學的慈善著重於有效管理社區慈善資源，協調私立機構的工作，也使其努力於發現有效的原則來管理個別機構，例如：訓練與運用有給薪的職員，督導志願工作者，以及執行人員的職責分工。這種對機構行政與社區協調的努力，導致了後來專業與志願服務的發展（Lubove, 1965: 19）。

　　1883年，芝加哥的道絲（Anna Dawes）可能是第一位公開呼籲專業訓練的必要性的人。她指出，越來越多慈善組織成立，越來越不容易找到合適的

人來擔任工作，只憑那些職員根本無法有效執行服務工作（Brown, 1936）。同年，美國水牛城的慈善組織會社的羅生惱（Nathaniel S. Rosenau）也質疑那些「老朽的牧師」（superannuated clergyman）、「不成功的商人」（unsuccessful merchant），或「政治的寵臣」（political favorite）能成為一位慈善會社或機構的主管的適任性。他認為有必要找一些經過特殊訓練、以此工作為職志，以及願獻身於此者來負責此項工作的人。這個呼籲對於區分專業的服務標準與未訓練的行外團體成員間的關係深具意義。十五年後，也就是1898年，紐約慈善組織會社開創了正式的社會工作教育課程於暑期慈善學院（Summer School of Philanthropy）（Lubove, 1965: 19）。

慈善組織會社最早提出要讓救濟工作有方法。1897年紐約慈善組織會社的主任迪萬（Edward Devine）曾提出要讓他的機構「擁有堅實的個人熟識與真實知識基礎。」（Wenocur and Reisch, 1989:48）；同時紐約慈善救濟協會的執行長佛克斯（Homer Folks）也認為「慈善組織會社的基本原則：調查、登記、合作、友善訪問等四大原則是必要的，但是不足以發展友善訪問者的清楚目標與方法。」（Wenocur and Reisch, 1989:48）接著，1903年，芮奇孟（Mary Richmond）進一步指出兩個社會工作的問題：（一）需要特殊的知識基礎與技術始能區辨出有訓練的社會工作者與玩票的慈善活動。如此必須經由正式的教育機制，例如：訓練學校來傳遞給新進的工作者。（二）社會工作成長的危險是綜融與專精的分裂。其實，早在1896年芮奇孟就強調慈善組織會社的調查與登記的重要性。她主張將慈善組織會社的工作方法傳播到其他服務機構，同時維持慈善組織會社控制接近服務，藉以限制救濟的申請（Wenocur and Reisch, 1989: 49）。

芮奇孟當年的主張被嚴厲的批評。例如：杭廷頓牧師（Reverend James Huntington）批評她「認可對待富人與窮人的雙重行為標準。」批評得更凶的是亞當斯女士（Jane Addams），她說：「芮奇孟的方法過於理性，她假設的工作者與案主的社會關係必然迫使工作者扮演道德捍衛的角色。這個角色將擴大工作者與案主的社會落差，因此，很難建立友善的關係，去提升

道德。」進一步，亞當斯女士攻擊芮奇孟的方法是「負面的僞科學精神」
（negative, pseudo-scientific spirit）。面對來自亞當斯的嚴厲批評，芮奇孟回
應道：「我的努力只是希望讓友善訪問更有結構。」（Wenocur and Reisch,
1989: 50）可見，社會工作要標準化與效率在早期仍充滿著疑慮與不熟悉。
尤其是由缺乏社會改革意圖的慈善組織會社來推動，必然夾雜著以科學之名
行道德馴化之實的疑慮。

雖然有阻力，社會工作訓練逐漸地區分「行外人」與「專業社會工作
者」的差別。即使，慈善組織會社的道德治療與粗糙的分類並不合於專業的
標準。但是，友善訪問者對於每個個案的調查與處理的紀錄，不只是引導訪
問者的工作方向，也成爲往後研究貧窮成因與個人和家庭去道德化的根據。
1917年，社會個案工作的先驅芮奇孟（Mary Richmond）的《社會診斷》
（*Social Diagnosis*）乙書部分是立基於對慈善工作者所進行的調查的科學性
研究（Lubove, 1965: 20）。《社會診斷》是寫給處理個人的社會工作者看
的書，超過五百頁，包括她從費城慈善組織會社以來的工作紀錄心得。在書
中，她指出觀察、討論、研究是社會個案工作的方法與目標，而不只是處理
貧窮家庭的慈善組織會社工作（Agnew, 2004）。1922年再出版何謂《社會
個案工作》（*What is Social Case Work: an introductory description*），奠定
了社會個案工作的基礎。此外，她也關注家庭服務，於1917年出版《家庭服
務手冊》。1925年也因關心未成年結婚，而出版《兒童結婚》乙書。這位幼
年失怙的社會工作前輩，不像英國早年參與慈善組織會社大多是上流社會的
慷慨女士們，她是從基層做起，一步一步往上爬，一生奉獻社會工作近四十
年。1921年史密斯學院頒贈榮譽給她，以示對她一生投入社會工作的尊崇。
她1928年死於癌症，享年六十八歲。

二、社區睦鄰運動傳入

睦鄰運動於1887年傳入美國，由美國的柯伊特與史脫佛（Stanton Coit

and Charles B. Stover）建立了紐約睦鄰協會（Neighborhood Guild of New York），成爲另一股社會改革的開始。例如，亞當斯（Jane Addams）創立芝加哥的胡爾館（Hull House），造就了後來擔任美國首任兒童局局長的拉斯洛普女士（Julia C. Lathrop）與擔任兒童局童工保護部門的葛蕾絲・阿寶特（Grace Abbot），及其姊姊愛迪絲・阿寶特（Edith Abbot）。紐約的亨利街睦鄰中心（Henry Street Settlement），也培養出擔任美國消費者聯盟（the National Consumers' League）祕書長的凱莉（Florence Kelly）、致力於工廠法與勞動檢查的瓦德（Lilian D. Wald）。這顯示，大學睦鄰運動扮演社會改革的角色。後世，也把睦鄰運動與社會工作方法中的社會團體工作、社區組織關連。巴涅特教士的工作中一直強調個人價值、正直、尊嚴、關係、自決等，這些理念都與後來社會工作倫理有密切關連。

亞當斯女士出身貴格（Quaker）教派信徒家庭，如同許多英國的前輩社會改革者一樣，出身上流社會。父親約翰・亞當斯（John Addams）是州參議員，反對奴隸制度，熱心社區事務，與林肯（Abraham Lincoln）友好。年輕的亞當斯女士於1883年倫敦之旅，讓她看到週末夜的拍賣會，食物亂丟棄，遊民卻搶食垃圾桶的食物，她厭惡這種場景。參訪湯恩比館之後，1889年與其友人史達爾女士（Ellen G. Starr）租下芝加哥西邊的查爾斯・胡爾（Charles Hull）的舊宅爲社區睦鄰中心，改名胡爾館（Hull House）。此後就投身與貧民一起生活。

亞當斯女士不認爲胡爾館是慈善事業，而是生活、動態的教育過程。一些重要的人物經常出入胡爾館，例如：杜威（John Deway）、泰勒（Graham Taylor）、米德（George H. Mead）、包文（Louise de Koven Bowen）、馬克道威爾（Marry McDowell）等。此外，從這裡培養出來的著名社會工作專家包括拉斯洛普（Julia Lathrop）、阿寶特姊妹（Grace Abbott and Edith Abbott）、凱莉（Florence Kelly）、布蕾金瑞琪（Sophonisba Breckinridge）、漢彌爾頓（Alice Hamilton）等。拉斯洛普女士擔任胡爾館幼稚園長達十六年，1909年亞當斯女士獲邀參與白宮兒童福利會議，1912年

拉斯洛普女士即獲提名擔任首任美國兒童局局長。葛蕾絲・阿寶特（Grace Abbot）是美國反童工剝削的先鋒。凱莉女士則曾擔任伊利諾州勞工局局長。布蕾金瑞琪女士是美國首位從芝加哥大學法學院畢業的女生，並獲得政治與經濟學博士，1908至20年擔任芝加哥公民與慈善學院院長，是建立公共福利行政與社會工作訓練碩士課程的開拓者。愛迪絲・阿寶特（Edith Abbott）則勤於社會工作學術耕耘，協助創辦芝加哥社會服務行政學院（the School of Social Service Administration），並於1924至1942年擔任院長。

亞當斯於1931年與哥倫比亞大學的巴特樂（Nicholas M. Butler）共同獲頒諾貝爾和平獎，是為社會工作界的第一人，在得獎之前她已被提名五次了（Lundblad, 1995; Alonso, 1995）。在那種資本主義父權的時代，一介女子能有如此成就，著實令人佩服，無怪乎美國人稱她為最偉大的女性（America's Greatest Women）（Alonso, 1995）。她也是社會女性主義者的代表（Elshtain, 2001）。

睦鄰之家的功能在於教育從鄉村到城市的新移民與外國移民，使他們成為好的市民，透過鄉里服務與社區發展來達到協助的效果。這種方式與慈善組織會社是有顯著差異的。這正突顯美國1890至1920年間進步主義年代（the Progressive Era）菁英渴望控制城市人口與問題，作為保證穩定，以利長期的經濟發展；而相對地，改革者、組織工作者、知識分子、新興專業人士、社會服務案主希望達成經濟與政治制度改革的衝突（Reisch, 1998）。

三、社會工作專業教育

紐約慈善組織會社於1898年終於開辦了為期六週的慈善工作暑期學校（Summer School in Philanthropic Work），由紐約慈善組織會社的主任迪萬（Edward Devine）指派助理主任艾瑞斯（Philip Ayres）主持。第一期二十七位學員（男性七人、女性二十人）大多數來自鄰近各州的慈善工作者，最遠的有來自明尼蘇達州與科羅拉多州（Shoemaker, 1998）。這是美國社會工作

教育的先鋒，六週的課程包括機構參訪、社會研究、實務訓練。

1903年，芝加哥的社會福音派牧師兼芝加哥平民睦鄰之家（the Chicago Commons Settlement House）的主任泰勒（Graham Taylor）創設芝加哥公民與慈善學校（the Chicago of Civics and Philanthropy）。

1904年，在迪萬的主導下，紐約慈善學校的課程延長爲一年。同年，哈佛大學（Harvard University）與西蒙思女子學院（Simmons Female College）也合創了波士頓社會工作者學校（the Boston School for Social Workers），由長期在巴爾的摩（Baltimore）參與慈善組織運動的布雷凱特（Jeffrey R. Brackett）主持。這應該是第一個以社會工作爲名的學校。

這三所學校請來了美國進步主義年代的學者、社會改革者、慈善工作者任教。當時的課程眞是五花八門，從高深的經濟學、社會學的理論與歷史，到實務取向的社會倫理、機構管理、家庭救濟工作、兒童福利工作，以及改革取向的勞工與住宅立法，甚至至房屋管線配置課程（Shoemaker, 1998）。

在紐約、芝加哥、波士頓等大城均設立社會工作學校之後，1908年，費城社會工作訓練學校（the Philadelphia Training School for Social Work）也成立了。同年，中部的城市最早設立社會工作學校是屬於密蘇里大學（University of Missouri）的聖路易市社會工作學校。總計，在1910年以前，美國五個大城均設有社會工作學校。

芝加哥的公民與慈善學校於1907年聘用了出身芝加哥大學，又常出入胡爾館的布蕾金瑞琪與愛迪絲・阿寶特兩位博士擔任研究工作。愛迪絲・阿寶特認爲社會工作應該服務進步主義年代的改革和國家的建構（state building）工作。她對美國當時的社會工作訓練過度重視個案工作頗不以爲然，說道：「學生經常變成一個例行的技術員。」「有時，雖是一個靈巧的技術員，但終究還只是個技術員。」（Shoemaker, 1998: 188）愛迪絲・阿寶特心中的社會工作者，不論男女都應是一位能評估與形成社會政策，能管理與領導社會機構的人。芝加哥公民與慈善學校於1920年併入芝加哥大學成爲社會服務行政學院（the School of Social Service Administration），她們把改

革主義、社會科學，以及國家建構的觀念納入個案工作，有別於個人化、汙名化案主取向的個案工作。在愛迪絲‧阿寶特與布蕾金瑞琪的眼中，經由個案工作親近地接觸人群，社會工作者了解到現代工業資本主義對人的影響，進而，引導創造新的社會立法與社會政策。也就是，連結個案工作實務與社會政策是最直接的證據（Shoemaker, 1998）。

愛迪絲‧阿寶特與布蕾金瑞琪的主張其實受到胡爾館的影響很深，與亞當斯女士主張讓胡爾館成為提升公民與社會生活、支持教育與慈善事業，以及調查與促進芝加哥的工業條件之中心思維一脈相承。

美國早期的社會工作教育，從芮奇孟女士所期待的藉由知識與技術的傳授，作為區隔有訓練的社會工作者與好心的志工之間的差別，並界定社會工作在各種領域實施上的一般技巧；到被包括亞當斯女士在內的社會改革者所批判，認為這種以意識形態與實務為基礎的個案工作，由於每位實務工作者的背景不同，往往用不同的經驗解釋案主的痛苦，加上關切不同的重點，根本是把案主當成是一個試誤的過程（Reisch, 1998），因而發展出芝加哥社會服務行政學院的個案工作實務與社會政策的結合（Shoemaker, 1998）。1915年佛雷克斯諾（Abraham Flexner）的一場演講，無異是讓這些社會工作教育的衝突暫時平息，紛紛走向專業化的追求，不管是慈善組織會社的個案工作取向，或是睦鄰運動的團體工作與社區組織取向。社會工作教育進入大學的趨勢也告確定。

四、社會工作追求專業化

1910年代以降，佛洛伊德精神分析（Freudian Psychoanalysis）進入美國之後，社會工作發展起了本質的變化。1919年史密斯學院（Smith College）首先將精神科理論引進社會工作課程，以分析人類行為與社會環境。精神分析模型使社會工作更專業化。但是，卻不一定是最適合社會工作發展的模型。因為，此種專業主義的模型較適合於私人開業時運作，而對社會工作傳

統的承諾不見得有用，它使社會工作界有意無意地擱置了對社會福利的承諾（Gilbert & Specht, 1974）。

1920年代對社會改革取向的社會工作者來說是個壓抑的年代。雖然，有些學者認為1920年代的美國並非「社會進步的荒地」，而是「改革的播種」；然而，無疑地，社會改革並非是這個時期的特色（Brieland, Costin, & Atherton, 1985: 44-45）。這種現象直到1920年代末經濟大恐慌之後才改變。

相對於社會改革的遲滯，1920年代以降的個案工作者開始被訓練成為專門的實務工作者。這些社會工作者被聘僱於志願性的家庭服務機構或精神科診所。影響這種趨勢的來源是佛洛伊德的精神分析。1920年代之前，個案工作雖然等同於社會工作，但是，它被界定得較廣泛，既要影響案主的行為，也要為案主謀福利，即使在芮奇孟的《社會診斷》乙書中，也不乏社會環境因素的分析。

佛洛伊德精神分析從1910年代末即已傳入，而社會個案工作轉向求助於心理分析的最狂熱時期是1930年代。這些源自佛洛伊德精神分析的概念如「自我」（ego）、「超我」（super-ego）、「本能的衝動」（libido），以及「兩難情結」（ambivalence）開始滲入個案工作者的詞彙裡。「關係」（relationship）本來也是心理分析的概念，最後也成為個案工作的必需品。案主被鼓勵依照佛洛伊德「自由聯想」（free association）來報告其生活故事，「動態的被動」（dynamic passivity）也被個案工作者接納為一種重要引導原則。以關係為基礎的治療也成為「助人過程」（helping process）的重要一環。佛洛伊德精神分析影響此一時期的個案工作之深，有如邁爾斯（Arthur Miles, 1954）所形容的：「如果社會工作理論偏離了佛洛伊德理論，其恐怖之狀有如純粹的史達林主義分子（Pure Stalinist）在清算托洛斯基派（Trotskyite）」（Woodroofe, 1964）。

為什麼社會工作會向佛洛伊德舉白旗呢？依據伍卓妃（Woodroofe, 1964: 130）的看法是，因為不論是佛洛伊德、阿德勒（Adler）、容格（Jung）或阮克（Rank）的心理分析都有助於解釋人類行為中被視為無關而

疏忽，或被視爲不合理而遺忘的一面。在前佛洛伊德時期，個案工作的焦點是問題，例如：饑餓、遺棄、酒癮、依賴或少年犯罪，而此時則是將個人列爲個案的中心。個人的情緒態度被當成是其潛意識生活中壓抑、衝突與掙扎的反映。

這些態度經常被視爲是人格深處根深柢固的衝突（意即本我、自我與超我間的衝突）。因此，要協助案主把這些衝突表面化，並面對他、接納他，與他共存或者乾脆改變他。個案工作者採用這個理論之後，其會談技巧、助人技術也都改變了，新的「個案史」（case history）取代舊式的「社會史」（social history）。個案的內省與個案工作者對案主潛意識的編輯與解釋成爲主要的個案紀錄內容。

社會工作者從佛洛伊德心理學的學習與操作上，一改過去重視社會經濟面的處理而轉向心理學面向的分析；社會工作者不再只是個關心貧民的慈善布施者，不再費神於區分值得與不值得的貧民身上，而轉變成爲一些可以操弄醫療字眼、關心心理問題、處理病態社會症狀的社會醫師（social physician）（Woodroofe, 1964: 132）。

此後，社會工作者所強調的是以個人爲中心的心理因素，而非經濟的條件。社會工作者不再去關心使個人不適應的社會因素，而認爲個人的不適應是一種個人的過失。經由個別治療的過程可以協助個人適應其環境，而不是尋求好的工資。其實，這種強調個人的因素，而不去面對社會與經濟的事實不只反映在佛洛伊德的精神分析洪流裡，也反映在美國第一次世界大戰以後的保守社會經濟思潮。這種保守的社會經濟思潮是對十九世紀末到二十世紀初的進步主義的反動。這也是放任自由主義的再起，以及威爾森總統（1913-1921）「新自由」（The New Freedom）的勝利。私人企業被保障，美國的工業急遽發展。這也種下了1929年經濟大恐慌，美國重新調整社會經濟結構的前因。社會工作者因過度重視個人因素而忽略經濟與社會條件的不公平，固然值得批判。不過，無庸置疑地，佛洛伊德的精神分析確實使社會工作找到了科學的基礎。

伍、社會工作改革的號角響起

一、基變社會工作出現

　　1929年秋天，美國股票市場崩潰，貧窮與失業充斥街頭。這種史上所謂的「大蕭條」（Great Depression）從1929年一直持續到1936年。1932年由民主黨取代共和黨執政，促使1935年「社會安全法案」（Social Security Act）的通過，當然，也使美國走向福利國家之路。從此，「慷慨女士」（lady bountiful）不再是社會工作的主流，國家成為最典型的社會工作者（state as social worker）（Woodroofe, 1964）。

　　胡佛（Herbert C. Hoover）與羅斯福（Frank D. Roosevelt）的總統競選決戰的主題環繞在社會福利上。胡佛強調志願慈善，有限度的政府與古典經濟教條。羅斯福則試圖使老羅斯福總統（Theodore Roosevelt，1901-1909）時代的進步主義復活，他主張應給弱勢者經濟的安全保障。在那個不景氣的年代裡，勝負已見。1933年3月，美國進入了新的世代。羅斯福的新政（New Deal）啟動，暗示了大蕭條即將結束。該年5月12日，國會通過「聯邦緊急救濟法案」（the Federal Emergency Relief Act），撥款五億美金以補助各州推行救濟工作。這個法案等於宣告過去以志願慈善為主的社會福利終止，而政府介入與集中化的社會福利上弦了。

　　「聯邦緊急救濟總署」（The Federal Emergency Relief Administration, FERA）的成立使得受過訓練的社會工作者奇貨可居。在此之前，社會工作者大量被雇用在私人機構從事醫務社會工作、精神病理社會工作，以及學校社會工作。1934到35年間，聯邦緊急救濟總署（FERA）補助美國社會工作學校協會（AASSW）訓練短期的公共福利工作者以應急需。在這樣的政治經濟環境改變下，社會工作者的角色也做了顯著的改變，尤其是「基變的左翼社會工作」（radical left in social work）正式出現。

　　公共部門社會工作者的增加，促使社會工作基層運動（Rank-and-File

Movement）興起，從事救濟的個案工作者開始組織起來。在某些城市，社會工作者工會已躍躍欲試。社會工作建制的討論俱樂部首先成立於1931年的紐約市，這是一個開放的論壇，讓社會工作者討論社會問題與社會工作的關係，並提供作為社會改革的推動園地。

社會工作者對於羅斯福的新政並非全然同意。當時主要有三種看法：（一）支持羅斯福的新政，並肯定新政使美國人民民主與經濟結構的重大進展。（二）支持新政，但持保留態度，意即不滿意新政所提供的社會救濟範圍。（三）批判新政是一種保守的延續，旨在於維持普及的經濟秩序道德。然而這三種論調分別都沒有被大多數的社會工作者所接受。

第三者觀點正是美國基變左翼社會工作者所提出，其領導者為范柯立克（Mary van Kleeck）與陸里（Harry Lurie）。1934年全國社會工作會議（National Conference of Social Work）於堪薩斯城（Kansas City）召開，擔任羅素聖者基金會工業研究部主任的范柯立克女士散發三篇文章，鼓勵美國社會工作者反對新政，她站出來與工會結盟，希望促成社會與經濟計畫。支持社會工作工會化運動的人士包括擔任紐約市猶太社會研究局的主任（Director, Bureau of Jewish Social Research, New York City）的陸里、紐約社會工作學院的漢彌爾頓（Gordon Hamilton）、林德門（Eduard Lindeman）、史密斯精神病理社會工作學院的藍諾茲（Bertha Reynolds）、《今日社會工作》（Social Work Today）期刊主編費雪（Jocob Fisher），以及費城社區會議研究部主任柯拉葛（Ewan Clague）（Selmi and Hunter, 2001）等人。他們支持年輕社會工作者的基層運動路線，他們批判新政的救濟工作範圍並非在於提供一個持久與完整的聯邦社會福利。他們的主要言論刊物是《今日社會工作》期刊。費雪擔任基變左翼社會工作運動的發言人，他認為新政「只不過是在維持現狀，使不安平靜下來，以及做些不可能實現的承諾」。事實上，大多數的美國社會工作者協會（AASW）的會員傾向於支持中庸的看法，對基變的觀點採取理解與迷惑的態度（Brieland, Costin, & Atherton, 1985: 52）。

　　然而，基變的觀點卻在1934年的全美社會工作會議上大放異彩。范柯立克女士的兩篇論文〈我們對政府的錯覺〉（Our Illusion Regarding Government）、〈勞工與社會工作的共同目標〉（The Common Goals of Labor and Social Work）風靡全場，獲得無數的掌聲。她指出政府的責任應是貢獻最大的善意給最大多數的人民，並擔任衝突利益的仲裁者。她進一步批評新政被利益階級所壟斷，在於維持美國既有經濟結構，而這種結構並不在於保障人權，而在於保障財產權。最後，她強調社會工作者如果不能與工人結合起來共同調整經濟結構，則社會工作者所作所爲只不過是企業與資本階級的工具，提供的僅是對社會犧牲者的補助與諮商而已（Fisher, 1980）。

　　范柯立克的觀點已經揭示了日後基變社會工作的宗旨，那就是社會工作者必須了解我們所生存的社會經濟結構中被壓迫者的位置。社會主義的觀點有助於社會工作者實踐更符合人道的社會工作，基變的社會工作並不在於消滅個案工作，而是在於消滅那些成爲統治階級霸權的支持者的個案工作。社會工作者在面對壓迫的情境必須發展出兩種方法來對抗：其一，是協助人民了解他們的疏離來源；其次，是協助人民建立自尊（Bailey & Brake, 1975: 9）。

　　不過，基變的社會工作觀點並非風行全美國，只有工業部門相關的社會工作接受這種號召，鄉村的社會工作者並不急於追求這種涉及到政治行動的社會工作。何況由於二次大戰的來臨，《今日社會工作》期刊於1942年停刊，基變社會工作運動的成員也大量流失，宣告此一階段的結束。回顧這段歷史，基變社會工作的產生對於社會工作的影響主要有三：（一）覺醒社會工作者的政治意識；（二）追求一個整合的聯邦社會保險與社會福利體系；（三）使社會工作工會合法化（Selmi and Hunter, 2001）。

二、社會工作專業地位確立

　　除了個案工作外，1930到1950年代間美國的社會工作者開始運用團體

來達成其目的。社會團體工作與社區組織加入社會工作的方法，成爲爾後社會工作的三個傳統方法。團體工作眞正被社會工作界接納爲社會工作方法是1930年以後的事。1930年，柯義爾女士（Grace L. Coyle）出版其在哥倫比亞大學社會學系的博士論文名爲《組織的團體的社會過程》（*Social Process in Organized Groups*）。這本書相當於芮奇孟女士的《社會診斷》，成爲社會團體工作方法的里程碑。不過，社會工作接受社會團體工作爲第二大方法一直到1946年才獲肯定，柯義爾是催生者（林萬億，2006）。

社區組織被納爲社會工作方法來討論首見於1939年的全美社會工作會議。1944年的社會工作課程中已明訂社區組織爲社會工作的八大基本課程（basic eight）之一。兩年後，全美社會工作會議在水牛城舉行，「社區組織研究協會」（The Association for Study of Community Organization）成立。其目是增進了解與促進社區組織的專業實施。1950年的亞特蘭大城（Atlantic City）社會工作會議遂正式將社區組織納入社會工作的第三個方法。傳統的社會工作三大方法於焉齊備。

除了在1951年兩個社會工作學校協會合併成爲社會工作教育協會（Council on Social Work Education, CSWE）之外，1950年，幾個專門的社會工作協會同意組成「暫時的社會工作會員組織間的委員會」（Temporary Inter-Association Council of Social Work Membership Organizations, TIAC）。這個暫時性的委員會目的是組成一個統一的專業組織。TIAC企圖於1952年合併其他幾個專門的團體，惜未竟全功；三年後，總算合併成功，名爲「美國社會工作者協會」（National Association of Social Workers, NASW）。自此，美國的社會工作專業化地位確立。

1950年代末期是美國社會工作最大的內省期。社會工作期刊充斥著反省的文章，例如：波恩（Werner Boehm, 1958）的〈社會工作的本質〉、畢斯諾（Herbert Bisno, 1956）的〈社會工作將如何成爲社會工作〉、柯亨（Nathan Cohen, 1956）的〈變遷世界中的變遷的專業〉。而最受矚目的莫過於古林伍德（Ernest Greenwood）的〈專業的屬性〉一文了。古林伍德認

為，若將社會工作的屬性來對照五種專業的屬性，不難發現社會工作已經是一門專業了，因為社會工作已經有太多點與專業屬性一致了。

三、麥卡錫主義下的社會工作

麥卡錫主義（McCarthyism）是1945到1960年間的出現於美國的一種反動思想。1950年2月9日，美國威斯康辛州選出的參議員約瑟夫・麥卡錫（Joseph R. MaCarthy）在一個紀念林肯誕辰的聚會上演說，表示手上握有一份二百零五人的名單，這些人在政府部門組織了一個共產黨的間諜網，他們是侵害美國的叛徒，目的在擴大共產勢力，讓自由世界逐日退縮。許多公務員就在「有安全顧慮」的莫須有罪名下遭到監控、解僱或囚禁。他促使成立「反美活動調查委員會」（House Committee on Un-American Activities），在文藝界和政府部門煽動人們互相揭發，許多著名人士受到迫害和懷疑。社會工作界也受到波及。究其遠因是1930年代羅斯福總統的新政（New Deal）激怒了保守主義者，直到二次世界大戰後的冷戰時期，自由主義者與共產主義者經常被混為一談。

而首當其衝的是倡議基變社會工作的工會主義者。1930年代的基變社會工作者被列為攻擊對象，其因為有些社會工作者同情社會主義。例如：范柯立克、費雪。扮演社會工作基層運動積極分子的費雪，於1954年，被聯邦安全局（Federal Security Administration）列為有安全風險的人物，雖然仍然有少數社會工作者試圖接觸他，但是大部分人離他遠遠的。直到隔年的「資訊自由法案」（the Freedom of Information Act）通過，資訊解密，他才知道原來是他的社會工作界朋友與同事密告（Andrews and Reisch, 1997）。

其次是剛萌芽的社會團體工作。1936年成立的全國團體工作研究協會（the National Association for the Study of Group Work）於1939年更名為美國團體工作研究協會（the American Association for the Study of Group Work），再於1946年改名美國團體工作者協會（the American Association of Group Workers）。這個組織打破了機構、宗教、種族、職業的界限，聚焦於公民自由與民主原則的倡議。就這樣成爲保守分子攻擊的對象（Andrews and Reisch, 1997）。活躍於1930至40年代的團體工作者克蘭斯諾（Ira Kransner），於1951年受聘於底特律的密西根韋恩州立大學（Wayne State University）社會工作學院，他反對當時密西根州衆議員科拉蒂（Kit Clardy）要求清查校園內的共產主義，許多他的同事也持相同看法，反對這種毫無根據的栽贓調查。然而，科拉蒂還是如願得逞，攆走了他的兩位同事。即使，社會團體工作的教授芮德（Fritz Redl）寫電報給亨利校長（President Henry），斥責他的作爲，已於事無補了。之後，克蘭斯諾獲得傅爾布萊特獎學金（Fulbright fellowship），受邀前往荷蘭阿姆斯特丹（Amsterdam）協助發展社會團體工作課程，也被推薦獲得聯合國獎學金。但是，他卻接到一份四十二頁的文件，詳細記錄他曾參與的各種具有進步性質的會議；還被要求描述他的知識與文件中提及的二十位涉入者。他拒絕了這個要求，撤回所有獎學金申請。回到學校，他立即被社會工作學院院長布林客（Charles Brink）告知，聯邦調查局曾來學校訪談院長。聯邦調查局的幹員認爲他已被共產黨人滲透，因爲他參加美國公民自由聯盟（The American Civil Liberties Union）（Andrews and Reisch, 1997）。

另一個例子是康乃狄克大學（The University of Connecticut）的社會工作教授葛拉斯（Robert Glass）、路易斯（Harold Lewis），都是匹茲堡大學（the University of Pittsburgh）社會工作學院教授哈斯蔚（Marion Hathway）的門生，因哈斯蔚被聯邦調查局攻擊爲共產黨同路人，而被打成共產黨的同情者，雖然得到來自社會工作學院院長與前美國團體工作者協會會長崔克爾（Harleigh Trecker）的支持，拒絕配合聯邦調查局，終究因來自大學的施壓而被迫辭職（Andrews and Reisch, 1997）。

社會團體工作的教授伯恩斯坦（Saul Bernstein）也曾經擔任過美國團體工作者學會的會長（1948-1950），當其任教於紐約社會工作學院時，寫了一篇有關團體工作的文章被期刊接受，竟然因爲紐約市立學院有一個人跟他

同名，而被懷疑為共產黨人，被告知考慮退他的稿件。他火大寫一封信給該期刊主編，要他們再慎重考慮這件事，怎麼可以因為假設他是共產黨員而退他稿呢？（Andrews and Reisch, 1997）

即使如此受到壓迫，社會團體工作的前輩們仍然大力支持進步的、行動的社會工作目標，包括柯義爾（Grace Coyle）、威爾森（Gertrute Wilson）、韋德（Verne Weed）、柯亨（Nathan Cohen）等人（Andrews and Reisch, 1997）。

第三，是一些支持改革的進步主義社會工作者。1949年，芝加哥每日論壇報（the Chicago Daily Tribune）就曾聲稱包括芝加哥大學、哈佛大學、哥倫比亞大學在內的三個大學窩藏共產主義。社會工作教授阿寶特（Edith Abbott）也被點名（Andrews and Reisch, 1997），而同校的社會工作教授陶爾（Charlotte Towle）也難逃倖免。1951年陶爾出名的著作《人類共同需求》（*Common Human Needs*）出版時，書中一段話被當時的美國醫學會（American Medical Association）會長引用，將其中的社會化（socialized）轉譯為社會主義的（socialistic），聯邦安全總署立即要求出版社將該書銷毀。這件事當然激怒了整個社會工作界與公民自由團體，要求出版社拒絕執行這個命令；且改由美國社會工作人員協會（NASW）再版，廣為流傳。三年後，陶爾獲得傅爾布萊特獎學金到英國講學，她的護照遲遲不被核准，理由是她被「反美活動調查委員會」加州委員會指控是共產黨陣線。同時，指控她曾連署請願法官仁慈對待被判處死刑的羅森伯格（Rosenberg）間諜案（Perlman, 1969: 12）。

針對第一件事，陶爾的回應是：「身為一位社會工作者，（我認為）……，聯邦安全總署努力強化公共的信任絕對比擴大公共恐懼來得重要。因此，在你重要的位置上所作所為，請以一位社會工作者與公民來對待我。」關於羅森伯格案，她回應道：「我的確連署了羅森伯格案的請願書，……，我認為判處死刑超乎當時所有條件的考量。我一點也不同情羅森伯格是一位共產黨員，但我無法接受因為信仰共產主義就該被像犯了其他罪

刑一樣起訴。我可以接受他因犯了其他罪刑而被懲罰。但不是因為他信仰共產主義。如果我這樣做了，我反而覺得自己不像一位英裔美國人，而更像一位共產黨員。」（Perlman, 1969: 13-15）這樣擲地有聲的言論，展現一位社工人對人權、自由、民主、正義的堅持，不畏強權，不懼壓迫。這些一言一行，充分吻合她所主張的社會工作專業教育的目標。她認為專業教育的目標，首先是要訓練學生批判思考、分析、整合、通則化的能力。其次，發展感覺與態度，好讓學生正確地思考與行動。第三，發展學生建立與維持有目的的工作關係的能力。第四，發展學生的社會覺醒與社會意識。第五，引導學生關切其所處的民主社會與生活方式（Tolwe, 1954）。如果一位社會工作教師不能言行一致，如何成為學生的典範呢？

1910至20年代，亞當斯（Jane Addams）因為不支持美國參與第一次世界大戰的立場，讓她飽受謾罵與批評，更嚴重的是竟然還背負了背叛國家的罪名；阿寶特女士（Grace Abbott）也為了促進聯邦立法保護婦女與嬰兒，組織移民保護聯盟（the Immigrants' Protective League）（1908-1917）、參與婦女工會聯盟（the Women's Trade Union League），即使她所發起的活動是和平的，也難逃專業愛國者誣衊為共產主義的同路人，這遭遇極其相似。何況她還是當時聯邦兒童局的童工保護的主管呢！可是，這些偉大的社會工作前輩們，沒有畏懼，繼續堅持信念。

四、公民權利運動的興起

承襲了1950年代末期與60年代初期的公民權利運動（Civil Rights Movement），一個新的社會運動破繭而出，那就是福利權運動（Welfare Rights Movement）。這個運動開始是由一小撮黑人（與少數白人）結合在一起攻擊福利體系的殘破不堪，如同失業工人結合在一起，組成「美國工人聯盟」（the Workers Alliance of America）一樣，福利權的團體終於在1960年代中葉組成了「全國福利權組織」（National Welfare Rights Organization,

NWRO）。福利權運動主要在於攻擊有限的福利國家方案，特別是AFDC方案。這個運動的結果造成了往後救助方案的擴張與福利圈（welfare rolls）的擴大（Piven & Cloward, 1977: 265）。

　　而草根組織（grass-roots）的活躍，特別是作爲社會行動的倡議者出現，是社會工作的另一個生機。公民權利運動組織將觸角伸向鄰里社區組織與政治行動。阿林斯基（Saul Alinsky）與其工業區基金（Industrial Area Foundation）是這方面最受矚目的。他所寫的《激進的號角》（*Reveille for Radicals*）具有新左派色彩，是社區組織中的社會行動模型的力作。人民組織（people organization）或是組織人民是其核心所在。他認爲「人民組織是衝突的團體。這必須被開放地與完整地理解。之所以如此簡單的理由是薪資戰爭對抗所有邪惡勢力，這是（人民）痛苦與不快樂的成因。人民組織是男男女女要結合在一起，以爭取其權利，俾利保證一個過得去的生活方式。」（Rothman, 1968）雖然不是出身社會工作學院，阿林斯基卻帶給專業化後的社會工作者一種不一樣的聲音，關懷弱勢，組織人民，對抗強權。

　　阿林斯基對基變社會工作的期待，不只是物質的改變。他說：「如果好戰的社會工作（militant social work）都變成只是爲了底層社會的薪資而施壓，那就是在玩一種物質遊戲，其實底層社會缺的是一種新的價值與結構組成。」（Throssell, 1975）

　　1965年詹森政府決定升高越戰，這個決定並沒有得到廣泛的支持。對年輕人而言，他們所關心的是和平、限武與公民權。對抗貧窮作戰是投年輕人所好，而介入越戰卻惹來反感。校園內的反越戰聲浪最大，從基變、新左（New Left），與反文化（Counterculture）所得到的教條，使年輕人嚮往四海一家；他們支持第三世界，認爲第三世界是歐洲人與種族中心帝國主義（European and Racist Imperialism）的犧牲者。堅持這種觀點使他們相信美國社會是僞善的、自滿的與物質主義的，而這並不是新左與反文化所喜歡的。學生與支持他們的教授引發了反種族偏見、反戰與解放壓迫的戰爭，這也就是1960年代末期美國學生運動與嬉皮的全盛景觀。

結語

　　至此，本書所要推薦的社會工作典範人物都已出現。從最資深的狄克思（Dorothea L. Dix, 1802-1877），到較資淺的阿林斯基（Saul Alinsky, 1909-1972），時間跨越一個世紀。其中有部分是積極參與慈善組織會社，成為當代社會個案工作的先鋒，部分則是推動大學睦鄰運動與社會改革，成為今日團體工作、社區組織、社會行動、社會政策與立法倡議的典範。

　　對於當代的社會工作者來說，工業革命初期的貧窮、飢餓、超時勞動、失業、不人道的院內救濟、嚴苛的救濟條件、擁擠的勞工住宅、性別與階級歧視等大多已不復存在。似乎無從體會那些前輩社會工作者的用心良苦，也無法效法他們為弱勢者開展服務、奔波倡議的行動。然而，時代在進步，環境在改變，可是，資本主義本質沒有變，工業革命階段的放任自由主義與晚近的新自由主義對人性、勞動、社會、權力、財富分配的看法差異極小。貧窮問題依舊存在於世界的每個角落，飢餓也沒有在人間消失，低薪加班與過度勞動仍然到處都是，失業的陰影籠罩在年輕人的頭上，擁擠與高價的住宅仍是中下階層的夢魘，性別、族群與階級歧視並未完全消除。何況，還有更多新社會風險（new social risks）是當年沒有的經驗，例如：派遣勞動、人口老化。

　　社會工作的環境雖然改善了，因為有較完善的社會福利體系，有較多的福利預算，有完整的專業訓練，還有專業化體制當靠山。然而，新自由主義資本體系與對弱勢者無感的官僚體系所創造出來的問題源源不絕。社會工作者若是覺得只要從社會工作科系畢業，擁有作為專業社會工作者的資格，就能悠遊於助人的專業裡。這些前輩社會工作者的經驗告訴我們，即將碰到的問題還是一樣，缺錢、缺人、缺方法、缺支持。

　　從這些前輩社會工作典範人物身上，我們看到希望。首先，作為一位社會工作者是否能看到不利於弱勢者生存的政治、經濟與社會環境，及其如何壓迫弱勢者。狄克思（Dorothea L. Dix）看到當年的精神疾病收容機

構的悲慘；巴特勒（Josephine Butler）看到社會對女性，特別是妓女的歧
視；希爾（Octavia Hill）看到勞工住宅管理的毫無章法；巴涅特（Samuel
A. Barnett）與湯恩比（Arnold Toynbee）等人看到貧民區擁擠住宅與社會
排除的不當；韋布夫婦（Beatrice Webb & Sidney Webb）看到勞工與貧民的
無助與國家體制的袖手旁觀；亞當斯（Jane Addams）與阿寶特姊妹（Edith
Abbott & Grace Abbott）看到國家對移民、勞工、婦女、兒童的立法保護嚴
重不足；芮奇孟（Mary Richmond）看到友善訪問者的知識與方法極端欠
缺；杰柏（Eglantyne Jebb）看到了人類極度的貧窮疾苦、爲了生存的掙扎、
生命的不公平；范柯立克（Mary van Kleeck）等基變社會工作者看到羅斯福
的新政只是在維護資本主義經濟利益的壓迫結構，而社會工作者卻無視於勞
工的辛酸；藍諾茲（Bertha Capen Reynolds）即使是個精神病理社會工作者
仍然看到社會結構對窮人的不利；陶爾（Charlotte Towle）看到社會工作者
必須對人權與正義有所堅持；阿林斯基（Saul Alinsteg）看到解決勞工與少
數族群的問題必須靠草根組織自己來。要能看到這些個人與環境的問題，必
須有知識、視野與信念。知識是對人、環境與制度問題成因（cause）的充分
與正確理解；視野是兼具微觀與宏觀的視角；信念是超越宗教信仰，而對人
道、公平、正義的信守。

　　第二，有了知識之後，必須能採取行動。能看到當代社會問題的人絕非
僅有。然而，能訴諸行動者卻是鳳毛麟角。沒有提出解決方法，發動說服力
量，起身倡議，或是動手組織人民，社會問題不會自動解決，或者解決方法
不見得是人民所需的。狄克思爲精神病人的醫療與照顧請命、巴特勒爲妓女
喉舌、巴涅特與湯恩比與窮人同甘共苦、韋布夫婦爲少數報告（the Minority
Report）堅持、亞當斯終其一生爭取兒童立法與婦女投票權、杰柏爲戰爭孤
兒奔走、范柯立克等基變社會工作者對抗資本主義體制、阿林斯基的後院革
命、陶爾等人對抗麥卡錫主義白色恐怖打壓，哪一件事是簡單的？都是靠社會
工作者或社會改革者的正義行動。當師出有名，就能獲得社會廣大的支持。

　　最後，必須堅持。採取行動需要勇氣。阻擾社會工作者採取行動的因素

往往比參與行動的人數要多，唯有社會工作者或社會改革者的決心夠強，意志夠堅定，才可能成功。狄克思三年內奔走超過六萬哩路；巴特勒必須承擔被攻擊與謾罵；希爾必須時時面對房客的髒話挑釁；亞當絲、阿寶特姊妹、陶爾、范柯立克都遭受過來自保守的極端愛國主義者的誣陷與攻訐；阿林斯基面對權力與財富優勢的資本階級攻擊時，相信唯有「組織、組織、再組織」，才能使對手讓步。

對於大多數社會工作者來說，很難想當然耳地期待成為本書中的偉大社會工作者。然而，因為你是社會工作者，你的服務對象，不管是窮人、身心障礙者、老人、中輟學生、娼妓、犯罪者、精神病人、原住民、新移民等，就會自動地信服你。由於服務對象過去或當下經驗到的是被剝削的、低下的、疏離的、痛苦的、無力的、被壓迫的、被疏忽的、被遺棄的、被虐待的。而壓迫來源或既得利益的個人、組織或社會結構，都是中上階層或是權力擁有者、統治者。因此，作為社會工作者就沒有閃躲退卻的自由；又因為從古到今，社會工作者往往來自中上階層的家庭為多，自然不可能自動成為被服務對象的伙伴。雖然，有出身貧困、身心障礙者、受虐者，甚至，曾經性交易、物質濫用者，已加入社會工作的行列。我們仍然無法期待所有社會工作者都是來自被壓迫的人群。因此，必須要求社會工作者退除自己優勢的身段與文化，站在被壓迫、被剝奪、被標籤的人們的立場，平等地與他們一起工作。

阿林斯基說道：「這些自由主義者（社會工作者、自由主義學者）期待看到更好的住宅、健康與經濟安全。但是，他們並不住在破爛的房屋裡，他們不會有生病了卻沒錢治療的孩子，他們不會生活在失業幽靈陰魂不散的環境下，他們不是在為自己（的生存）而奮鬥。」（Alinsky, 1969: 134）社會工作者是在為他的服務對象而奮鬥。如果沒有豐富的知識、寬廣的視野、堅定的信念，的確很容易被打敗，因為那些為自己的生存而奮鬥的人們都經常被毫不鬆手的壓迫力量所擊垮。

第二章　桃樂絲・狄克思
爲精神病人療養奔波六萬英里

我有一個夢，夢想這國家會高舉並履行其信條的眞正涵義：

我們信守這些不言而喻的眞理—人人生而平等。

——馬丁・路德・金恩（Martin Luther King, Jr.，1929-1968）

前言：自由國的理想夢土

　　1774年美國的獨立戰爭，創造了奇蹟，讓一群看似烏合之眾的農民，從日不落帝國的殖民手中脫韁而出，成為一個新的自由國家。兩百多年來，這個國家的人民愛好自由，因此讓放任的市場經濟與個人主義成為這個社會強勢的發展方向。然而，史學家威爾·杜蘭（Will Durant）曾說：「自由與平等像有不共戴天之仇般，一個強大，另一個就不免衰亡。給予人類自由之後，他們先天的不平等會以等比級數遞增。」（Durant and Durant, 1965）因此馬丁路德·金恩博士的夢，早在兩百年前，即是美國那些遭受不平等對待的人們一個難圓的夢想。

　　也是在這樣的背景下，誕生許多仍做著平等正義之夢的英雄，桃樂絲·狄克思女士（Dorothea L. Dix，1802-1877）即是其中之一。美國心理學史專家莫非與柯法奇（Murphy and Kovach，1972）曾說：「在歷史上的社會運動中，只有極少數的例子是僅由一個人來獨立推動的。」

　　但狄克思女士卻完成了這個不可能的任務，在那個交通不發達的時代，她的足跡踏遍美國與歐洲各地，只為改善那些在社會上最被忽視、歧視的精神病人的生存權益。是什麼力量支撐狄克思女士願意拖著那病魔纏身的身體，不顧疲累地四處奔走？是怎樣偉大的表現讓她能夠在那以男性為中心的社會中，贏得無數的尊重與掌聲？所謂「人生有夢，築夢踏實」，且看狄克思女士是如何逐步實現她那人生而平等的夢。

壹、童年生活

　　1802年美國緬因州（Maine）的漢普頓（Hampdem）小鎮裡一個名為桃樂絲·狄克思的女嬰呱呱墜地。她的父親約瑟夫·狄克思（Joseph Dix）出身於麻薩諸塞州（Massachusetts）波士頓（Boston）的富裕家庭，在他還是

哈佛大學的學生時，便逃家和大他二十歲的妻子畢吉蘿（Mary Bigelow）結婚。他們的婚姻並不幸福，約瑟夫是一個酒鬼，他的妻子罹患憂鬱症，這使他們無法做一對稱職的父母，身為大姐的桃樂絲經常得姊代母職地照顧兩位年幼的弟弟。家庭功能的失常，使得桃樂絲從小就得被迫學習獨立，學習當一位「小大人」，用現代兒童發展的語言就是親職化的兒童（parental children）。難怪她在長大後，曾自述：「我從來都不知道童年為何物？」另外，父親約瑟夫身為循道教（Methodist）的巡迴傳教士，經常得帶著全家人四處傳教，因此讓小時候的桃樂絲就得過著四處漂泊的生活；同時，因為宗教工作的關係，她經常被要求幫忙黏貼傳教手冊，那些書冊十分厚重，在壓製的過程中，令小小的桃樂絲頗感吃力。

1812年美國爆發了第二次的獨立戰爭，英國占領緬因州，為了躲避戰亂，桃樂絲全家搬到佛蒙特州（Vermont）。在那裡，桃樂絲的生活充斥著貧窮和髒亂，這些不愉快的童年使得桃樂絲日後不願向別人談論她早年的經歷。然而，家庭對她也不是完全沒有用處，父親從小就教她如何閱讀和寫字，幫助她日後入學校讀書時，成績能夠遙遙領先其他同齡的小朋友；同時，成長在虔誠的宗教家庭中，對桃樂絲在往後人生路途的抉擇上，也有著極為重大的影響。

就像俗語所說的：「人生不會永遠處於低潮，就像天空不會永遠掛滿雨滴一樣。」在桃樂絲十二歲時，全家又重回麻薩諸塞州的伍斯特市（Worcester）。此時，她母親的病急速惡化，伴隨著無法治癒的頭痛，自顧不暇的她與總是喝得爛醉的約瑟夫，終於令祖母忍無可忍，決定將三位孩童接到波士頓大廈與她同住，自此桃樂絲才終於揮別慘澹的童年時期，在波士頓開始她的新生活。

然而，出身貧困的桃樂絲一開始根本無法適應波士頓富裕的生活，因為祖母要求桃樂絲成為一位高貴的富家少女。為此，祖母特地聘請舞蹈和裁縫老師，以便徹底改造她那不合時宜的氣質。然而，這並不是桃樂絲想要的生活，她經常會將祖母給予她的食物和新衣服，贈送給家門口外的乞丐與兒

童們，而每當祖母發現桃樂絲這樣的行為時，便會給予她嚴厲的處分。在桃樂絲十四歲時，祖母將她送往伍斯特市的姑媽家，請求她將桃樂絲調教成一位真正的小姐。在這裡，桃樂絲揮別過去心中的寂寞與缺乏愛的陰影，真正感受到家庭的溫暖。同時，桃樂絲也在這裡遇見大她十四歲的二表哥艾德華‧邦格斯（Edward Bangs），他是一位著名的律師，為了讓桃樂絲實現她的教書之夢，將自己在街上的空房子，讓給桃樂絲去開設家庭學校（dame school）。所謂的家庭學校是指因當時的美國，女子沒有受教權，因此女生若要接受教育，便只能由婦女提供自宅來作為教育兒童的小學堂，類似中國的私塾教育。而在1816年秋天，十五歲的桃樂絲招募到二十個六到八歲的學生，開始了她第一次的教學經驗。桃樂絲對自己的教學方法有十分嚴苛的要求。同時，她也自創許多課程，例如：自然科學、倫理責任等。這樣嚴謹的態度讓她的私塾小學聲名大噪，成為當地一所炙手可熱的學校。

　　直到1820年，表哥艾德華向桃樂絲求婚，這個突如其來的要求，帶給她的不是被愛的驚喜，而是不知所措的驚慌，她始終無法真正拋開過去家庭帶給她的包袱。因此她決定關掉她的小學，重新回到波士頓與她的祖母同住。在這三年的教書經驗裡，桃樂絲雖然獲得極大的成功，卻也從中看見自己的不足，因此她在祖母的家中，開始大量閱讀其祖父的書籍，自我進修。等到過了一段日子後，桃樂絲透過祖母的資助，在波士頓重新開辦一間私人學校。白天，她教導有錢的富家女孩，晚上她則免費為那些繳不起學費的貧童上課，首創美國第一所夜間小學。

　　除了教書外，桃樂絲還努力騰出時間寫作。在這時期，她出版了許多不同類型的書籍，其中以1824年為孩子寫的常識小百科《生活常識百問》（Conversations on Common Things, With Questions）最為人所知。該書的內容主要是由一個小女孩問各種問題，例如：「為什麼這天叫星期天呢？」、「錫是什麼？」（West's Encyclopedia of American Law, 2005）。一方面除了讓父母了解如何教育兒童，另一方面也試著傳達出女性應和男性擁有相同教育權的信念。此書一發表，人們即可從中發現桃樂絲對自然

知識的涉獵廣泛。此後，她還在1828年出版了《沉思錄》（Meditation for Private Hours）、1829年與植物有關的《花神芙羅拉的花環》（The Garland Flora），與1832年和道德相關的《給年輕人的忠告》（Moral Tales for Young Persons）。

　　儘管桃樂絲一生受到的正規教育很少，然而她對知識的渴求卻從不滿足。作為一名教師，她要求自己必須在課前做好充分的準備，她積極地增進自己的知識，包括：文學、歷史學、植物學、天文學與自然科學等等。而這樣的態度也實踐在她日後的改革運動中。

　　另外，宗教在桃樂絲的人生也扮演了非常重要的角色，但小時候的陰影卻讓她排斥循道教教義（Methodism）。循道教的主張主要有兩個：一是全世界都是我的牧區，真理不只存在教堂中，因此桃樂絲的父親必須帶著全家到鄉鎮去四處傳道；另一個主張則是遵照聖經所定下的規矩而生活，其認為基督徒可以透過遵守教條，而在人生中達到完美的境界。但桃樂絲認為，遵守「信念的必要性」（necessities of belief）對個人的成長和生命的意義有什麼幫助？一時之間，儘管桃樂絲努力地尋找適合自己的宗教，卻仍舊找不著信仰的所在，一顆心就像懸掛在繩索上，盪來盪去不知該往哪裡去。直到1820年初，她結識唯一神派（Unitarianism）的牧師威廉‧錢寧（William Ellery Channing），才終於讓那顆飄盪的心，找到一個可以安住的地方。唯一神派認為人可以透過善行獲得救贖，強調教徒要以一顆開放的心態來吸收各種知識，同時亦主張人要有社會責任、理性但不必熱衷傳教。這些規範深深吸引著桃樂絲，於是，她在波士頓的唯一神派教會裡，建立起親密的友誼網絡。而教友希思（Anne Heath），也是她一生的密友，她們倆互通書信五十幾年，也終身未婚。但希思不像桃樂絲，她出身在一個幸福美滿的家庭，也較積極地去參與許多活動。不過對於桃樂絲而言，雖然她的內心世界充滿著豐富的詩歌、文學、歷史與自然科學，但這個世界也相對地伴隨著孤獨、疏離與自我嘲弄。因此，希思的友誼就像是為桃樂絲封閉的心靈開了一扇窗口，直到1878年希思去世為止。

貳、邂逅社會工作

　　桃樂絲日夜辛勤地工作，讓她的身體拉起了警報。在1831年，桃樂絲開辦了第二間小學，但此時也開始承受疾病的折磨，長期睡眠不足導致身體衰弱，她開始反覆出現嚴重的咳嗽，同時伴隨著憂鬱症與壓力，死亡的念頭在她腦中一直揮之不去。到了1836年，桃樂絲知道自己該休息了，她關掉學校，拿著牧師錢寧的介紹函，到英國利物浦的雷思柏恩（William Rathbone）家中靜養一年多，結交監獄改革者伊莉莎白·佛萊（Elizabeth Fry）和約克靜養（York Retreat）的山謬·圖克（Samuel Tuke），開啓她對於道德療法（moral treatment）的認識。

　　關於英國精神病人的處境，在中世紀至1800年，照顧病人大多是家庭的責任。1800年左右療養院治療興起，但照顧品質參差不齊，也並非只要有精神科醫生就能提供較好的服務，大多端看療養院人員的做法。精神醫學漸漸發展後，便有人提倡道德療法，盡量減少不人道的對待，其中最有名的人是法國精神科醫師皮內爾（Philippe Pinel）和英國的山謬·圖克。桃樂絲在英國靜養期間曾拜訪過山謬·圖克。其身爲貴格教派（Quaker）的茶商祖父威廉·圖克（William Tuke）於1796年建立了約克靜養，取代原來傳出醜聞的約克療養院（York Asylum）。院內生活以中產階級家庭生活爲原型，盡量以讚美和懲罰來避免身體約束，使病人恢復健康和自我控制。工作人員和病人一同用餐、工作，營造家庭氣氛。此時英國瀰漫樂觀主義，很多人都相信道德療法可以「完全治癒」病人，於是光在1800年到1900年間，英國的住院病人逐從一萬人增加了十倍。然而，圖克有他的限制，因爲他所提供的照顧方式，需要極高的照顧成本。因此，在當時，僅有富裕的家庭才負擔得起費用，一般家庭的精神病人根本就沒有機會獲得照顧。更不用說是貧困家庭的精神病人。

　　儘管如此，桃樂絲對圖克那種家庭式的照顧方法印象深刻。在這裡，她感受到透過對人的關懷與溫暖，可以令精神病人的病情有所改善。

　　1837年，祖母去世，桃樂絲回到波士頓，繼承祖母龐大的遺產。靠著書籍的銷售與遺產，桃樂絲經濟無虞，遂暫時再給自己一段休養的時間，花一年到華盛頓特區（Washington, D.C.）四處拜訪教育和慈善機構。此時，桃樂絲還只是一位平凡的女性，尚未打算要踏上那一條荊棘遍布的改革之路。

參、重要事跡與貢獻

一、東劍橋監獄的震撼

　　1841年一個在教導主日學（Sunday class）的學生，來向桃樂絲請教該如何教導監獄裡的婦女，好讓她們能夠把工作完成得更好。於是桃樂絲決定親自去教導那些年輕女孩，沒想到竟然發現，在東劍橋監獄（East Cambridge）裡，不論男女、小孩或是精神病人，他們全部被關在一起，半裸著被拴在牆上、沒有暖氣和足夠的營養。獄監竟告訴她，因為精神病人感受不到冷暖的差異，沒有提供的必要（Trattner, 1999: 64）。桃樂絲感到十分氣憤，於是她上訴至法庭後大獲全勝（Dix, 2006）。東劍橋監獄事件讓桃樂絲不禁懷疑在麻薩諸塞州的其他監獄或濟貧院（almshouse）是否也上演相同的戲碼，於是不顧朋友的反對，仍撐著然虛弱的身軀，又花二年的時間四處拜訪各地的習藝所（workhouse）、濟貧院、監獄等。儘管那些獄卒和救濟院的院長往往會阻止讓桃樂絲看到最悲慘的一面，但是她仍堅持不透過二手資料來蒐集實際的情形，僅相信眼見為憑。結果，她悲慘地發現，精神病人經常是被鍊條鎖在地窖裡，與他們自己的排泄物為伍，並經常得忍受寒冷和不適當的食物，濟貧院往往通風不良，伴隨著撲鼻的噁心氣味，桃樂絲往往得跑到外面去呼吸，才能恢復沉著。於是，她決定仔細地記錄這些景況，展開對精神病人住宿環境的調查，成為當時美國最早的社會研究之一。在此同時，她也努力地增長自己的知識，翻閱了當時所有關於對精神病人的處置

與治療的文獻，並採訪當地的精神科醫生一些診斷和治療方法。經由這些努力，桃樂絲對精神病人的了解幾乎可以媲美當時的精神醫院院長了。或許是因爲先前在英國的經驗，使桃樂絲更加無法接受美國社會對待精神病人的方式，而決定奔走各地以投入改革。

二、改革之路

1843年，桃樂絲上呈著名的〈麻州立法機關備忘錄〉（Memorial to the Massachusetts Legislature），在內容中，她生動地點出精神病人悲慘的處境，亦認爲療養院、收容所和監獄的惡劣環境無益於精神病人的身心，同時，她表示此情形爲政府的不當法規所造成。她在提案中激昂地寫著（Dix, 2006; Trattner, 1999: 65）：

> 我要強烈地提出對痛苦人道的訴求，……爲那些無助、被遺忘、瘋癲與痴呆的男人與女人們倡議，他們陷入一種不被關心但必須睜大眼睛看到真實的恐怖條件。如果我所提供的圖片令人不悅、粗暴、嚴厲，請記住，……這些存在的生活條件極端墮落和悲慘，實在難以用溫柔的語言與虔敬的光鮮頁碼呈現。
>
> 紳士們，我將繼續，迅速地引起各位對於以下陳述的注意，關於瘋人如何受到政府的束縛，在籠子、在衣櫥、在地窖、在豬圈；被鍊拴著、全身裸露、被鞭打至服從爲止！

這個提案，引起軒然大波，此議題在報紙上辯論不斷，最後贏得麻省選出來的參議員商諾（Charles Sumner）和其他政治人物的支持。律師出身的商諾參議員以反對蓄奴出名。據此，州政府不得不通過改革法案，撥出四萬美元的預算來擴建伍斯特州立療養院（Worcester State Asylum）。

麻州法案的成功，並不因此讓桃樂絲停下她的改革腳步。相反地，她

仍持續調查各地收容機構的需求，並以此做出機構應建設怎樣的設施，才是對精神病人最有利的建議。於是，她四處奔走，將這些提案上呈給美國各大都市，包括：羅德島（Rhode Island）、紐約（New York）、紐澤西（New Jersey）、賓夕凡尼亞（Pennsylvania）、加拿大（Canada）等，使各州紛紛建立或增加新的醫院；同時，在印地安那（Indiana）、伊利諾（Illinois）、肯塔基（Kentucky）、田納西（Tennessee）、密蘇里（Missouri）、馬里蘭（Maryland）、路易西安那（Louisiana）、阿拉巴馬（Alabama）、南卡羅萊納（South Carolina）、北卡羅萊納（North Carolina）等州則獲得立法機關同意興建州立醫院。在那個年代的美國甚至連火車都還沒有，但桃樂絲憑著她過人的毅力，抱病踏遍美國各州，三年內奔波超過六萬英里路。當時，南方各州黑奴的議題正夯，對一位紐約人，特別是女性，根本是一趟非常危險的旅程。她輾轉搭來馬車、驛車、篷車，奔走於各地，有時甚至必須靠雙腿走在泥濘的道路上與搭渡輪橫渡漲潮的惡水，就為了訪問各地的監獄、濟貧院。

從此，精神病院數量從1843年的十三間增加至一百二十三間，其中桃樂絲幫忙建立的就有三十二間，她堅持要建立一個舒適人道的環境，才能治癒瘋狂的疾病。在此同時她也協助成立十五家專為盲人或訓練士所設計的學校，並於1845年出版《論監獄與監獄管訓》（Remarks on Prisons and Prison Discipline），持續投入監獄改革。

而到了1848年，桃樂絲為了精神病人、聾啞人士長遠的利益考量，便再次上呈另一請願書，建議提供五百萬英畝的土地作為照顧精神病人使用。結果眾議院與參議院皆通過該提案，同意提供一千萬英畝的土地作為使用（Axinn and Levin, 1982：50）。儘管當時的菲爾莫爾總統（Millard Fillmore）同意了，可惜的是，該請願書還來不及送達總統辦公室，他便因任期結束而下臺了。該法案再次於1854年上呈皮爾斯總統（Franklin Pierce），皮爾斯總統提到：「我深深地同情她的用心，若為了人道的目的，這個法案應該被簽署。」但是，皮爾斯最後還是否決了這個法案。他

說：「如果眾議院有權提供精神病人的服務，……，那麼，也應該有權提供非精神病人的服務，如此，全體國民都需要服務了。」他又說道：「我無法從憲法中找到一條授權給聯邦政府成為從事公共慈善的最大社會服務員。」（Trattner, 1999: 66）

於是，基於以下理由，該提案被否決了：（一）慈善事業沒有任何憲法依據；（二）救助精神病患表示也必須要保障其他弱勢階層；（三）聯邦政府介入會削減州政府的權力；（四）聯邦政府介入會改變州政府對慈善事業的態度，並使得人民轉向聯邦政府尋求對弱勢的照顧。顯示，皮爾斯總統與美國人民還沒有準備接受福利國家的概念（Trattner, 1999: 67）。皮爾斯總統否決聯邦政府得以興建精神病院，來維護精神病人權益的慣例，經歷了四分之三個世紀之後，至1933年才被羅斯福總統的聯邦緊急救濟法案（the Federal Emergency Relief Act）推翻掉（Woodroofe, 1962:156）。

針對總統的否決理由，國會議員也提出以下反駁：（一）如果興建學校的法案不需任何憲法依據就能通過，那麼慈善事業也不需要；（二）救助精神病人不代表一定要保障其他非精神病人；（三）當聯邦政府資助州政府興建學校時，也不曾認為如此會削減州政府的權力，因此州政府也理當接受聯邦政府對精神病患的救助；（四）當聯邦政府資助州政府興建部分學校時，州政府也沒有因此要求聯邦政府資助所有的地方教育，因此資助精神病患也是相同的道理。雙方拉扯的結果，1855年的國會還是同意提供資金讓桃樂絲在華盛頓特區建立聖伊麗莎白醫院（St. Elizabeth's Hospital），成為現今由聯邦政府所建的最古老的精神醫院。

肆、生涯的轉折

一、遍及國外的改革運動

　　多年努力的成果，在總統的一句話下，畫下了句點。對於桃樂絲而言，這是一個難以承受的打擊，於是她再次出國旅行。然而，好打抱不平的個性，讓她無法停下改革的步伐，在1854年，她再次因為歐洲醫院參差不齊的照顧品質，四處奔走遊說十四個國度，包含：英格蘭、愛爾蘭、蘇格蘭、土耳其、希臘、義大利、法國、奧地利、俄國、荷蘭、比利時、德國、羅馬等，她向這些國家提倡改革醫院和監獄，羅馬的國王甚至因此稱呼她為「聖女泰瑞莎（Saint Theresa）」[1]。

二、戰爭中的慈悲天使

　　1856年，桃樂絲重回國土，此時，美國正受到解放黑奴議題的撕裂，國內瀰漫著緊張的氣氛。1861年，美國南北戰爭爆發，桃樂絲自願投入服務，由於她在當時的社會中是有聲望的女性，因此被任命為美國軍隊護士督導（Superintendent of United States Army Nurses），她的任務是組織急救站、招募護士、購買補給品和協助設立訓練設施與醫院等等。有別於醫護專業，她的工作較類似於當今的醫務社會工作。然而，由於她嚴格地要求護士的年齡不得超過五十歲以上，同時要穿戴整潔，只能著褐、灰、黑色的衣服，而且要尊重病殘的士兵們，這些嚴格的紀律與程序，讓她經常與醫生和護士的意見有所分歧，當時衛生委員會（Sanitary Commission）的執行委員，律師兼傳記家喬治・史強（George Templeton Strong）曾如此形容桃樂絲：

---

[1] 聖女泰瑞莎是十四世紀的修女，曾協助改善當時破爛的修道院，因自稱經常受到天主的感召，因而感到狂喜，有雕刻家便以此為主題，雕刻成一個著名的雕像：聖女泰瑞莎的狂喜。

她精力充沛、仁慈無私但卻有輕度的偏執狂，在工作時，她有自己的要求，她做得很好，但沒有人能與她合作，就像一顆彗星，不屬於任何軌道，也不屈服於任何體制內。

然而，儘管在醫生、護士眼中她蠻橫不講理，但在受傷的士兵們口中都稱呼她爲慈悲天使。因爲桃樂絲是南丁格爾的崇拜者，自然希望自己所帶領的醫護團隊，除了有一定的照護品質外，還要有多一點人道主義的精神在裡頭。即使在戰爭結束後，她仍持續幫助尋找失蹤的士兵，並寫信給他們的家庭；同時幫助士兵保護他們的養老金。這些無私的行爲，使得桃樂絲雖然沒有任何公共衛生的背景，卻仍在公共衛生體系中，有著一定崇高的地位與名聲。

只是，在戰後，當桃樂絲再次回過頭來關注精神病人的議題時，卻發現這一切都走樣了。戰後的美國，湧入大量的移民，急速成長的貧窮與精神病人口，遠超過這個國家的財庫所能負荷的範圍內，而早期興建的醫院年久失修，變得過於擁擠，同時因照顧人力的不足，讓當時的許多作家批評爲，醫院不過是舊有的救濟院與監獄，對病人僅提供防護與監督，並不注重治療與關心的服務。然而，這卻是桃樂絲最不願意看到的結果，她原先的理想是希望能夠提供給病人一個有治療、書籍、音樂與娛樂的環境，同時能夠讓這些病人，在醫院當中都能從事有意義的工作。她所主張的是一個全人照顧的環境。事情的發展卻不如她所預期的，一切彷彿又回到原點。

因此桃樂絲晚年非常低調，改革運動的失敗，令她灰心不已。1881年，她從紐澤西州的州立醫院退休，婉拒所有的讚美與名聲，也不願再談論她一生的事業與經歷。1887年，她鬱悶地死去，被埋沒在麻省劍橋鎮一座赤褐色的公墓裡，留給後人無限的唏噓。在波士頓市的牛奶街（Milk street）與印地安街（India street）十字路口，設置一座名爲桃樂絲·狄克思的噴泉，供給口渴的馬飲水之用，以紀念這位倡導精神病人的權益的鬥士。

伍、社會影響

一、改善救濟院與監獄的環境

　　美國自1860年代為止，沿襲與英國相似的慈善救濟體系，但是濟貧法卻由各州聯合制定，行政交由地方（市或郡）執行。拿破崙戰爭後造成美國1815至1821年的經濟恐慌，也因為工業革命帶來各種貧窮問題。民間團體紐約人群協會（The Human Society of New York）便於麻省和紐約州進行貧窮狀況調查，提出對於公共濟貧的改善方式，也就是「葉慈報告書」（詳見第一章），其強調福利與服務施行的對象，應該是具有工作能力的窮人，而無力工作者應該強迫其養成勞動習慣和自立更生的價值觀。這份報告影響了日後全美國的救濟制度；同時也形塑了美國福利行政的特質。據此我們便不難理解皮爾斯總統（Franklin Pierce）提出四項聯邦政府不介入慈善事業的「皮爾斯原則」，原是立基在這樣的背景下所做的決定。由於「葉慈報告」的出版，讓美國在1824年於紐約州通過的郡立濟貧院法（Country Almshouse Act），大量設置濟貧院，並使郡立濟貧院成為公共濟貧制度中心，到了1860年代幾乎各州都已設立濟貧院。但是這些收容機構經過狄克思女士調查，發現許多救濟院的環境相當髒亂，根本無法給予窮人和精神病人一個良好的照顧環境。因此她才跳出來大聲疾呼，並主張要改善這些不符人性的設施與環境。

二、獨立精神病人的照顧體系

　　美國在十九世紀裡，將精神病人、罪犯和智能不足的兒童都雜亂地關在一起，忽視他們個別化的需求，以為將他們關在不見天日的場域裡，人們就可以假裝看不見他們在黑暗裡的身影。然而，狄克思女士卻是強迫人們重視他們的存在，同時提倡要將對精神病人的照護體系獨立出來。當時所興建的醫院設施採納她要求的條件，也可能因此影響了當代將精神醫學自一般醫學

體系中獨立出來，使其發展成為另一門專業。

三、提升大眾對精神病人的人權意識

在當時的社會裡，普遍認為精神病患者是無法治癒的，且不像正常人一樣有感知的能力，因此也不必顧及他們的基本需求。然而狄克思女士卻試圖讓大眾了解精神病人是可以被治療的；同時也說服大眾認為他們值得擁有更好的環境。至於她所提倡的醫療照顧，即使到了今日仍是我們治療精神病人的主流方法之一。這些方法與觀念，以現今的眼光來看，仍有些錯誤，但瑕不掩瑜，在當時已經打破了社會固有的思維。沒有她，現今精神病人的處境可能仍在原地踏步，難怪狄克思女士會被美國譽為十九世紀中最有影響力的人道主義改革者。

四、照顧精神病人是社會的責任

狄克思女士在十九世紀即推行將精神病患納入社會福利中的社會運動，在當時的人們都認為精神病人是無可救藥的，因此國家無須浪費資源成本，去照顧這一群發瘋的人們。但狄克思女士不僅向大眾大聲疾呼「照顧精神病人是社會的責任」；同時更提倡由國家出資蓋醫院來保障他們。在個人主義發達的國度裡；在各州各自為政的現實裡，她一個人獨立將這些分散的人群，一個個地兜攏起來，喚醒大眾的集體意識，共同關注這個問題，可謂是當代社會運動的先驅。

五、鋒芒畢露的女性典範

在十九世紀的美國社會中，女性的地位是相當被貶抑的，她們無法接受高等教育並成為專業人員，也沒有參政權、投票權和請願的權利。因此，狄克思女士在1843年完成那著名的請願書，還得由友人代呈。然而，儘管限制重重，狄克思女士卻彷彿無視這些障礙，憑著自己的努力，在男性為主的社

會裡，充分地展現了巾幗不讓鬚眉的英雄本色。她在年輕時，致力於教書，靠著自學成爲一位傑出的老師，並讓女性和貧窮兒童都擁有受教育的權利。後來，她放下富裕舒適的生活，拖著疾病四處爲精神病人的權益奔走，不爲名利，只爲慈悲。這些傑出的表現，讓後來出自睦鄰運動與爭取女性投票權的諾貝爾和平獎得主亞當斯女士（Jam Adams）都推崇備至呢！

陸、向前輩致敬

蘇格蘭作家卡萊爾（1795-1881）曾說：

世界的歷史，不過是少數若干個重要偉人的傳記而已。

狄克思女士所寫下的歷史，只能讓我們這些平凡的追隨者，在背後仰望她的身影，除了崇拜讚嘆外，我們不禁要在心裡偷偷問一聲：「值得嗎？」這個懷疑，我們覺得也同樣出現在當今社會工作的課題裡。在新管理主義抬頭的時代，一個人的價值被他背後附加的數字所取代，人們看待一個人的方式是用：「你的薪水有多少？」、「你的績效如何？」來評判優劣，社會工作者在此框架的要求下，不免要服從這些社會規範，內有寫不完的個案紀錄與機構績效的要求，外有不被社會重視的無奈與無法提升的薪資水準，內外交迫，又無龐大的資產可供生活上的衣食無虞，在這樣的環境底下，社會工作真的值得嗎？這是一個無解的難題，助人工作本來就不是一個可以用數字來衡量的專業。然而，卻不得不受到外在主流環境的影響，讓人道主義逐漸被一堆數字所稀釋，甚至連社會工作內部結構，也複製了這種不平等，績效競爭，甚至站在體制前責怪案主。

相較於這個時代，狄克思女士所處的環境就單純許多。當然我們無可否認她驚人的成就，甚至不得不感動於她那不屈不撓只爲實現理想的執著。然

而，在那個時代，她擁有許多的自由，她在財務上的不虞匱乏，讓她可以不必四處低頭勸募，就有資源可以完成她的夢想；同樣地，她的工作也不需受到績效的要求，不需回應工作單位上種種權力的問題與人事的紛擾。因此，她可以毫無顧忌地踏上這條改革之路。此外，在現今民主成熟的社會中，我們有太多的議題需要被關注，有太多的資訊衝擊我們的大腦神經，人人都在表達他的想法，卻沒有人真正在聽。要把群眾的意見集結起來，恐怕會比十九世紀時還要來的艱難。不過，話又說回來，那時，男女不平等、交通不發達、資訊不流通、社會福利理念未啓蒙，甚至保護兒童都要以保護受虐動物之名爲之，要進行一項社會議題的倡導，比現今社會難上千百倍。哪是透過臉書（Facebook）、Line，或APP就可將數萬人糾集到街頭抗爭可以比擬。顯然，我們缺的是正義的勇氣、社會實踐的精神。其實，社會有很多議題需要被倡議。

　　然而，魯迅曾說：

　　人生最苦痛的是夢醒了無路可走。做夢的人是幸福的；倘沒有看出可以
　　走的路，最要緊的是不要去驚醒他。

　　或許我們現今的社會工作，缺乏的不是對制度和結構限制的無奈，而是像狄克思女士一樣，有著那份「衣帶漸寬終不悔」的執著精神吧！

第三章　約瑟芬‧巴特勒
爲弱勢婦女倡議的政治家族女兒

那是最好的時代，也是最壞的時代；

是智慧的時代，也是愚蠢的時代；

是信仰的時代，也是懷疑的時代；

是光明的季節，也是黑暗的季節；

是充滿希望的春天，也是令人絕望的冬天；

我們的前途擁有一切，我們的前途一無所有；

我們正走向天堂，我們也走向地獄

——狄更斯（Charles John Huffam Dickens）

前言：大時代

　　工業革命撐起維多利亞時代的華麗，在蒸汽機的帶領下，社會轟隆隆地往富裕、強盛的那一端前進，但卻有另一群人跟不上這個前進的速度，他們以血汗成就了這個時代的財富，卻也讓自己成爲這輝煌時代下最不堪的陰影。在這個時代，人們以性別爲經，階級爲緯，十字將這個時代切割成兩個世界，男與女、貧與富、貴與賤，社會走向非常不平等的兩極，女人永遠是男人的附屬品，窮人成爲富人壓榨嘲弄的玩物。上流社會的男士們一方面鼓吹專情的浪漫愛，要求女人必須端莊高貴如聖母，一方面卻又將他們的欲望縱情發洩在下層階級裡的妓女；他們一方面強調嚴格的道德規範，轉過身去卻又通通違反。同樣地，在上層階級裡的女性們，個個以夫爲尊，嘲笑那些妓女的低賤，卻忽略了正是因爲那些妓女的存在，讓他們丈夫的情欲有一個可以發洩的出口，才維護了他們高高在上的貴婦模樣。而在另一個世界裡，下流社會的人們則過著工時長、工資低、工作環境差的悲慘勞動生活。那些更沒有地位的女性們，爲了能夠生存下去，只好被迫從娼。依據1854年英國的人口調查指出，在十五到五十歲的婦女中有近六分之一的人口從娼，性病的廣泛傳播，甚至撼動整個英國的兵力，迫使國會不得不通過惡名昭彰的傳染病檢查法案（Contagious Diseases Act, CDA），該法案授權士兵或警察可以在港口和軍營中任意逮捕疑似性病的婦女做檢查，這項極端侵犯女性人權的法案，在社會上卻沒有太多人在乎，因爲在這個時代的女性根本不被重視的，更何況是那些一向被視爲汙穢般存在的娼妓？

　　然而，在此時，卻有一位女性敢向當時的男性權威挑戰，並撕開社會虛假的道德表相，爲無聲的妓女發聲，她就是本文的主角約瑟芬・巴特勒（Josephine Butler，1828-1906）。她與下一章要介紹的奧克塔維雅・希爾（Octavia Hill，1838-1912），及現代護理的創建者、白衣天使的偶像南丁格爾（Florence Nightingale，1820-1910），併稱爲英國維多利亞時期的三位傑出女性社會改革者（Boyd, 1982）。身爲上層階級的女性，她放下舒適安

穩的家庭生活，除了帶頭反抗CDA法案外，她同時也投入多項的社會運動，包括：女性的投票權、教育權等等。這些行動，對當時的女性來說，無異是驚世駭俗，然而即使是以我們後世的眼光來看，也不得不敬佩她的勇敢和正直。所謂「高山仰止，景行行止，雖不能至，心嚮往之。」我們後生晚輩也只能以敬畏的態度，來遙想當年這位女性的傳奇故事，期許我們自己在未來社會工作的路上，也能夠像前輩般，永不忘這一份堅持公平正義的初衷。

壹、童年生活

　　1828年4月13日，約瑟芬‧巴特勒於英國諾森伯蘭郡（Northumberland）中的米爾菲爾德（Milfield）小鎮出生了。她的父親約翰‧格雷（John Grey）是英國輝格黨首相，格雷爵士（Lord Grey）的表兄弟，他們一起參與改革英國的議會，讓中產階級的勢力得以進入下議院中，擺脫托利黨長期執掌國會的專權。這項在1832年進行的改革法案，除了平衡英國不同地方勢力對選舉的影響外，同時也開創了日後各議會改革法案的先河（詳見第一章）。在這樣的貴族家庭出生，約瑟芬非但沒有沾染貴族的傲慢氣息，反而受到父親的鼓勵，從小就學習了解英國的政治與社會脈動，亦開始觀察到這個社會各個階級間的不平等。而她的父親身為一位社會改革者，參與反對奴隸制度與圖利地主、壓榨農民的穀物法，這些為弱勢發聲的正義形象，就像一顆顆的啟蒙種子，深植在約瑟芬的心中，在她未來的人生道路上，逐步開花結果。約瑟芬的母親漢娜‧安妮特（Hannah Eliza Annett）則是一位虔誠的福音派教徒，她啟發了約瑟芬對信仰的虔誠，讓宗教成為約瑟芬一生中最重要的依靠。

　　時光似水流逝，當年的小女孩已長成，在1852年，她與英國國教牧師喬治‧巴特勒（George Butler）結婚，這是一段天作之合的完美婚姻。夫妻倆都有共同的嗜好，也同樣熱愛生命，熱衷宗教，並一起反對美國內戰與奴隸

制度。在他們往來的書信中，可以看見他們不斷地在自由的思想與保守的宗教觀上進行辯證。對他們而言，上帝所宣稱的正義和平等，才是社會應發展的方向。因此那些不符聖經教條的世俗規約都該被改變。然而，或許是上帝想要讓約瑟芬走向祂的應許之路，於是在巴特勒夫婦完美的婚姻中，設下一個艱難的磨難，讓看似幸福的生活，煞時墜入地獄。1864年某日，當約瑟芬想去擁抱她摯愛的四歲么女伊娃‧巴特勒（Eva Butler）時，卻因一時不慎，伊娃從自家樓梯的扶手頂端摔下來，死了。沒有一個母親可以承受這樣悲慟的畫面，約瑟芬因遭遇極端地痛苦與悲傷，讓她有一股想要助人的強烈趨力，去尋找那些一樣深陷在憂傷裡的人們，她認為自己有力量去同理他們所遭遇的痛苦，並幫助他們。因此，在1864年約瑟芬帶著心頭已結痂的傷口，一頭栽入她那與眾不同的改革之路（Boyd, 1982）。

貳、邂逅社會工作

　　1866年，喬治‧巴特勒當上英國利物浦學院的校長，於是全家搬遷到利物浦，開始一段新生活。而在此時，約瑟芬開始拜訪利物浦習藝所中撿麻絮的婦女，並試圖了解這些貧窮女性的困境。對那些女性而言，約瑟芬的舉動是相當奇怪的，一個全身穿著高級棉料的貴族女性，為何要跑到習藝所中，和她們一樣捲起袖子，撿拾麻絮？然而這就是約瑟芬平易近人的作風，在這裡，她發現這些在習藝所中的女性，處在一個工時長、薪資低廉的環境中，她便下定決心要開始從事她的慈善工作。1867年，約瑟芬在家中開了一間工廠，如同現代的庇護工廠般，提供婦女從事一些簡單的工作，例如：製作衣服和封套等等，好讓她們能夠自立生活。然而，這只是約瑟芬慈善事業的開端而已，若要論及她最為人所知的，莫過於在1869年成立全國婦女廢止傳染病檢查法案協會（The Ladies National Association for the Repeal of the Contagious Diseases Acts, LNA）來反抗CDA這個惡法（洪蕙芬、簡守邦和

譯，1999）。

　　雖然在CDA法案甫一通過後，英國即有反對該法案的協會成立。但在當時卻沒有來自女性自己的聲音。直到約瑟芬成立該協會後，女性才開始集結自己的力量來反抗這項法案。這在維多利亞時代是一件令人震驚的事情，因為當時的社會一向不把女性的意見當一回事，何況是公開談論有關性的禁忌議題。約瑟芬在開始投入這項運動前，也曾感到猶豫恐懼過。然而，她的丈夫卻大力地支持她的行動，喬治告訴她：「去做吧！神會與你同在！」。

　　有了宗教和家庭的支持，約瑟芬才有勇氣投入運動。而CDA法案到底為何惹人非議？主要是因為這項法案允許士兵或警察可以在港口和軍營中任意逮捕疑似染有性病的女性，強迫她們必須赤身裸體地在醫生前做「檢查」。此外，若被醫生認定染有性病的女性，還必須強制接受二個月的住院治療，如果不願意，警察還可以將這些女性關進監獄裡。令約瑟芬感到氣憤的是，姦淫的確有罪，但不可只單方面地指責妓女本身，嫖客的道德標準也應受檢視。但嫖客們是既得利益的當權者，他們當然不願意這條法案被取消，於是，在1870年，約瑟芬和反對這項法案的成員們，在科徹斯特（Colchester）的議員補選中，準備宣揚自己的理念時，遭到支持CDA法案的人們暴力攻擊。儘管如此，她們仍舊四處提倡廢止。隔年，他們募集到二十五萬的人名連署支持其理念，社會輿論的壓力迫使英國皇家委員會在其報告書中提到：「CDA法案仍舊成立，只是其中強迫檢查女性身體的部分應被廢止。」

　　儘管政府已做出部分的讓步，仍舊無法令LNA的成員滿意。改革的運動持續進行。1872年，支持廢除CDA的人士欲角逐龐特佛雷特（Pontefract）的選舉，但約瑟芬被當地的人士威脅，並且放火燒掉她們所住的房子，連玻璃都被打破了。但LNA的成員反而越挫越勇，在1875年，她們決定集結全歐洲的反對勢力，與法國、義大利和瑞士等地的反對組織取得聯繫，希望這股力量能夠讓英國政府停止這項法案（Boyd, 1982）。只是在約瑟芬等人努力奔走的同時，悲劇也不停地在發生。同年一名婦女在被警方控訴為妓女之後，

寧願跳河自盡也不肯被官方註記和檢查。

　　1880年，約瑟芬又為了反抗當時社會販賣白奴的行為發起新的運動。所謂的白奴，指的是販運白人少女並強迫其賣淫，在這裡的奴隸帶有性奴役的意思，同時也是我們說的雛妓。而當時這樣的人口販運，就頻繁地發生在倫敦往來比利時的航道間，然而官方卻否認有這樣的事實存在。就在這一年，保守黨競選失利，有一百五十位支持廢除CDA法案的議員，在國會中失去了他們原有的席次。眼看著CDA法案繼續在社會中橫行霸道，反對的力量似乎都無計可施了。直到1883年，再度選舉後，國會占最多席次的黨中有七十二位的議員終於願意支持約瑟芬的提案，他們認為「英國不能再讓這種強制檢定婦女是否有性傳染病的法案存在了。」但儘管如此，CDA法案還是等到1886年，才在英國國內被正式廢止（但其仍在當時英國其他的殖民地上大行其道）。到底為什麼英國皇家委員會會突然對該法案的態度有一百八十度的大轉彎呢？我們推測乃因1885年發生了一件大事。

　　由於前述所說的人口販運的情形實在太嚴重，引起帕摩爾報（Pall Mall Gazette）的記者斯特德（W.T. Stead）的關注，便和約瑟芬與一名救世軍布拉姆維爾・布思（Bramwell Booth）合作，共同計畫了一個「臥底行動」。在約瑟芬的引介下，他認識了在工廠工作的前妓院老闆麗貝卡・賈雷特（Rebecca Jarrett），他向她提出一個請求：希望能從一對父母手中，以五英鎊的價錢，把一名十三歲的女孩買走並將之運送到歐陸去。麗貝卡雖然不願意與從前的妓院有任何的接觸，但還是同意幫這個忙。她找到以前同是妓院老鴇的南希・布蘿芙頓（Nancy Broughton），透過她，麗貝卡接觸到一位妓女伊莉莎白，她因急需用錢，不惜將自己的女兒賣出去，儘管麗貝卡已告知伊莉莎白：此次交易即是要將十三歲的伊麗莎・阿姆斯壯（Eliza Armstrong）送去賣淫，她仍同意以五英鎊成交。隨後，麗貝卡安排了一名醫生檢查了伊麗莎的童貞並用藥使之昏迷，以待她的買主斯特德的到來。而另一方面，斯特德則將自己灌醉，然後走入房間，靜待伊麗莎醒來。當一名十三歲的少女醒來後發現自己與一位老男人共處一室時，嚇得不禁放聲

尖叫。此時，斯特德知道他的目的已經達成，他讓尖叫成爲證據後，便離開房間，由他的救世軍好友布拉姆維爾接手，將伊麗莎送往法國一個流亡家庭照顧。接著，斯特德便開始著手將此事改編，於帕摩爾報上發表一系列的專欄文章，《現代巴比倫少女的進貢》（The Maiden Tribute of Modern Babylon）。沒想到該故事一出刊，立即獲得廣大的迴響，聳動的故事挑起維多利亞時代長久以來被壓抑的神經，一時之間洛陽紙貴，帕摩爾報的價格竟比平常貴上十二倍之多（Walkowitz, 1980）。由於擔心會引發全國性的暴動，內政大臣哈考特（William Harcourt）不得不請求斯特德停止出版他的文章。而斯特德則回應：

> 若大臣能保證迅速通過限制妓院禁止購買雛妓與提高妓女年齡的法案，他也將從善如流地關了印刷機。

大臣無法給予斯特德任何承諾，於是議題持續延燒，公眾的憤怒，促使各種改革團體與知名人士紛紛走上街頭，請求政府停止讓這樣的醜聞繼續發生。國會不得已，只好修法：將原本從娼的年齡從十三歲提升到十六歲，並嚴格禁止妓院買賣雛妓。至此，廢止販賣白奴的運動，才終於告一短落。然而，也可能是由於這個事件，讓英國人民意識到有許多不恰當的法律，的確是需要改革的。因此，在1886年，CDA法案被廢止了。但是卻矯枉過正，此時出現另一群人發起社會純潔（social purity）運動，旨在希望政府能夠把這些低賤的妓女，完全趕出英國。但約瑟芬對於這樣的主張並不以爲然。她在1897年曾大力譴責：

> 要注意，淨化運動分子竟然愚蠢到相信可以用暴力來強迫人們活得更道德，而且不惜接受並背書以任何程度的強迫或踐踏來對待她們的娼妓姊妹。

　　由此可見，約瑟芬並不是一個高高在上的改革者，雖然基於她的宗教信仰，仍舊覺得姦淫是罪，然而她也看到這些姊妹賣淫背後的結構問題。所以她並不會用道德批判的眼光來指責。約瑟芬不只一次選擇和弱勢站在同一邊，挑戰和她同樣地位的人們。在1899年爆發的第二次波爾（Boer）戰爭中，約瑟芬公開反對英國政府所發起的這場戰爭。此舉引發國內人士的反彈，因為當時的英國正沉醉在日不落帝國的美夢中，大家都希望國家能夠越來越強盛。因此認為約瑟芬是一位不愛國的人。其實，約瑟芬只是看不慣在這場戰爭中英國的殘酷行徑，畢竟這是一場實力懸殊的戰爭，由四十五萬英軍對抗四萬五千名波爾士兵。波爾一詞，指的是農民的意思，在當時，由於英國人和荷蘭裔的波爾人在南非爭搶黃金和鑽石，遂爆發此戰爭。擅打游擊戰的波爾人令英國軍方感到十分頭疼，英人竟在二十世紀初期開創史上第一個集中營，將十三萬六千名波爾婦女，兒童和老人以及八萬多名黑人僕役關入集中營裡，每人每天分配四分之三磅的玉米麵、大米或土豆，一盎司咖啡，二盎司糖，半盎司鹽，以及每周一磅肉（有親屬參加游擊隊的婦女和兒童得不到肉）。嬰兒和六歲以下的兒童每天可以領到四分之一夸脫的牛奶。黑人集中營的情況更糟，但是他們可以得到黑人親友的接濟，也可以在宣誓效忠英國後被釋放。集中營的四周環繞鐵絲網，凡試圖翻越逃跑者一律射殺。集中營內人口密度極高，帳篷、毯子、衣服和藥物奇缺，瘟疫流行，營養不良，死亡率極高，在奧蘭治自由州（Orange Free State）的白人集中營死亡率在1901年十月曾高達40.1%。英國的暴行令國際震驚，無不大力譴責這樣的行為，而此戰爭也為大英帝國寫下最黑暗的一頁。

　　約瑟芬一生除了在許多改革運動上多有建樹外，其也致力於提倡女性的教育權與投票權，例如在1867年，她即參加曾經創設女子學校於湖區的克蘿芙（Anne J. Clough）有關女性教育課程的討論，隔年更擔任英國北方會議的主席，在會期中討論女性教育的課程該如何設計。而在同年她也出版了書籍《女性的教育與就業》（The Education and Employment of Women），主張社會應提高女子受教育和就業的機會。到了1869年，她還親自到英國的劍

橋大學，遊說他們提供女性上課的機會，使他們蓋了紐納姆學院（Newnham College），為劍橋大學專收女生的學院，克蘿芙女士成為第一任院長。而約瑟芬雖然一直不遺餘力地提倡女性的投票權，她曾感嘆：「儘管我做了這麼多事情，我卻連發言權都沒有，連我都沒有投票權。」然而，她在1869年出版的《女性的工作與文化》（Women's Work and Women's Culture）一書中提到對女性地位的看法，令當時的女權運動者感到失望。因為約瑟芬雖認為女人應有投票權，但仍無法跳脫傳統女性的性別框架，其主張男女在社會上各有其應扮演的角色，女性有別於男性，其主要的社會角色是照顧與關心弱勢，故男性擁有的權利，女性也該平等享有，但若男性沒有，女人也別想擁有。但約瑟芬忽略了男女有別的事實，在以男性框架為主的社會中，女性必須在男性所訂立的社會規則下生存，這本身即是一件不平等的事情（Boyd, 1982）。只是在維多利亞風格當道的時代，女權運動才剛剛開始萌芽，對約瑟芬而言，這已是那個時代很先進的想法了。

參、向前輩致敬

村上春樹在2009年2月15日領取耶路撒冷文學獎（Jerusalem Prize）時，曾發表一篇演說，其中有一段文字引起廣大的迴響：

> 在高聳的堅牆與以卵擊石的雞蛋之間做選擇，我永遠會選擇站在雞蛋那一邊。是的，不管那高牆多麼地正當，那雞蛋多麼地咎由自取，我總是會站在雞蛋這一邊。
> 讓我們這樣想。我們每個人，或多或少，就是一顆蛋。我們每個人都是為易碎蛋殼所包裹的獨特的、無法替代的靈魂。我自己本身是這樣，你們也是這樣的。而且，我們每個人，在某種程度上，都面對著一道又高又堅固的牆。這牆，有個名字：體制（The System）。

　　這個「體制」應該是要保護我們，但有時它將生命占爲己有，然後開始
屠殺我們或使我們殺害別人——以冷酷、有效率、有系統的方式。

　　我們覺得這一段文字非常適合來總結約瑟芬這位女性前輩社會改革者一
生的事蹟。不論是反抗CDA法案、拯救白奴，甚至是反對波爾戰爭等等，我
們不得不佩服她的堅持與勇敢，特別是在那個禁錮大時代下，對於女性如此
嚴重地貶低，約瑟芬卻能夠脫穎而出，成就這麼多不凡的事蹟，不禁令人一
方面景仰她的偉大，一方面又對自己的庸碌無能感到慚愧。約瑟芬曾自述自
己的理念爲何能夠引起廣大的迴響，主要是因爲自己是已婚的婦女，所以當
談論到有關性的敏感議題時，才不會有貞操的疑慮。同時，她那出生上層階
級的家庭背景使她能有機會與當代的權貴對話，再加上她那廣博的學識與具
說服力的演說才能打動無數的群眾。

　　2005年英國德罕大學（Durham University）將一個學院命名爲約瑟芬‧
巴特勒學院（Josephine Butler College），以讚揚她的成就。利物浦約翰莫里
斯大學（Liverpool John Moores University）也將商業與法律學系的建築物命
名爲約瑟芬‧巴特勒之家（Josephine Butler House），以紀念這位曾在利物
浦定居的社會工作前輩。

　　而反觀我們這一代，相較於維多利亞時期，我們雖然擁有更多的言論自
由與開放的思想，但也因爲有這樣多元的論述，使得我們這個時代再也沒有
「神」，人人都有自己對事情的一套看法，美言是彼此都能相互交流對話，
但換個角度想，其實是誰也不信服誰的時代。弱勢的聲音雖然看似可以向這
個世界叫囂，但更多時候，卻是淹沒在這一片眾聲喧嘩的社會裡。如何脫穎
而出，爲他們發聲，是我們這一代社會工作者所面臨的嚴峻挑戰。同時，無
可諱言地，臺灣的社會環境對於社會工作者的勞動條件並不重視，因此讓社
會工作者在工作當中逐漸磨蝕掉自己對社會工作原有的熱情與承諾，忘卻對
社會正義、平等價值的重視，讓社會工作專業僅流於做所謂「專業評估表」
的工作，甚至是站在主流價值的那一端來評判個案。而這是一個「雞生蛋，

蛋生雞」的問題，人在情境中，本來就會與環境相互影響，我們有許多的空間可以天馬行空地理想化許多想法，但誰也不敢保證出了社會之後，自己會被社會雕塑成什麼模樣，唯一只能期許自己在面對許多外在的限制，逐漸失去那一份對正義與平等的堅持時，能再回來閱讀這些前輩的故事，重新找回那一份追尋理想時的感動與力量。

第四章　奧克塔維雅・希爾
有板有眼的社會住宅管理先鋒

壹、童年生活

奧克塔維雅‧希爾（Octavia Hill，1838-1912）出身富裕家庭，在家中排行老九。她的父親詹姆士‧希爾（James Hill）在彼得博樂福（Peterborough）從事穀物羊毛的買賣，展現了商業的頭腦，儘管他曾於1825年受到英國銀行危機的波及，但很快地就振作並重整事業。1832年，他再次喪偶，獨自帶著六個孩子（五女一男），在此焦慮的困境中，他認為自己急迫需要找個人幫忙撫養小孩。於是，他開始留意許多教育的訊息，並透過他人的推薦找到了卡蘿琳‧史密斯小姐（Miss Caroline Southwood Smith），也就是希爾的親生母親。詹姆士‧希爾說服她來教他的小孩，1835年，卡蘿琳成為詹姆士‧希爾的第三任太太，值得慶幸的是，她受到前妻所生的孩子們的歡迎，愉快的進入了這個家庭（Maurice, 1913）。

奧克塔維雅出生時已經是家中第八個女兒、第九個小孩。她出生沒多久，家中遭逢一次銀行危機，他們被迫離開威斯貝奇（Wisbeach）的家，而更嚴重的打擊是，父親在承受龐大的壓力下倒了下來，身心俱疲的他已無法支撐家庭。在這樣的情況下，希爾的外公負起照顧女兒與孫子的責任，他提供了一間小屋給一家子居住（Maurice, 1913）。

奧克塔維雅的外公史密斯醫師（Dr. Thomas Southwood Smith）在當時不僅是執業醫生，更是有名的公共衛生改革者，關心童工、兒童與窮人的居住問題，對希爾有深遠的影響。在十九世紀前半業，當公共衛生還不被大眾所重視，他首先發表研究：過度擁擠、汙染的水源系統、不完善的幫浦設備是疾病的來源，並因此訴諸公共衛生改革。1842年，他參與濟貧法委員會的研究報告（Report of the Poor Law Board），其中，他對於工人階級、衛生條件議題，以及衛生條件提升的方法的研擬上貢獻許多研究結果。在蒐集足夠的研究資料與證據，證實1837年間的流行傳染疾病與被汙染的水源有密切相關之後，他更發展機器設備控管大樓水管系統與發展充足的水資源設施。除了

學術研究之外，他和另一名英國公衛改革者恰維克（Edwin Chadwick）[1]被推舉爲英國衛生委員會（General Board of Health）的五名成員之二。

　　外公對於奧克塔維雅的影響是深層而細膩的。童年時，奧克塔維雅常聽外公自己或是與朋友談論政治、科學、國際事務，也藉由影印與編輯外公的報導，讓幼年時候的奧克塔維雅在小小年紀時即進入了知識的殿堂，並完整吸收外公的思想，影響她之後發展住宅事業時，對於住宅公共衛生設備的特別想法。

　　回到外公家之後，有一陣子奧克塔維雅的生活頗爲富裕，例如：他們總是能夠在風景最優美的夏日小屋中吃早餐、在花園裡用晚餐、在大自然中享用甜點。但是，由於外公的公共衛生研究聚焦於勞動階級，關心社會底層的人民，在外公與其朋友的潛移默化之下，希爾開始了解世界並不是完全都是這麼美好，也不是所有人都能夠像他們一樣享受如此無憂無慮的生活。換言之，外公讓她理解到另外一個不同世界的存在，而她也因爲愛爾蘭的馬鈴薯饑荒（potato famine），進而引發她對於這些不幸事件的責任感，縱使對她來說，這些災區與災民在地理位置上都距離她非常遙遠。

　　除了外公之外，奧克塔維雅的住宅事業也間接受到母親卡蘿琳的影響。因著家庭的變故，卡蘿琳不再有僕人能夠協助照顧小孩，這使得她能夠親自地照顧孩子（Maurice, 1913）。她從孩子們還在強褓階段時就不斷教導子女：如果事情是正確的，那麼它就必須被完成（if a thing was right it must be done）。

　　用這個信念，讓奧克塔維雅後來義無反顧地投入住宅事業，且沒有任何猶豫與躊躇，因爲她相信透過這樣的計畫，需要幫助的窮人能夠得到最適切

[1] Edwin Chadwick（1800-1890）：英國社會改革者，以其對於濟貧法和公共衛生條件的提升改革著名，並著書《*The Sanitary Conditions of the Labouring Population*》（1842）。1832年恰維克進入英國皇家濟貧法調查委員會，成爲執行秘書，並成爲新濟貧法改革報告的主要起草人。這個工作使他被批判爲壓榨窮人的惡人之一。1842年起恰維克全心投入英國公共衛生的改革，1948年促成公共衛生法案通過，讓他被譽爲公共衛生改革的先鋒之一。

的幫助。

　　與外公不同的是，母親認爲孩童幼年需要完整保護、照顧，以培養足夠的能力與勇氣面對未來的挑戰。因此，母親對於奧克塔維雅童年時的照顧無微不至。也是因爲在這段時間感受到母親全面性的關愛，讓奧克塔維雅在未來面臨許多有關住宅事業的困境與瓶頸時，能夠有足夠的智慧去面對。

　　除了心靈上的富足外，奧克塔維雅也從小學習各種不同的工作與技能，因爲母親總是教導女兒們接受各式各樣的工作，不論那些工作是否「像個淑女」（ladylike）、或是不符「中產階級」的身分，也因爲這個時期母親的磨練，讓奧克塔維雅在日後處理住宅事業繁瑣的工作與業務時，能夠更加的嫻熟與有膽識。

　　回到外公家，孩子們大部分時間都在家外自由玩耍，從幾件童年的趣聞便可看出奧克塔維雅沉著且機智的特質。例如，她曾分別搭救過她的兩個姐妹，其中一回，她的姐姐掉進了一條很深的河流，保姆嚇得只顧著亂跑大叫。但是此時，臨危不亂的奧克塔維雅跳下河岸，把棍子遞給姐姐，並將她成功搭救上來（Maurice, 1913）。

　　另外有一次，調皮的奧克塔維雅八歲時，因爲愛爬到教室柵欄的高處，從上頭摔下來撞到後腦杓，暫不被允許到課堂上去，但是母親發現她在教室外頭反而比平時更會動腦。另外，她對於學詩和寫詩的熱愛，則是讓她的想像力十分的豐富，例如，有一回她和朋友的對話：「妳在看什麼？」「我在找尋仙子（fairies）？」「那妳看到了什麼了嗎？」「沒有，但我相信我看得見她們。」（Maurice, 1913）

　　奧克塔維雅的童年家庭經濟遭遇挫折，雖然沒能享受優渥的生活，雖然得到外公的庇蔭，年紀輕輕仍得出外工作，但這樣的成長過程，卻也讓她看見更多的人生樣貌。再者，受到母親與外公的影響，更是增添她對於社會弱勢的那份關懷。

貳、邂逅社會工作

　　儘管父親是個穀物、羊毛貿易商，但因為健康的惡化，只好被迫結束生意。而在這樣的條件下，奧克塔維雅看到了家中的困境，因此決定出外工作賺錢。年輕的奧克塔維雅受到1851年梅休（Henry Mayhew）的《倫敦工人與倫敦貧窮》（London Labour and the London Poor）影響很深。另外，也因自身家庭在年幼時經濟遭逢困境，自己的經歷讓她下定決心在未來要從事「幫助別人的工作」。她受到毛利斯（Frederick Denison Maurice）的影響，毛利斯是為英國國教派（Anglican）的教士，也是一位社會改革者，在1850年即興辦男性工人學校（the Working Men's College），讓失學工人得以進修。毛利斯後來成為希爾家庭的好朋友。因此，十四歲的她到貧民學校（ragged school）擔任兒童玩具製造間的監督員。在那裡，她看到窮人連找一個「勉強可以居住的地方」都困難重重，此番景象促使她對窮人的生活真實的體會。雖然，奧克塔維雅也曾想過要成為一位藝術家，不過她的好友、同時也是後來資助金錢的魯斯金（John Ruskin）認為她的長才在於管理，便協助她走上住宅事業的道路（Bremner, 1965）。

　　當時，剛繼承一大筆財產的魯斯金先生，提供一大筆錢購買租屋，交由奧克塔維雅來管理。起初，他們先在倫敦的瑪麗勒邦（Marylebone）買下三間房屋，隔年在希爾建議之下，又買了有開放空間的六間房屋。一開始，她沒有進行多大的改變，自己收房租且一個星期數次的家訪來確保住屋的狀況與衛生環境。她還會聽住戶們的抱怨，居中去協調彼此的衝突，就在這潛移默化當中去建立與住戶們的友好關係。然而，隨著住宅管理的規模愈大，她所要處理的事情也愈多，她有很多帳要交付、通知要發送、委託要確認、信件要輸送、修繕要檢查與執行等等；同時，她又遇到一些髒亂野蠻的住戶，在這段管理的路途上，這些雜事使她厭煩（Bremner, 1965）。

　　她曾在信中寫道（Bremner, 1965）：

我不敢告訴任何人這些困難，也許事情結束以後我會把它說出來，但現在我只要想到就覺得失去希望和勇氣。

但是，就在這過程中，她了解到每天處裡這些固定的小事就是她住宅管理的特色：

把這些小事處理得跟大原則和整個計畫一樣好，這份工作才真的是好。

對她來說，她自始至終關切的是「人」而不是「建築物」。她將住宅視爲超越經濟和衛生的道德問題。而且，她多次強調她的工作是一種成人教育的形式，訓練和規範那些紀律還像小孩子般的成人。她說（Bremner, 1965）：

我並不試圖判他們有罪，他們也許有一千個理由，換做是我們在那樣的情境下可能更糟，我只想說他們確實存在，找一個好的住所與實現許多其他想要的事物對他們來說是困難的。

住宅管理意味著耐心且堅定地教育窮人如何過較好的生活，而這「比較好的生活」是由中上階級所定義的。在1880年代，她開始致力於訓練一批友善的收租員，這些收租員大都是中上階級的女性，她認爲女性對於家務事（family issues）比較擅長（Mackay, 2000），她們都是自願來協助管理的，有些在經過訓練以後也將住宅管理作爲生涯志業。

參、重要事蹟與貢獻

提到希爾，相信許多人聯想到的是她廣爲人知的生命志業——住宅事

業。或許，很多人會想問，居住的問題為什麼要社會工作者的介入，而非政府制定政策或是擬定計畫改善。對希爾來說，若由政府承接住宅改善的建設，勢必要提高稅收，且政府只重視住宅的「形式」，例如：房間的格局、租金的訂定，政府只能提供住宅的「硬體」，而不可能另外照顧到承租者的身心理狀態，更遑論如何讓承租者脫離貧窮，往更好的方向發展。換言之，政府建造的住宅勢必無法滿足多元化的需求，結果必定是無法以最理想、最經濟實惠的方式營運。

　　1865年，年僅二十七歲的希爾開始了她的住宅事業，她首先要打破的是當時房東與房客互不信任的惡性循環：房東為分擔房客惡性負債或是午夜脫逃躲避房租的風險，因此將房租設定過高的標準，且不對房子做任何基本的維護。除了要試圖改變房東對房客的態度之外，希爾認為同時也要改變房客的生活習慣，例如：不負責任的態度、成天酒醉、怠惰等，對希爾來說，房客是「具破壞性和犯罪的階級」。

　　希爾（1871）在《倫敦的房東和房客》（Landlords and Tenants in London）一文中描述她於1869年管理十一棟在瑪麗勒邦（Marylebone）即將廢棄的住宅的經驗。該地的居民大多是低下階層的蔬果菜販和攤販或是流浪者，可能群居在共同庇護所內，希爾說這裡是瑪麗勒邦最混亂的地方之一：「不合乎社會規範與喪失希望的人們被驅趕到這個街區來」。第一次進到房子裡面訪視的時候她走上破敗的階梯，室內燈光昏暗，屋頂滲水，空氣中盡是陳年的灰塵和倫敦的霧氣。她可能要敲同一扇門好幾次才會有一位微醺的男子走出來應門，一面罵著髒話，或者看見神智不清的婦人癱倒在一堆雜物堆上睡著等。大部分的人會把她堵在門口，有的人僅開一道足夠把破爛的紙鈔塞給她付房租的小縫。希爾描繪當時落後的住宅環境房租高漲又缺乏管理，房東是被欺騙、掙扎、充滿擔憂的女人，每天必須面對他們眼中「不值得信任的房客」，甚至是一些「惡劣住戶」的威脅。房東無能為力，而這樣的狀況源於當時的房東並沒有受到良好的教育和具備社會改革的意識。同時，他們也沒有覺知自己身分上的權力可以為居住帶來的改變。

在希爾的住宅計畫中，她設定住宅將提供給「擁有固定居所的低下階級」。換言之，那些住在街道的真正赤貧者，被排除在她的住宅計畫之外。在希爾的理想中，她主張對「既有的設施進行管理」，即在現有的房屋下招募房客，而非興建全新的建築或是交由國家以其他方式進行干預。在她的計畫當中，最核心的思想之一是要改善房東和房客惡劣的關係，讓房東在租金不漲的前提下，負起改善房客居住條件的責任。由於希爾個人缺乏資本，因此她開始尋求出資者給予她機會擔任租屋的管理者。希爾最初的贊助者是魯斯金（John Ruskin），他贊助希爾的條件是住宅計畫每年必須有5%的收益。

在十九世紀的英國仍有教區的存在，每個教區都會有一個小教堂和所屬的神職人員負責管轄教徒的生活。有些人會強調這些神職人員和傳道對於弱勢者的照顧，例如：當時便設有教區的津貼以供貧窮者申請，但希爾認為這樣做並不能真正解決問題，因為每個教區的人數都太多了，教士們無法對每位需求者都做出最好的個別化評估與協助，也沒有辦法使受助者發揮他們原有的生產力和自助能力。

於是希爾的理念中，她一直都強調菁英的系統性介入，尤其是中產階級的女性。她認為菁英們才真正具備改變所需求的知識，有足夠的情懷能夠有效地幫助弱勢，而多半時候身為一個房屋的所有者，這樣的角色直接賦予了菁英們足夠的威信和使命感去落實管理者的角色。這些惡劣的現象仍然是道德低落的結果，但責任不在於底層階級自身。許多時候上層階級出於同情和施捨的經濟援助並不能真正解決問題，反而讓弱勢者的依賴與汙名更加深化。透過教育與親身和居民接觸的方式，以住宅管理作為策略，我們才得以建立一個有秩序品質的生活，並使底層階級真正學會為自己的生活負責。中產階級女性收租員更能勝任這個職務，她們具備母性的關愛本性，同時又具有足夠的知能去落實，對於生活中瑣碎和細小的事情做出監督和輔導。

因為外公是公共衛生改革的先驅，希爾對於住宅的公共衛生的要求也非常高。在她的信念中，好的住宅維護除了要降低住宅修繕與維持的支出之外，也要減少疾病的發生；再加上希爾的住宅計畫所預設的承租者都是社會

中較底層的弱勢族群，這族群又是最可能忽略衛生環境，或是最不習慣於使用公共衛生設備者。房子裡的垃圾桶根本骯髒得讓人無法靠近，爛掉的菜葉和腐敗的魚屍伴隨著厚厚的灰塵，布滿地面到樓梯走道。公共廚房是在潮溼黯淡的地下室，完全照不到光線。它的後方像是垃圾場，雜亂無章的廢棄物堆滿整間屋子，而廚房前面很可能就有人居住或者就寢。對希爾來說，理想住宅的想像應該是：汙穢骯髒的排水設備需要被整頓、捨棄荒廢的水槽、水的供應必須充足、廚房與房間保持乾燥、更換過小的窗戶且安裝於上下兩方、樓梯拓寬、建材必須堅硬且乾淨、房間採光明亮、拓寬前院並加設洗衣間、清理後院空間並設置遊戲室。由以上的住宅輪廓中，我們可以看到，除了對於環境衛生的要求之外，希爾更在空間的設計與安排中，考量了房客們的各種身心理需求。

對希爾來說，住宅事業正是她個人宗教道德觀的落實，她認為窮人貧困的主因是個人的性格，而真正的慈善應該是幫助服務使用者擺脫對服務提供者的依賴，因此她主張透過各種「教育」的手段，將窮人從敗壞的生活方式救贖出來，通往節約、嚴謹和負責任的方向，如此，即是給予窮人「更好的生活」。希爾曾經將住宅管理系統比喻為「比政府多一點慈善的政府」，其目的是在「整頓野生、無紀律的領土」，另外，希爾更是將自己比擬為「統領受控制軍團的首領」，甚至是「女王」（Bremner, 1965）。

為了確切在住宅事業落實「教育窮人」的目標，希爾訂定了許多嚴格的規定，並深度涉入房客生活各層面，目的是希望能夠重塑窮人的性格，例如：親自招募房客、嚴格規定繳房租期限並嚴厲執行、訪視房客住屋、檢查屋內設備與整潔、威脅不送小孩上學的房客、傾聽房客的抱怨、調解房客間的紛爭、並和房客建立親切友善的關係。希爾在其管理的住宅建立了三項鐵律：包括（一）準確按時繳納房租；（二）居民必須接受承租條件中的管理規範（好比打掃）；（三）承諾會改善住屋條件，但卻是配合住民狀況有限度而漸進式的住屋改善。

希爾相信只要她的租金是合理的，基於自我負責與避免貧窮者落入更大

風險的考量，她從未對繳納房租的最高原則妥協。首先，她認為按時繳納房租打破了房客賒帳的習慣，這是當時造成人們不信任和衝突的原因之一。再者，這樣也預防了不良的借貸和其後果。若房租欠繳成習，長期的後果就是龐大的經濟負擔，有的人更可能因此欠下大筆債款。房東如果可以確信自己的房客不會欠繳房租並且逃跑，那麼房價就不會處在一個失控的高價平衡狀態。最後也是最根本的，希爾認為這是打破自我汙名，並反轉社會對於底層階級信用破產想像的實際作為。她深信「只要一個人勇於信守他的承諾，僅僅是這件事情就能夠帶來助益」。這讓一個長久被壓抑和自我否定的家庭與個人提升了自尊，並且按時的繳交房租會成為一種規律，日積月累就創造了正向和充滿希望的感覺。希爾回想到某次當她在探訪住戶時，有位先生拿著錢到她的面前，跟她說：

噢，希爾小姐拜託，我今晚就給你我這個月的房租。我覺得它放在你這裡比較安全，我怕星期一的時候它已經被我花掉了。

希爾透過頻繁的親自拜訪，表達善意和關切，從一開始的猜疑到後來獲得住戶的信任。1869年管理十一棟在瑪麗勒邦的租屋住宅中，她會強迫居民們清掃公共空間，並每天巡視房屋的走道是否有打掃乾淨。起初居民們很排斥，只有在希爾來的時候才打掃，可是後來大家漸漸驚覺到原來自己居住的地方可以變得非常有品質，沒有打掃的家庭會自己覺得不好意思。希爾還跟她的收租員共同組織了社區婦女清潔隊，並請失業的房客來修繕房屋、鋪地板、做木工，創造就業機會和讓人們的潛能有所發揮。這和她的第三個堅持相當契合，希爾說若我們立刻將原本不堪的環境整頓好，居民們並沒有學會該如何使用它們，過不久又會回復髒亂無章的樣子。透過管理這個過程，人們便在其中獲得教育，知道如何自我督促，並從中取得成就感以繼續維持。

除了這些較嚴肅的規定之外，希爾也非常重視孩童的教育，例如：她會舉辦娛樂活動、設立遊戲區、教孩童歌唱、遊戲以及園藝。在瑪麗勒邦有

個小廳堂，以前是社區的小店鋪，也是男性的俱樂部，和孩童放學時的課後活動空間，星期六晚上的時候希爾會跟其他收租員一起去做各種住戶服務。當初在尋找合適的平民住宅時，希爾不斷的堅持必須要有開放的綠地和公共空間供居民們使用，在這些活動當中，她刻意置入美與秩序，建立孩童較高尚的性格，而這個過程也促進了希爾參與英國開放空間運動（Open Space Movement）和投入國家信託基金（National Trust）的創建。

　　由希爾領導的住宅計畫在1869年受到矚目，當時的她管理價值約四萬英鎊的房產、三千五百個房客，也因此，許多個人想要將財產委託給希爾管理，許多法人組織也紛紛想要投資住宅事業，其中最有名的組織為教會人員組織（Ecclesiastical Commissioners），它將許多在韶瓦克（Southwark）與德特福德（Deptford）地區的房屋交給希爾管理。由於住宅事業的擴張，再加上此管理工作高度勞力密集及時間消耗，希爾開始訓練大批中產階級女性成為志願住宅管理者，包含許多荷蘭、丹麥、瑞士、美國的女性，其中甚至包含嫁給韋布前的碧翠絲・波特（Beatrice Potter）、巴涅特（Barnett）的妻子韓瑞塔・羅蘭（Henrietta Rowland）。韓瑞塔・羅蘭曾經形容希爾的個子不高，平時也不太穿著打扮，但是一個意志堅定的女人，行為做法上雖然獨裁，但在她所愛所景仰的人面前是很謙虛的。尤其，在為她所關心的事情發聲，那明亮的雙眼睜開而上揚，那時她的臉看起來真是美極了！

　　1884年，她在工人階級住宅皇家委員面前作證，她在籌募資金上完全沒有任何困難，她在書信中曾寫道（Bremner, 1965）：

　　我總是在一本小冊子裡列了一長串要投資的清單，我先不看他們提供的
　　金額數，我只看那些名單上認為合作起來會是最好的，並從中挑選。從
　　1864年起，我就從來沒有一天在等待住宅的錢。

　　對社會工作的後進來說，希爾所領導的住宅事業正是社會工作實務的展現，她不僅企圖挽救當時被視為無可救藥的住宅狀況，為弱勢者的居住權益

奮鬥，她更開闢了一套「房東與房客」的新秩序：強調收租員（或是房東）要和房客建立良好的關係，耐心的教育窮人，引導窮人脫離貧窮，並走向更美好的生活，而在這樣的良性循環中，更呈現出投資上的收益性。

　　當希爾談論到她與房客們的關係時，她自述：

> 我明白，我應該學習將他們當作是我的朋友，必須尊重他們的隱私權和自主性，並且如同我和私下的好友們一樣有禮貌的彼此對待。我不任意去打擾，在未經過同意就隨意進入他們的房間，或者隨意供給他們金錢上的借貸與生活用品。
>
> 為了達到真正有幫助的住宅管理，我們在經濟契約上必須嚴格遵守規範，但在私底下是互相尊重的同伴關係。

　　除了在住宅管理的深耕，希爾也在其他方面具有影響力，1868年，倫敦的社會狀況慘淡，貧窮人口不斷攀升，希爾參與其中的倫敦貧民暨犯罪防治聯盟（C. O. S.的前身）就在這樣的背景下成立。隔年，她發表了〈濟貧而非施捨的重要性〉（The Importance of Aiding the Poor without Almsgiving）一文，奠定了C. O. S. 助人的原則基礎，慈善事業是一個睦鄰友好的工作，應該是「幫助」而不是「傷害」，任何施捨如果不能使人變好那就不是在幫助他。她認為一個人的永恆價值大過於物質繁榮。因此，有錢人不應該把錢施捨給那些不值得幫助的人，人的關係並不總是一方施捨一方接受（Bell, 1943）。例如，1889年2月1日，C. O. S.在福爾罕宮（Fulham Palace）的會議中，她曾對與會者說道（Woodroofe, 1962:26）：

> 男人應該挺住他們的脖子，成為有自尊的一家之主。若學習像街頭吟哦的乞丐，那都是我們賜給他一文錢造成的。慈善是多麼恐怖的罪惡。

　　未加入社區睦鄰運動前的丹尼生（Edward Denison）也持同意的看法。

此外，希爾也是1875年技工和勞工改革法案背後帶頭的遊說者，亦是倡導建立「國家信託」的領導者之一，其和碧翠絲‧韋布（Beatrice Webb）都是濟貧法皇家委員會的成員。

肆、生涯轉折

　　1869年，C. O. S. 第一個區委員會成立於瑪麗勒邦（Marylebone），教區邀請希爾來主責這裡的貧民區，並希望希爾對於改善窮人的想法能夠奏效。希爾欣然接下了這項工作後，認為這不會比她的住宅事業來得困難。然而，教區內的道德早已被救濟金給敗壞。希爾到任後，廢除煤炭券（coal tickets）、免費餐券（free meals），以及每一項財務的資助，都必須經過審慎的調查之後才可以發送，此舉招來居民們的敵視，但是她堅信自己是對的，並認為如果在此刻放棄了，那麼就是等於不忠於自己。第一年營運結束後，窮人的狀況幾乎沒有什麼進展，雖然希爾對此感到失望，但是在好友的支持下，她選擇繼續堅持，並透過成人教育的形式改變居民的舊有信念，更讓彼此的關係開始軟化，令人振奮的結果是，在第二年營運結束時，情況有了大幅度的改善（Bell, 1943）。

　　由此，我們可以看到雖然希爾的信念與當時固有的想法有所差距，面對反對的力量希爾挫折得幾乎放棄，但她仍然堅持自己的想法、堅信自己的理想是對的，也正是如此，她才能在社會工作的領域開創屬於自己的位置。

伍、社會影響

一、奧克塔維雅・希爾在美國的影響

（一）提倡階段

　　希爾的住宅管理模式自1870年代開始逐漸散布到美國。最早在美國境內倡導希爾的構想與實踐方法的人是鮑迪奇（Henry I. Bowditch），他從1840年代起即對住宅政策改革抱有很大的興趣。1870年他曾到倫敦去參訪希爾的兩個住宅公寓，並大力讚賞希爾的理念和管理方式，致力於將其經驗移植到美國。當時他曾任麻省衛生委員會的主席（chairman of Massachusetts State Board of Health）。海爾（Edward Everett Hale）於後跟進，高聲呼籲美國女性們效法希爾的典範。史秋拉（Louisa Lee Schuyler）可說是將希爾的管理模型扎根於美國的推手，她是紐約州慈善救濟協會（State Charities Aid Association of New York）的創始者。在她的建議下，協會於1875年集結希爾的文章，出版了《倫敦貧民的住宅》（Homes of the London Poor）一書。儘管希爾曾經表示過，受她管理的某些住宅街區仍須面對無法預期與困難重重的狀況，但自此書出版的三十年間，希爾的理念與方法便深深影響了美國的住宅政策。史秋拉有一句意涵深邃的話形容她的好友希爾與其志業（Bremner, 1965）：

　　以一柄纏繞著玫瑰的鋼鐵權杖，統治三千忠誠子民的小王國。

（二）初期的實踐

　　1871年時鮑迪奇最早有意識地想將希爾的平民住宅落實於美國，他在波士頓嘗試建立第一個大型住宅公寓，被稱為水晶宮（Crystal Palace）。雖然經過許多的努力，但房客們的不雅言語、酗酒狀況、暴力行為等等還是沒有

顯著改善，成果令人挫折，外界也沒有什麼正面評價。這次運動讓鮑迪奇和他的夥伴們有所反省，決定回歸目標到舊街區住屋的翻新，以更符合原本希爾英國模式的初衷（Bremner, 1965）。

不久之後，紐約的慈善家比較順利地經營了另一個住宅公寓，稱作高譚庭院（Gotham Court），當時該地區被批評為紐約疾病與犯罪的溫床。有許多傑出的工作者投入這次的行動中，並讓這個地方的生活條件獲得改善。1880年代，希爾住宅模式的提倡者便表揚與讚賞高譚庭院為道德提升與衛生環境促進的優良模範。只可惜幾年後，當原先的慈善家與高譚庭院的租約到期之後，先前的投入並沒有延續很久，生活環境又漸漸惡化。直到1896年衛生局宣告此地已不再適合居住，下令將其拆除（Bremner, 1965）。

（三）穩固與落實

和希爾的經驗比較相似並成功的案例可算是愛麗絲・林肯（Alice N. Lincoln）在波士頓與愛蓮・柯林斯（Ellen Collins）在紐約的嘗試。從1880開始到十九世紀結束，林肯女士和柯林斯女士租下老舊的中小型房屋加以改建維修，並以低價出租給相對「體面而自律的窮人」（the respectable poor）居住。她們和希爾同樣堅持按時繳納租金和環境整潔等等規範，柯林斯就曾說道這個工作得以堅持的關鍵就是「親自監督每個細節」（personal supervision of all detail）。美國住宅運動到了後期，由於費城原本的住屋型態本來就比較符合中小型房舍的建置，而非大型集體的公寓，所以是希爾住宅系統應用在美國後最被關注與重視的案例（Bremner, 1965）。

希爾過世之後，她的房屋所有權就轉交到了「紐約三一教堂法人」（Corporation of Trinity Church of New York）名下，但後來他們執行的住宅管理措施卻常常被批評。1896年，許多企業與上市公司共同成立了奧克塔維雅・希爾協會（Octavia Hill Association），繼承了希爾的信念持續在美國各地設立平價而有管理機制的小型住宅，尤其是在費城的貧窮區域，提供弱勢者居住的空間（Bremner, 1965）。

（四）美國經驗的批評與反思

〈希爾式系統的住宅管理〉（The Octavia Hill System of Housing Management）一文對於希爾住宅經驗移到美國發展的過程提出了一些評價。作者指出，這些住宅計畫在美國因為其經濟報酬對於屋主來說微不足道，而其維護費用和所投注的人力成本太高，所以難以維持。相反的，如林肯女士和柯林斯女士的經驗因為太過強調其經濟利益，反而喪失了原本希爾理想中藉此改革社會不平等和住民再教育的價值。她們也拒絕接受一些她們覺得不好的房客，例如：有家暴問題、酗酒行為的人，但實際上排除所謂「有問題、道德低落」的家庭才是真正有困難的需求者，也違背了希爾出發點的本質（Bremner, 1965）。

二、英國國家信託基金

希爾除了住宅管理事業為人所知外，另一項重大的貢獻是為英國的國家信託基金（National Trust）奠下基礎。在她嘗試為貧窮與弱勢的工作階層尋求合適的住屋環境時，她發現，都市中人們所能使用的空間狹小、擁擠，並且沒有開放的自然空間去陶冶身心，培養有品質的生活。於是她開始大力倡導人們對於環境和公共開放空間的保留，主張每個人都應該有權利去使用自然資源與公眾用地，強調郊區灌木林、山坡地、海岸、池塘、湖泊等等的保留，將廢棄的建地或墓園改建成大眾遊憩的公園或者空地、保護歷史古蹟。希爾是第一個使用「綠帶（green belt）」這個名詞的人，在1876年她協助她的姐姐瑪蘭達·希爾（Miranda Hill）創立「美的普及會社」（Society for the Diffusion of Beauty），後來演變成「克爾里會社」（The Kyrle Society）（Smith, 2008; Hill, 2012）。

陸、對社會工作者的啓示

　　從以上希爾的故事中，我們依稀可以看到一位勇敢、堅毅的女性。起初，在不被大家看好的情況下，希爾帶著「爲上帝子民創造更公平的住宅」的信念，全心全意投入住宅事業，並創造了公義與商業的雙贏。從希爾的書信中，可以深切的感受到房客在希爾心目中重要的地位：縱使希爾總是鐵面無私地訂定許多規範，但是另一方面，希爾也非常在意與房客們建立的友誼，並不時表露出疼惜的關心，對希爾來說，這些珍貴的情誼比金錢更有價值（Bremner, 1965）。從希爾與房客們的互動中，可見她非常強調與被援助的個人或家庭家建立起某種關係，而此正是與社會工作延續的傳統不謀而合。因此，對社會工作的後輩而言，希爾無疑是一位社會工作與住宅管理事業的開創者，她帶領我們從「居住」的需求中看見個案的需求與「居住教育、日常教育」對於個案的影響。英國人會把希爾對住宅管理與收租員的訓練與往後社會工作者的專業訓練連結起來，不無道理。甚至認爲希爾的住宅管理已奠定了個案工作的基礎。

　　另外，我們也可以看到希爾不畏當時的主流觀念，勇於提出不同見解的勇氣：儘管與教區舊有的作爲相悖，她仍然不畏懼地在當時提出「避免過度依賴社會福利」的概念，將窮人區分爲值得幫助（deserving）與不值幫助（undeserving），而此觀點更是深深地影響了當時的慈善組織會社（C. O. S.）的成立。另外，她也斷然拒絕政府干預，駁斥任何種類的國家住宅補貼或國家住宅供給。儘管在她之後，住宅管理完全成爲集中於地方政府的行政活動，她原先的理念不被採用，甚至她於英國培養的年輕後進也紛紛加入了政府的行列，擔任政府雇用的收租員或是租屋管理員（Bremner, 1965）。

　　在開展自己的住宅事業時，希爾曾經以「女王」（queen）自封，而這樣的自比，似乎更樹立了她堅毅、不畏困境，以及專制的形象。但是，或許大家常忽略的是，在她鋼鐵般的權杖上其實圍繞著美麗的玫瑰花朵。在她的寫作中，「愉悅」（joy）、「美麗」（beauty）、「愛」（love）這幾個字

出現的次數從不亞於「權力」（power），她堅信「由美而生的力量」（the power of beauty），以及每個人都有權利在日常生活中享受美好（Bremner, 1965）。或許，在距離希爾一百年多的今日，希爾女王當時揮舞的權杖早已鏽蝕。但是，由希爾的思想所孕育的玫瑰不但從未凋謝，更是茂盛的繁衍著。

第五章　阿諾德・湯恩比與山謬・巴涅特
社區睦鄰運動的創始者

壹、時代背景

1848年，毛利斯（Frederick Denison Maurice）、金斯利（Charles Kingsley）發起基督教社會主義運動（Christian Socialist Movement）。這些基督教社會主義者（Christian Socialists）是具有理想的中產階級知識分子，他們對底層勞工的生活狀況深感震驚，對自由放任政策、工業化下的唯物論風氣感到擔憂。對基督教社會主義者來說，湯恩比館的出現與改革是「對罪的重新意識」（new consciousness of sin），對碧翠絲‧韋布（Beatrice Webb）來說，是「集體或階層的意識，是一種逐漸升溫的不安，因工業化組織產生巨大的租金、利潤以及收益，竟無法提供英國居民最基本、可容忍的生活條件。」（Reinders, 1982: 40）這樣的覺醒，使英國於十九世紀中葉開始，發展出不同取向的改革運動。一種為解決個人貧窮問題的慈善組織會社運動；另一種為關注工作貧窮者（working poor）的生活狀況與需求，採取集體性觀點，強調社區價值與社區組織重要性的睦鄰運動（Scheuer, 1985）。後者的觀點，反映在基督教社會主義者所發起的「工人學院」（Working Men's College），他們強調高知識人才與較少接受教育者組成團契（fellowship）的重要性，他們認為透過教育才是協助被剝削勞工獲得更好生活的方法，且教育是生活的媒介而不僅是職業訓練（Pimlott, 1935）。睦鄰組織的內涵亦是如此，讓高等教育分子與貧民共同生活，使貧民有接受教育、接受文化薰陶的機會，實現政治上的平等與民主、人性的價值得以存續；高知識分子可深入貧民了解貧窮問題，進而發展解決之道。這樣的理念影響了丹尼生（Edward Denison，1840-1870）進行睦鄰運動構想的推動，並由湯恩比（Arnold Toynbee，1852-1883）、巴涅特（Samuel August Barnett，1844-1913）付諸實踐。

貳、人物介紹

一、艾德華‧丹尼生（Edward Denison）

　　丹尼生出生在新濟貧法實施（1843年）的年代，他的祖父是倫敦富豪，父親約翰‧丹尼生（John Denison）是天主教薩爾斯堡（Salisbury）教區主教，叔叔艾夫林‧丹尼生（John Evelyn Denison）是有名的政治人物，丹尼生家族可謂名門世家。他於1862年至1866年就讀牛津伊頓公學（Eton College）和牛津基督學院（Christ Church, Oxford）主修法律，他在大學時期高度關心社會問題，尤其是東倫敦下層階級勞工悲慘的生活狀況，但也在此時期染上了肺病，身體健康狀況自此堪憂。受到理想主義哲學的影響，他深刻了解勞工階層貧窮問題的嚴重性，1866年他放棄原本舒適的生活，進入倫敦的「濟貧會社」（Society for the Relief of Distress）擔任救濟員（almoner）。在此期間，他了解到物資的救濟對貧民是不夠的，貧民真正需要的是教育與正義來脫離現狀。因此在1867年，他住進東倫敦貧民區的菲爾波特街（Philpot Street），深入了解貧民的生活狀況及社會問題，並在盡頭路（Mile End Road）設立學校，他與一群知識分子教導該地區的貧民閱讀聖經、歷史與經濟（林萬億，2013）。丹尼生希望他們能夠成為貧民的道德楷模，透過教育、組織工人俱樂部等方式鼓勵貧民自立自助，他主張「把你的腦袋借給他們，而不是給他錢」（Meacham, 1987；引自黃彥宜，2007）。由此可知，丹尼生已超越救濟的層次，他主張改革者應「遷入居住」（settlement），與社區的貧民共同生活，一起再造新的社區；他認為貧窮是社會性問題，「遷入居住」可以讓主導政治發展的知識分子們了解問題的嚴重性及根源，進而意識到社會改革的必要；最後，他相信教育與文化資源的提升，以及救貧行政和住宅環境的改革，是處裡貧窮問題的根本之道。1868年，他前往巴黎與愛丁堡進行濟貧制度的研究，並於同年十一月代表自由黨贏得諾丁漢郡的紐瓦克選區的下議院席次。1869年，慈善組織會社（C.

O. S.）於倫敦成立，丹尼生成爲委員之一；同年，他爲了到澳洲墨爾本進行殖民地與移民的研究，將菲爾波特街的工作交給霍蘭（Holland），但卻於隔年（1870年）英年早逝，享年三十一歲。

二、巴涅特夫婦（Samuel Augusts Barnett；Henrietta Rowland）、湯恩比（Arnold Toynbee）

山謬・巴涅特（Samuel Augustus Barnett）是一位牧師，他是布理斯托（Bristol）鋼鐵業者的長男，父親法蘭西斯・巴涅特（Francis Augustus Barnett）非常有錢，母親瑪莉・紀爾謀（Mary Gilmore）亦出身於布理斯托的商人家庭。山謬從小體弱多病，只能在家接受教育。直到1862年，他受到保守黨和新教徒教區委員們的偏好影響，進入牛津的威德漢學院（Wadham College）就讀，但他並不認爲牛津給他最好的影響，他認爲：「我犯了一個錯，就是花太多時間在研讀書本而非認識人們」（莊秀美，2004）。1865年畢業後，爲了籌措前往美國的旅費，他花了一年半的時間在溫切斯特學院（Winchester College）擔任教師，終於在1865年4月啓程前往美國兩個半月。此時的美國正值南北戰爭，這趟旅程對山謬的影響很大，震撼了他所抱持的保守主義（Abel, 1974）。他於1867年擔任東倫敦聖袞蒂教堂（St. Jude）的副牧師，受到佛雷曼特（William Henry Fremantle）牧師的影響，巴涅特高度關心社會問題（莊秀美，2004）。

1869年，倫敦的慈善組織會社（C. O. S.）成立，C. O. S.爲避免慈善團體各自爲政、惡性競爭，導致資源浪費、弊端叢生，因此將缺乏組織性的慈善團體組織化，以提供整合性的濟貧救助服務。C. O. S.強調個人的道德與責任，爲避免貧民依賴救濟而將其分爲「值得救助」（deserved）與「不值得救助」（undeserved），這反映了維多利亞時期的濟貧思維，工作者知道什麼對貧民好，知道什麼是道德的、對的，且貧民應受到管束、爲自己負責。佛雷曼特、巴涅特及推動住宅改革的希爾（Octavia Hill）認同C. O. S.的

理念與做法，隨即在聖裘蒂教堂所屬的白教堂（White Chapel）組織第一個 C. O. S.，開始救濟工作，設立學校，教導無法受教育的學童讀書，組織勞工社團。透過希爾，巴涅特認識了他的太太羅蘭（Henrietta Rowland），兩人於1873年結婚，羅蘭是希爾住宅改革的成員之一，婚後支持巴涅特從事慈善工作，並成為他的得力助手。1873年，在霍蘭和希爾的推薦下，巴涅特被任命為聖裘蒂教堂（St. Jude's White Chapel）的教區主教，這個教區是東倫敦最貧困的區域，充斥著貧困的居民，且過度擁擠、房屋狀況極度低劣。巴涅特夫婦獲得妻妹凱特‧羅蘭（Kate Rowland）與碧翠絲‧波特（Beatrice Potter，後來成為韋布的夫人）的幫忙，推動貧民服務工作，並組織C. O. S.白教堂委員會，致力讓該區成為模範地區，巴涅特是委員之一。

除進行C. O. S.的濟貧活動外，他致力宣傳睦鄰運動的理念，將「大學推廣」（University Extension）運動擴展到東倫敦。更歡迎各地的造訪者，推動文學討論會、藝術展覽、籌募兒童營隊的基金。從推動工作中，他深刻體認到貧窮不只是個人責任，而是社會性的問題。

1875年，他受到妻子的學友（湯恩比的姐姐）的招待，夫妻兩人前往母校牛津大學訪問，他們向學生描繪了東倫敦貧民的生活景況，邀請學生一起到東倫敦和貧民生活在一起，親身了解他們的處境，並透過他們的知識與能力來改善、提升貧民的生活環境。當時臺下的牛津學生之一，戈登‧藍格（Cosmo Gordon Lang），後來成為坎特伯里（Canterbury）教區的主教回憶當時巴涅特演講的情景（Briggs and McCartney, 1984: 6）：

> 巴涅特並沒有激動或誇張的言辭，他只是邀請大家到東區看看，體驗一下奇怪又陌生的東倫敦生活，他並沒有強調什麼事一定要做，而是告訴聽眾思考看看自己可以做什麼。
>
> 部分學生受到巴涅特的感召，決定前往白教堂地區，體會貧民的生活實況，並投入貧民服務的工作，湯恩比（Arnold Toynbee）就是其中一位。

　　湯恩比（Arnold Toynbee）的父親是醫生，是耳鼻喉科的先鋒，並致力於貧民生活品質的提升，湯恩比從小就受到父親的影響，非常關心社會問題，關切窮人的處境。湯恩比於1873年進入牛津大學巴立奧爾學院（Balliol College），研究歷史與經濟。他主張社會改革的必要性，並提出具體方案。他的理論對睦鄰組織運動具重要影響（莊秀美，2004）。1878年他從牛津畢業，留任講師。他反對馬克思主義，認爲解決階級衝突的方式是務實的社會主義，透過財產再分配、增稅和政黨來解決，而非透過革命，他認爲勞方和資方最佳的利益是合作，因此在講授經濟學時，他呼籲要改善當時的經濟問題和社會不平等；此外，他積極在校外進行社會調查與改革，並鼓勵大學生到貧窮的社區實際居住。他將所有精力投入研究、教育活動和社會改革的實踐工作上。

　　早在1875年於牛津就學時，湯恩比就投入白教堂地區，和貧民共同生活，巴涅特與湯恩比共同推動許多社區的教育活動，開設文學課程與討論會，並訪問窮人的家庭狀況，與社區的居民建立深厚的情誼，兩人也因此成爲志同道合的好朋友。此後，巴涅特每年皆前往牛津和劍橋大學訪問，而且有學生投入東倫敦區的改革活動與社區服務（莊秀美，2007）。

　　湯恩比背後的哲學思維讓湯恩比館有了理論基礎，也就是在現有社會的經濟結構下，透過睦鄰運動消弭階級衝突。而巴涅特是一位實踐者，他從做中學，進而進行觀察、思考和歸納。兩人志同道合地爲貧民服務，用哲學思維與熱忱服務白教堂地區。但本身健康狀況不佳的湯恩比，在1884年染上肺病，三十一歲英年早逝。

　　後人很容易把這位湯恩比（Arnold Toynbee）與他弟弟哈利‧湯恩比（Harry V. Toynbee）的兒子阿諾德‧約瑟夫‧湯恩比（Arnold J. Toynbee，1899-1975）混爲一談。他的姪子在他過世後五年才出生，是英國非常出名的世界史學者，出版過十二冊書名爲《歷史研究》（A Study of History）（1934-1954）的巨著，探討人類文明的興衰。

參、巴涅特和湯恩比館

英國的勞工運動和工會示威在十九世紀中葉迭起，卡萊爾（Thomas Carlyle）這位曾批評經濟學是沉悶的科學（the dismal science）的蘇格蘭的哲學家、史學家兼文學評論家，透過小說呼籲社會對貧民的社會責任，他形容英國是「一個國家兩個社會」，可怕的貧富差距正撕裂這個國家。葛林伍德（James Greenwood）於1869年發表「倫敦七惡」（Seven Curses of London），他詳細地記錄貧窮兒童、罪犯、娼妓，乞丐的真實生活，並主張建設性的人口移出和有組織的慈善活動。但這些報導皆未引發實際的行動。基督教社會主義者認為他們要透過合作精神取代競爭，改善貧窮問題，睦鄰運動遂成為回應各種社會問題的方式（黃彥宜，2007）。1873年開始，英國開始長達二十年的不景氣（Great Impression），技術性勞工也面臨失業、貧窮問題日益嚴重，在「社會主義復活」漸濃的氣氛下，勞工運動受其影響，工會運動發展為勞工階級鬥爭。在此社會背景下，湯恩比成為此時期崛起的改革者，睦鄰運動發展迅速。1883年，工會教會聯盟的勉思主教（Andrew Mearns）發表《被逐出倫敦的哀號》（The Bitter Cry of Outcast London）一書，深刻的描繪東倫敦的道德淪喪和悲慘的生活狀況（Pimlott, 1935: 25）：

> 一大堆男人和女人擠在如同鳥巢大小的可怕環境中，這些人擠在一起的恐怖景象，讓人誤以為身處於奴隸船中，到處充滿了下水道和垃圾所散發的臭味，垃圾就在腳下漂浮。他們住的地方沒有陽光，也沒有新鮮空氣，亂倫和背德的事件無法避免，工資極度低廉。

此書除了揭發貧民窟的生活慘狀，也訴請所有教派的基督徒團結一致，分擔貧窮問題。為回應此時的改革氛圍，巴涅特提出幫助貧民的方法，在東倫敦租一間可長期居住的房子，讓有志者「住進」貧民區，與貧民建立友誼，從事貧民教育，分擔貧民的悲痛（莊秀美，2004）。巴涅特認為，

解決貧窮問題要對貧窮有眞實且深刻的認識；此外，英國的地方行政是爲了上層階級所設計，濟貧行政僅能靠人力來補強。這樣的見解獲得牛津與劍橋地區的響應，睦鄰運動成爲改革貧窮問題的號召。1884年睦鄰服務準備會陸續於牛津與劍橋成立，並組成大學睦鄰協會（University Settlement Association）。同年，東倫敦區商業街（Commercial Street）的大學社區睦鄰中心（University Settlement）建立完成。巴涅特爲紀念曾在東倫敦調查與服務、過勞而英年早逝的湯恩比，並緬懷其偉大的服務精神，將中心正式取名爲「湯恩比館」（Toynbee Hall），巴涅特擔任首任館長。湯恩比館從此成爲睦鄰中心之母。

一、湯恩比館的睦鄰運動

　　東倫敦是個移民的社區，居民大多爲愛爾蘭和猶太人，到湯恩比館服務的上層階級改革者、大學生須負擔自己的費用，他們可以參與湯恩比館或學校的活動，或協助執行濟貧法（黃彥宜，2007），巴涅特經營湯恩比館的理念是（Barnett, 1919: 310；引自黃彥宜，2007：393）：

> 讓男性大學生成爲窮人的鄰居，分享他們的生活，思考窮人的問題，學習耐心、友誼、自我犧牲及運用自身的教育去提供協助。如此一來可以抒解階級分立的不幸和漠視。

　　由此理念可知，巴涅特在推動睦鄰運動的過程中，已偏離慈善組織會社的原則，（雖然他是白教堂地區C. O. S.的發起人之一）。因C. O. S強調個人的責任和道德，在協助貧民前，須先定義是否值得幫助，避免貧民產生依賴，這個信念也是巴涅特在最初投入白教堂地區時所依循的原則；然而，與貧民相處與進行社會調查後，巴涅特認爲每一位窮人都應得到協助，因爲他們並非人格、道德或能力不足，而是經濟體系與社區環境造成他們的不幸；

體認到C. O. S.的限制後，巴涅特於1886年退出C. O. S.。此外，巴涅特的理念也道出教育是湯恩比館的重心，階級是存在的。他需要上流階層的知識分子與改革者進入東倫敦，目標是教化貧民，但他希望這些投入的男性不要成為全職工作者，而是要維持原本的中產階級生活，在和貧民共同生活的過程中，提供他們多樣的生活方式，成為道德上的楷模。他的教育活動旨在教導貧民尊重傳統、秩序及權威來促進社會和諧；簡而言之，他認為社會改革應透過和平及教育來進行，而非革命（Briggs and McCartney, 1984），湯恩比館推動的是高等教育，是大學的推廣（University Extension）。

簡而言之，湯恩比館成立的主要目的如下（林萬億，2013）。：

（1）貧民的教育與文化發展；

（2）提供居民、學生有關貧民生活的資訊；

（3）覺醒社會大眾有關社會與健康問題，並為社會改革與社會立法而辯護。

湯恩比館的居民與貧民一同生活，研究貧窮問題、進行改革活動的方式，即為解決貧窮問題的三Rs：居住（Residence）、研究（Research）、改革（Reform）（林勝義，2010：30）

湯恩比館成立後便承擔起教育成年移民的工作，後來成為英國最普及的成人教育提供所，讓愛爾蘭與猶太移民能融入英國社會，也能適應多民族共處的社區，甚至還在1930年代發起反種族歧視運動。此外，湯恩比館積極推動各種睦鄰服務運動，例如：成立法律諮詢站、老人服務站，也對身心障礙兒童提供幫助，甚至開設成人和兒童劇場、成立志願服務隊等。

湯恩比館不會限制居民在館內的活動，且將館內的居住空間與公共空間塑造成大學般的環境，美國拜訪者羅賓斯（Jane Robins）曾說：「樓上的房間，讓我以為回到大學時代」（Reinders, 1982: 43）。湯恩比館甚至還成為東倫敦藝術協會的總部，因為巴涅特希望能夠透過藝術提升貧民的素養，並相信貧民也可以成為藝術家。由此可知，巴涅特夫婦願意嘗試各種方式協助貧民、解決社會問題，有些方法相當成功而被發揚光大。像是湯恩比館

設立的法律諮詢站，促使貧民擁有「權利」的概念，也對法律條款有基本的認識，甚至影響英國部分法律條款的制定。此外，湯恩比館成立的藝廊成為各個社區睦鄰中心仿效的重點，尤其對於美國的睦鄰運動推動者來說，他們希望能複製湯恩比館成立藝廊的經驗，讓睦鄰中心的藝廊成為當地的藝術中心，永久的保存藝術品。

「公民參與」是睦鄰運動的核心價值，雖然湯恩比館提供的是直接服務，但巴涅特鼓勵大學生在求學期間履行公民義務、關心社會議題和參與社會改革運動或各種委員會。如1926年英國的大罷工，湯恩比館擔當協調者的角色，安排協商，停止了這場罷工（莊秀美，2004）。

雖然巴涅特並不反對女性主義，也支持女性投票權，但湯恩比館設立之初並沒有女性入住，他害怕女性進入會讓男性怯步，縱使巴涅特夫人羅蘭，在湯恩比館中位居要職，但她被定義為沒有性別的角色。後來在羅蘭的努力之下，湯恩比館開始有女性入住。在女性備受壓抑的年代，湯恩比館對男性來說是生命中的一小站，對女性來說卻是自我發展的里程碑（黃彥宜，2007）。

二、湯恩比館的影響

湯恩比館在白教堂地區展開睦鄰運動的實踐，開創睦鄰運動的先河，並成為英國睦鄰運動的典範。至十九世紀末，英國約有三十個以湯恩比館為模式而發展的睦鄰中心，這些睦鄰中心的特色大致如下（葉楚生，1958：46）：

1.設於貧民區，備有宿舍。

2.所有工作人員與貧民共同生活，其口號是「工作者與工作對象相親相愛。」無既定的工作計畫，視居民實際需要而工作。

3.盡量發動當地人力，培養其自動自發的合作精神，為地方服務。

4.使各地的社區睦鄰中心成為當地的服務中心外，並盡量設法將本國與

外國文化向當地居民介紹，使之成為當地文化中心。

在上述原則下，仿效湯恩比館設立的睦鄰運動中心並非都朝向相同的模式發展，每個地方的發展過程因著它的特質、宗教和社會取向而有所不同。例如：1884年設立的牛津之家（Oxford House）帶有非常強烈的宗教色彩，並將服務重點鎖定於男孩或年輕男士。「帕思摩爾愛德華睦鄰中心」（The Passmore Edwards Settlement，現今的「瑪麗沃德家屋」（Mary Ward House），是遊戲工作（playwork）的先驅，它在倫敦設立了第一個遊戲中心（Trevelyan, 1920；Trevelyan, 1923：187-206；引自Smith, 1999），並為身心障礙兒童建立一所示範學校。「波孟都賽睦鄰中心」（The Bermondsey Settlement）主要教導十歲以下的孩子唱民謠和跳舞。爾後，不論是在英國或美國，睦鄰運動的設立狀況，以女性為主的睦鄰中心數量逐漸超出以男性為主的。1887年起家的「女性大學睦鄰中心」（The Woman's University Settlement），它的目標是促進各種福利，給予婦女和兒童們更多的教育和休閒機會，為女性開創公共參與的舞臺（Smith, 1999）。

湯恩比館除了將睦鄰運動發揚光大外，它的另一個成功之處，就是吸引了許多上層階級的知識分子在此投入。因此，它成為社會改革中非常有影響力的組織。這些來到湯恩比館的學子中，被所經驗到的生活與周遭的人事物所影響，有人投入調查而對貧窮政策與社會正義有更多思考，成為影響國家重要的人。許多英國重要的政治人物與政策制定者，都曾在湯恩比館投入時間及心力，舉例如下：

1. 艾德禮（Clement Richard Attlee，1883-1967）

他年輕時曾訪問湯恩比館，是福利國家的奠基者。1945-1951年擔任首相期間，通過以「貝佛里奇報告書」（Beveridge Report）為藍本的福利法案，使英國在第二次世界大戰後，成為集體社會供給（collective social provision）與提供普及式福利（universal welfare）的福利國家。

2. 貝佛里奇（William Henry Beveridge，1879-1963）

於1903年入住湯恩比館，擔任家區主任二年。1908年邱吉爾（Winston

Churchill）擔任貿易委員會主席時，邀請其協助建立一套勞動交換系統。1909年出版《失業：一個工業的問題》，1919-1937年長期擔任倫敦政經學院院長。他終其一生與湯恩比館保持聯繫。

3. 陶尼（Richard Henry Tawney，1880-1962）

英國經濟史專家，於1903年畢業於牛津大學之後，陪他的好朋友貝佛里奇住進湯恩比館。在湯恩比館工作與參與工人教育協會的經驗，讓他深深體會到慈善不足以解決貧窮問題，結構變遷才能真正帶來社會正義。

除了英國的改革人物之外，睦鄰運動的理念也吸引了許多年輕的美國工作者加入此行列，並複製湯恩比館實施的活動，像是藝廊、社區調查、政治上的倡導活動，以及各式教育課程與職業訓練（Reinders, 1982）。美國的工作者希望能透過「湯恩比館式」的活動與服務，彌補階級間的鴻溝，幫助都市中的工作貧窮人口、了解貧窮的根源、提升居民的生活品質。其中較為著名的人物舉例如下：

1. 柯伊特（Stanton Coit，1857-1944）

他曾居住於湯恩比館數月，1886年在紐約的下城東區（Lower East Side）設立了美國第一間睦鄰中心——「鄰里互助公社」（Neighborhood Guild），並於1891年撰寫《鄰里互助公社：一個社會改革的手段》（Neighbourhood Guilds: An Instrument of Social Reform）。同年，這家中心改組為「大學社區睦鄰服務中心」（University Settlement）。柯伊特最初的信念是提供救濟、教育和休閒等社區服務，協助貧民改善生活，最終的目標是使居民有基本需求和獨立自助的意識覺醒。

2. 亞當斯（Jane Addams）和史達爾（Ellen Gates Starr）

1888年，她們拜訪了湯恩比館，此趟旅程讓她們下定決心在美國設立相同理念的睦鄰運動中心。1889年，亞當斯與史達爾在芝加哥創立了全美最負盛名的睦鄰組織——胡爾館（Hull House）。她針對移民和難民提供社會和教育的服務，協助移民融入社會生活，活出自信，進而回饋社區。她反對社會的不平等，並且對於某些社會議題表達明顯和主動的關心。她推展睦

鄰運動的目的有三：（1）讓社會不僅是政治，而是民主；（2）讓擁有較高文化素養的居民，分享給較缺乏者；（3）帶領人們體悟高尚的基督精神（Reinders, 1982）。

　　雖然每個睦鄰中心有不同的服務焦點與工作重心，但它們都有一些共同的特質。最明顯的就是對於社團（club）或協會（association）的運用。透過成為協會的會員來學習新知；透過工作使團體中的成員從活動和關係中獲得滿足，而這些學習與獲得正是睦鄰工作中最重要的部分（Smith, 1999）。然而，美國雖跟隨英國腳步開展許多社區睦鄰中心，但因著兩個國家在政治、經濟及背景的不同，社區睦鄰運動的實踐仍有很大的差異（Reinders, 1982）：

1. 英國睦鄰運動的主導者為男性，美國多數為女性

　　在英國，不論在學校、學院及社團中，嚴格的男女有別是自然且健康的。因此，對美國睦鄰工作者來說，英國的睦鄰工作者是一群「衣著過於講究的男子」（exquisites）。美國的睦鄰運動則是由一群聰慧、自由開放、上層階級的女性所主導，且美國的睦鄰中心大多為男女共同居住，對於英國睦鄰運動中規範女人應該怎樣、該做什麼的傳統定義是反動的。

2. 財務狀況的差異

　　湯恩比館從一間大型建築物起家，沒有遭遇過嚴重的房屋或方案的資金問題。反觀美國，睦鄰中心大多設立於小型的廉價公寓，或是貧民窟中破敗的房子，且必須不斷的募款以維持營運。一開始美國睦鄰中心的居民需自行負擔開銷，到了後期，睦鄰中心開始提供津貼，招募志工、雇用有給薪員工，逐漸走向專業化。美國睦鄰中心的工作者已不再是當年英國的那群志願工作的大學生了。

3.對移民問題的回應與移民空間的設置

　　英國白教堂地區早年主要居住的是愛爾蘭移民，後期才有東歐的猶太難民移入，但巴涅特回應猶太移民的步調緩慢，且居住空間依族群而區隔。美國的睦鄰運動可謂因應移民問題而設立，移民的居住空間並沒有鮮明的隔

閣。

　美國睦鄰運動與英國最初設立的湯恩比館，隨著時間的遞嬗與國情的差異而發展出不同的模式與經驗。不論兩者的發展有何異同與優劣，我們唯一可以確定的是，1926年的英國大約有五十多間睦鄰中心，美國在1910年間也成立了大約四百家的睦鄰中心，並組織全國睦鄰中心聯盟（National Federation of Settlements），可見睦鄰運動是一股巨大的力量。

肆、睦鄰運動對社會工作的影響

　睦鄰運動開創了新的服務方法，使社會工作朝向更專業化的途徑，也開展了兩大社會工作途徑：團體工作與社區工作。

一、團體工作

　睦鄰運動對團體工作有啓發性的影響。英國的巴涅特創立湯恩比館，目的是發動居民們自助（self-help）的精神，而團體本質中的自助觀念剛好吻合人類相互扶持的信念。因此，睦鄰中心裡使用休閒活動爲基礎的團體（特別是種族團體），試圖用正式與非正式的結社來建構社會現實，以支持移民在新的土地滿足其生理及生存的需求（Handlin, 1951；引自林萬億，2007）。而美國亞當斯與史達爾所創立的胡爾館，則使團體經驗成爲解決移民問題的有效途徑（林萬億，2007）。

二、社區工作

　睦鄰運動開啓了社區工作的先河。英國巴涅特所創設的湯恩比館，採社區途徑回應貧民的需求、改善貧民的生活，是英國社區工作的濫觴。美國的柯伊特（Stanton Coit）成立鄰里互助公社，提供各種社區服務，協助貧民

改善生活；亞當斯的胡爾館也是以社區為基礎提供移民相關服務（林勝義，2011）。自此，以社區為基礎的機構與方案逐漸受到重視，這些睦鄰組織對社區發展工作的啓動有相當大的貢獻。

伍、對社會工作者的啓示

湯恩比館明顯有別於當時主流的慈善組織會社模式的濟貧。讓知識分子體會到慈善不足以解決貧窮問題，必須進行服務方式的調整。調整服務者與被服務者的角色，從上對下，調整為平行對待；從友善訪問，調整為與貧民同住；從物質給予，調整為強調文化與教育；從灌輸中產階級價值觀，調整為相互學習成長；從個案服務，調整為團體、社區與政策倡導。

湯恩比館帶來實踐層次的社會改革，大學生進駐貧民區，與其共同生活與學習的理念蔚為風潮。爾後，許多大學成立了「大學社區睦鄰中心」（University Settlement），或與社區人士共同組成「大學社區中心」（University Community Center）。學生在校內著重理論與技巧的訓練，睦鄰運動帶領學生走出校園，對社區有更多的理解，對生活有更多的體悟。但在實踐睦鄰運動時，應先了解此運動背後的歷史背景與立論思維，也就是維多利亞時的宗教道德化和菁英主義的色彩。睦鄰運動可謂知識分子擔心貧民造成社會紛擾而採取的回應方式，是中產階級的家長主義，運用較開明的方式來提供服務，但不平等的關係仍存在服務提供者與受助者間。

此外，社區工作者與大學在複製睦鄰社區服務時，除透過社區服務與教育協助社區外，更應重視社區議題的倡導與制度性的規畫，以處理結構性的問題。我們從歷史看見湯恩比館的優勢與限制，在省思後實踐社區睦鄰運動，有助於社會工作者從理論中出走，培養關懷社會的胸懷，將知識與技巧粹鍊為實踐的力量。

第六章　韋布夫婦
社會主義工會運動者
與關懷弱勢的淑女結合

壹、童年生活

一、碧翠絲‧韋布（Beatrice Webb，1858-1943）

　　碧翠絲‧波特（Beatrice Potter）出身政治世家。她的祖父理查‧波特（Richard Potter）曾任自由黨的國會議員，發起以曼徹斯特為基地的小圈圈（little circle），企圖改革工業化之後的英國國會席次分配，特別是新興的工業城市，例如：伯明罕、里茲、曼徹斯特、沙佛德等，促進1832年的改革法案（Reform Act）通過。她的父親理查‧波特（Richard Potter）從商，母親是利物浦的商人女兒勞仁席娜‧黑沃斯（Laurencina Heyworth）。大她十一歲的二姊是社會工作者凱薩琳（Catherine Potter），嫁給自由黨內閣部長柯特內（Leonard Courtney），受封片維斯男爵夫人（Baroness of Penwith）。1875年二十八歲的凱薩琳離開家鄉，來到倫敦，進入希爾（Octavia Hill）在倫敦東區白教堂的慈善組織會社（C. O. S.）接受訓練。後來在加入巴涅特夫婦（Samuel Augustus & Henrietta Barnett）的白教堂教區工作前，先在倫敦東區的男童俱樂部服務八年（1876-1883），擔任收租員與青年社團的工作。1884年她說服妹妹德瑞莎（Theresa Potter）與碧翠絲加入她的工作。

　　雖然碧翠絲家境還算不錯，但在童年時卻常常受到忽略與冷默的對待，這可能與她爸爸理查的個性以及她的妹妹有關。她在對爸爸的描述中提到了他有問題的經商技巧、交際，以及缺少自我控制；但在另一方面也平衡了這部分，提到了爸爸的溫暖與感性的家庭角色。然而，在小時候剛出生沒多久的弟弟夭折後，爸媽的注意力就轉移到妹妹的身上，碧翠絲並沒有受到太多關愛。在她媽媽死後，碧翠絲變成了爸爸的管家，被賦予許多家庭責任。早年碧翠絲到美國的旅行對她產生了一定的影響，旅途中她生了一場大病，她的爸爸與旅伴對她特別關心，這對她來說是十分奢侈的一件事情。此外，這次的旅行對她來講可能是從家庭的解放，也可以看到她對政治、商業及公共事務的想法，更培養了日後她對事物的觀察能力（Caine, 1983）。

　　碧翠絲並不常在她自己的著作中表露她的情感，像是她的自傳選集《我的見習日誌》（My Apprenticeship）就被夏綠蒂‧蕭（Charlotte Shaw）批評為沒有個人浪漫成分的書，讓人覺得她不像人，反而有點像科學怪人（Frankenstein monster），而這也是一般人對碧翠絲普遍的印象之一。然而這並不代表碧翠絲沒有情感，在麥肯齊夫婦（Mackenzie and Mackenzie, 2001）所編選的《碧翠絲‧韋布日記》（The Diaries of Beatrice Webb）中，她與張伯倫（Joseph Chamberlain，1836-1914）感情世界占了很大一部分，只是碧翠絲並沒有從七千多頁的手稿中將它們挑出來而已（Caine, 1983）。

　　1882年，二十四歲的碧翠絲與大她二十二歲且曾經再婚二次的張伯倫墜入情網。張伯倫曾任伯明罕市長（1873-1876），是一位相貌堂堂、服裝筆挺、打扮入時的基變派政治人物（radical politician），於1876年當選下議院議員，進入國會，並三次入閣。與張伯倫的戀情對她來說有一定的影響。碧翠絲當時對他十分著迷，而張伯倫明顯不想跟她結婚的態度也深深吸引著她，也因此碧翠絲可以不帶情感的描寫他的人與行為。此外在1888年，碧翠絲得知張伯倫再婚時，她在日記上這樣寫著「在他的結婚的前夕，我花了整個下午在西敏寺……我祈禱他們幸福快樂……」（Diary, p.285）。從此之後，碧翠絲對婚姻有一段時間是很絕望的，像是日記裡寫著「婚姻對我來講是自殺的另一種說法……；同時間，可憐的希尼‧韋布從他噁心的房間寫來令人絕望的信件。」（Diary, pp.345-346），從這一段話很難想像他們日後可以結為夫婦（Caine, 1983）。

　　與張伯倫結束戀情之後，她開始與她的姊姊一起在倫敦東區住宅公司擔任收租員的工作，並於1886年加入布斯（Charles Booth）的研究，進行《倫敦人民的生活與勞動》（The Life and Labour of the People in London）調查工作。

二、希尼・韋布（Sidney James Webb，1859-1947）

　　韋布於1859年7月13日出生於倫敦。從小便在父母的期待中，接觸了不同語言、國家的教育，增加其見識世界的廣度，也為他帶來不同角度的思考。希尼的家庭並不算富裕，父親經常性地更換工作，據說做過理容師、小販、稅收官員、會計助手等，但因為身體狀況較差，所以經濟上一直不太穩定，家計主要由母親在倫敦市中心經營的小店面來維持。但家庭的經濟狀況並未影響母親對於小孩教育的重視。最初，希尼與哥哥查理士一同被送到瑞士學校學習法文，後來又送他們到德國去留學，寄宿在德國牧師家學習德文。希尼的學習生涯並沒有從此結束，回國後繼續利用工作之餘在倫敦大學研讀法律，並於1878年進入陸軍部工作，1881年取得律師資格。

　　當時社會主義的風潮從德國蔓延到英國，且為知識分子風靡，而希尼也是社會主義的支持者之一。在1884年，希尼的好友蕭伯納（George Bernard Shaw）等人成立了「費邊社」（Fabian Society），希尼也在九個月後，受到蕭伯納的邀請，成為費邊社的一員。

　　漸漸地，希尼與蕭伯納等人成為費邊社的中心人物，1889年以費邊社名義出版的《費邊社會主義論文集》（Fabian Essay）中，希尼撰寫了一篇《社會主義的歷史基礎》（The Historical Basis of Socialism）後，從此聲名遠播，該文中所提及的思想、概念，也成為後續費邊社組織的宗旨。希尼在當時對社會民主聯盟的革命團體充滿興趣，卻不認同以革命方式進行改革；且主張歐文（Robert Owen）才是英國社會主義的創立人，而非德國的馬克思（Karl Marx）。希尼的思想與概念在費邊社期間，透過平時的討論、辯論、分享等愈臻成熟。當時的碧翠絲也因為讀了一篇其所著的論文而印象深刻，如此學術性的交流促成了兩人在後續生命經驗邂逅的開始。

三、美女與野獸的結緣

　　1890年，碧翠絲為了蒐集資料居住於蘭開夏郡（Lancashire），從事

合作運動的寫作（莊秀美，2004）。經人介紹認識希尼，並獲得他的建議，由於希尼當時將精力放在研究勞工階級的相關問題，因而這次的交流與認識，使他們開始成為親密的朋友。1891年她出版《英國的合作運動》（Cooperative Movement in Great Britain）一書。在碧翠絲結束與張伯倫的戀情後，仍處於情感恢復過程的她決定與希尼結婚，但這樣的決定卻遭眾人批評。眾人多認為碧翠絲出生於上流階級，應該適合更好的歸宿。像希尼這樣名不見經傳，家世不顯赫的一般倫敦市民，兩人的結合可說是不被祝福的。連希尼也自嘲：「也免不了成為美女與野獸的場景」（Harris, 1984；黃蕙芬、簡守邦合譯，1999）。但最後碧翠絲仍獨排眾議，在1892年與希尼結為連理。任誰都沒想到，這對夫妻檔卻成為1890至1920年代，英國最具戰鬥力的福利國家創建者之一。

在結婚的前兩年，兩人便因為共同研究而成為合作無間的夥伴，1891年，希尼甚至辭去殖民局的工作，專心投入私人研究與政治活動之中。但此舉主要有賴碧翠絲於其父親過世之後，繼承了一筆一千英鎊的遺產，因此允許希尼放棄公職差事，專心致力於研究與政治工作上。

貳、邂逅社會改革

一、碧翠絲・韋布─社會調查者

碧翠絲曾因父親從事木材貿易的關係，前往過美國與歐洲，而在前往美國期間，碧翠絲實際看到慈善組織會社（Charity Organization Society）救濟貧民的狀況，對此印象深刻。在當時的上流階層女性，多多少少都會參加C. O. S.的活動，而碧翠絲也在1883年加入了C.O.S.的組織，參與一些救濟貧民的服務。爾後，碧翠絲接下了「凱薩琳東倫敦住宅公司」（Katharine Buildings of East End Dwellings Company）的管理員，每日協助收取管理

費，教導住民一些基本的生活概念，是一棟師法奧克塔維雅‧希爾（Octavia Hill）概念規劃的住宅。在這段期間，碧翠絲也零零星星的蒐集了一些居住於公寓內的居民資料，做了一小段的調查，這也是她作為社會調查員的起始。

但這樣的服務模式漸漸地令她失望，她疑惑在這樣的博愛、慈善的過程中，真的有辦法解決貧民的處境，進而改善他們的生活嗎？她曾這樣說道：「當我在幫助眼前的幾位貧民的當下，想到還有很多無法接受到救濟的貧民時，就感到非常痛心。」碧翠絲開始對慈善救濟的方式感到質疑，也使她開始投身探究造成貧困的因素，如低水準的教育、住宅、公共衛生等。1886年，碧翠絲加入布斯（Charles Booth）的研究團隊，起初是先跟隨布斯協助調查與蒐集資料，後來也開始自己著手〈碼頭〉（The Docks）的研究。

在此便以〈碼頭〉介紹碧翠絲在進行資料蒐集的歷程。在進行資料蒐集上，碧翠絲鎖定了四個不同的碼頭作為地點，並遍尋當地的碼頭管理者，欲了解碼頭工作的契約模式，然後更深入去訪查不同階層的工作人員，了解其家庭、背景，以及在碼頭的工作狀況。而在蒐集了不同面向的資料後，碧翠絲便開始根據其所蒐集的資料，試圖找出不同的因素來解釋碼頭工人的工作現況。而〈碼頭〉也成為其第一篇公開發表的調查。但可惜的是，後世對於這項調查的檢視，由於當初擔心會落入成為新聞或政治操作的題材，因此內容並非全然的公開，因此在評論〈碼頭〉時，被認為是一個粗劣且不夠完善的作品。在其《我的見習日誌》（My Apprenticeship）便提到在後續的〈成衣業的交易〉（The Tailoring Trade）調查中，為了避免犯下先前的錯誤，而選擇增加男性與女性受訪者的數目，以增加調查的公平性，並且也針對各式紡織同業進行調查，希冀能使紡織業（The Sweating System）的原貌更加顯現，還原血汗婦女勞工的工作實況。而兩篇著作皆刊登在《十九世紀》（The Nineteenth Century），更受邀至上議院中說明勞工的生活狀況。但後來因為與布斯等研究團隊理念不合，而離開了研究團隊（O'day and Englander, 1995）。

　　碧翠絲後來在蘭開夏郡（Lancashire）居住，並且有機會透過當地的合作運動，與當地的工人階級有進一步的接觸。她也因此認識到為了解決貧窮問題，勢必得投身了解與工人們相關的組織，她認為：「工業不應該由支配的階級而應由消費者團體統領，以消費者大眾的利益為優先。」之後，碧翠絲也開始關注工人們的合作運動，和了解工會的問題與實際運作，也因此為她開啟了另一條人生的道路。

二、韋布夫婦

　　若要說韋布夫婦的思想是否就全然等同費邊社的思想？這是很難切割的。費邊社主要的思想在於透過體制內的改革，來達成其所希冀的社會主義理想社會，且認為資本主義的社會已然走到盡頭，透過英國議會民主，幫助英國在不流血的和平途徑中，達成這樣的終極目標。而這樣的概念也被落實在希尼的政治生涯之中，以下介紹韋布夫婦的政治生涯。

　　婚後的兩人幾乎都是維持在一個共事合作的模式下生活，早上兩人共同從事寫作與研究，下午希尼出席議會會議等活動，碧翠絲則負責查閱資料。在1890年代，進步主義的氛圍已經躍然而生，也因為這樣的風潮，韋布夫婦希望能藉此整合工人運動、國家社會主義等人，凝聚成一種集體主義倫理。此時他們主張地方自治的社會主義並對工會主義抱持著極大的興趣，也因此影響他們看待社會問題的觀點。

　　1892年，希尼代表費邊社當選了倫敦市議會的議員，當時正是英國地方自治組織積極改革的時期。其中他們所關注的議題主要在於改革濟貧法現行的缺陷、公共衛生、教育、行政、住宅等。而在希尼當選市議員後，便開始著手教育的改革。從他的政治團隊所做的研究發現，倫敦的教育水平遠遠低於歐洲各國的首都，例如：柏林、巴黎等，也因此促使他更積極的改善倫敦的教育。其中他負責倫敦技術學校的發展工作，為工人階級的小孩建立一條通往大學的就學階梯，加強階級流動的可能性。

　　1894年，一位出身德貝郡（Derbyshire）的律師亨利（Hutchinson Henry）捐贈費邊社一萬英鎊，韋布夫婦便提議將資金運用在為倫敦設立大學，於是著名的倫敦經濟學院（London School of Economics, LSE）便在1895年成立了。希尼指出，建立倫敦經濟學院的目的在，讓政治經濟學的教育更接近時代和社會主義，不同於過去的大學，其主要提供的是一個更高理想與實際的教育架構，是一所更高的商業教育學校。

　　此外，希尼也與其他費邊社議員聯手，強力支持同樣相信進步主義的多數黨推動擴大公共服務的政策。1894年，希尼負責草擬《皇家勞工調查委員會少數黨報告書》（Minority Report of the Royal Commission on Labour），該份報告提出，應該透過立法來保障較弱勢的族群，因為弱勢者難以透過集體的協商共同發聲，透過立法保障其最低工資與維持健康狀況實屬政府的責任，而這樣的概念即有濃厚的社會福利意涵。1896年，希尼夫婦共同提出了「國家最低生活標準」（National Minimum）的主張，他們認為政府應該給予人民一個最低的生活保障，無論是從經濟、衛生、健康等，且他們堅信國家與工會若能採取一致的行動，達成社會福利與產業福利的雙重目標便不再是夢想。

　　1896年韋布夫婦提出的「國家最低生活標準」概念，成為日後少數黨報告的一個重要理念。而這個概念的原則為「最有力量的工會所達成的最低薪資與條件的共同規則，應該藉由國家強制力與集體協商制度的結合，推行至整個社群」，而此也常被當作是福利國家的指導原則之一（Harris, 1984；洪蕙芬、簡守邦合譯，1999）。在這個原則之下主要包含了幾個大項（劉建伶，2001）：

　　1.國家設立一個最低工資，作為維持國民最低生活標準的基本前提。

　　2.最低法定工資與工時必須合理分配，不能延長工時，薪資不變。

　　3.實行免費義務教育，提供免費營養午餐。

　　4.防止失業來根除貧窮，創造就業機會及提升人民能力。

　　5.保證國民的生活符合最低衛生要求，像是乾淨的自來水等。

6.保證國民有良好的居住環境。

7.確實實行1833年以來制訂的工廠法，改善工作環境，增進工人福利。

從以上七點可以看出來，韋布夫婦對於人民生活與社會福利的想法是十分進步的，與現在很多理念相通，也還有許多地方是我們政府現在還在努力的。另外，也可以看出韋布夫婦對社會主義的支持，希望每個人民都可以得到妥善的照顧，而不只是偏向資本家。

參、重要事蹟

韋布夫婦最主要的事蹟就是1905-1909年所提出，有英國社會福利大憲章之稱的少數黨報告（the Minority Report）（Harris, 1984）。這份由碧翠絲領銜，韋布執筆的少數報告，寫道：「國家應保證（給人民）一個文明生活的最低生活標準，且針對所有國民，包含所有性別、階級。亦即，藉此我們能提供年幼的人充足的營養與訓練，給有工作能力者生活薪資，讓有疾病的人得以治療，使身心障礙者與老人有適足但安全的生計。」從碧翠絲曾經說過的一句話就可以了解她的中心思想：「我們應將貧窮的人視為一般正常的公民，而不是將他們貼上窮苦的標籤。」（劉建伶，2001），從這段話中可以看到碧翠絲其實是反對將窮人標籤化的，認為他們跟一般人一樣可以改變，這跟以往濟貧法將人分為值得與不值得救助的觀念明顯不同。1942年主導貝佛里奇報告書的貝佛里奇爵士（William Beveridge）當時正是韋布夫婦的研究團隊成員。少數報告的精神也在貝佛里奇報告中一覽無遺。

在當時的社會脈絡下，濟貧法已經慢慢瓦解，主要是因為當時的院外救濟制度產生浪費與弊端。首先，在新濟貧法實施後並沒有廢除院外救濟的制度，由於貧民習藝所的環境低劣，因此大部分符合規定的窮人接受了院外救濟；其次，院外救濟在財務上浪費，領的人不符合濟貧法的規定，這樣無條件的救助不僅僅是造成了資源的浪費，也造成了他們不想去工作的原因

（Rose, 1986）。

在這樣的情況下組成了1905-1909年的濟貧法皇家委員會（Royal Commission on the Poor Laws），皇家委員會是學者專家與實務工作者所組成的團體，形式上十分自由，基本上不受政府的限制，不用對國會負責，但也不具有強制力，所提出的結果僅供政府參考。本次的濟貧法皇家委員會共有十八人，可以依照人數分為多數派與少數派，多數派包含來自慈善組織會社（C. O. S.）的博山葵（Helen Bosanquet）、希爾（Octavia Hill）、洛可（C. S. Loch）等人，以及貧民調查專家布斯（Charles Booth）等共有十四位；少數派則是以勞工運動代表為主的四人，其中也包含了碧翠絲。多數派與少數派都是為了改善濟貧法的目標而努力，然而兩派的觀點有很大的落差（Rose, 1986; Fraser, 2009；林萬億，2010）。

在探討兩派的成果之前，我們必須先了解韋布夫婦在這個濟貧法皇家委員會中的角色是什麼，使用了哪些方法與手段來達成目的。在委員會中碧翠絲其實是扮演著擇善固執的角色，在第一次會議中碧翠絲建議地方政府委員會（Local Government Board）應該盡力提供證據來拼湊出濟貧法的施行實況，卻沒有受到支持。碧翠絲常常自我反省，她在日記中也提到她對自己的某些表現並不滿意。碧翠絲有一個很鮮明的特性，對於跟自己認知不同的人會無法接受其理念，而這樣的特質也使碧翠絲在不知不覺中與許多人交惡。但碧翠絲在辯論上其實是很有一套的，有十分良好的論述能力，在當時有一位記者這樣寫道：

> 從來沒有一個像韋布夫人那樣嫻雅與纖細精湛的交叉檢驗者……然後她（韋布夫人）以和善與表面上天真的問題一步一步的讓他（洛可）不自覺的走向她所設計的問題與她所要的答案……。

另外，韋布夫婦在這段時期採用的方法以滲透遊說為主，以午晚餐與下午茶的邀約來討論有關濟貧法的事務，許多委員與實權人士都是他們邀約的

名單（劉建伶，2001）。

　　少數派報告與多數派報告最大的不同是在其對於貧窮的態度，多數派認為貧窮是個人的因素造成的，代表個人的不努力或其他因素所造成的；然而少數派則是相反，就像前面碧翠絲所說的那句話一樣，認為貧窮不該被貼上任何的標籤；另外一個差異是少數派偏向社會主義，強調普遍性與國家強制執行的概念，也強調應該雇用專業行政與社工人員來進行服務。

　　少數派報告主要可以分成兩個部分：濟貧機關的廢除與失業問題的解決。首先探討濟貧機關的廢除，在當時許多服務機構的服務範圍是重疊的，導致服務資源的重疊與競爭，因此韋布夫婦認為濟貧法應該廢除並將貧民救濟委員的財產、責任、權力轉移到各個地方議會，並交給有其特定功能可以處理的委員會處理，為了減低民眾對貧窮的汙名化，少數派報告也將精神病患從濟貧法中隔離出來，交給精神病機構處理（劉建伶，2001）。少數派報告的看法不僅是想打破濟貧法將權力集於一身的狀況，也提供了社會福利分工的一個基本圖象，讓各個機構有其專門服務的族群，減少重覆服務的部分。在關於失業問題的部分，少數派報告認為濟貧法的做法無論是貧民習藝所或是院外救濟都不能根本的解決貧窮的問題，只是暫時壓抑了貧窮問題。少數派認為應該設立一個國家級的單位來統籌各地的機構和組織勞動市場，來降低勞工的失業率，並由國家強制執行，也提到若國家無法幫他找到工作應該要給予救濟（Rose, 1986; Fraser, 2009; 劉建伶，2001）。

　　少數報告之所以為少數，當然預告了不受當時大多數人的支持。首先兩個主要政黨：保守黨與自由黨都不支持。其次，從1834年新濟貧法實施以來即存在的濟貧保護官委員會（Boards of guardians）堅決反對，地方政府也反對。被這些既有濟貧體制反對，就很難推動改革，除非進步社會的改革者支持。然而，1906年再執政的自由黨有自己的社會政策改革進程。他們也在這波濟貧法改革中迴避表態。當時，自由黨已推動1906年的教育法案、1908年的老人年金法案。當時執政的自由黨兩員大將，後來成為黨魁的喬治（Lloyd George）與邱吉爾（Winston Churchill）均主張採取德國模

式的強制社會保險來解決失業、疾病問題，輔以勞動交換措施。喬治甚至於
1908年親自前往德國考察，印象深刻。擔任喬治救援角色的布雷斯衛特（W.
J. Braithwaite）也於1910年前往德國了解狀況。雖然，喬治自己認為社會保
險是暫時性的。他希望有一天國家能夠扛起疾病、破裂與失業的照顧責任
（Rose, 1986）。第三，剛成立不久的奶嘴工黨，仍無舉足輕重地位。自由
黨只要適度安撫他就好。

肆、生涯轉折

一、爲何進入工黨？

　　1890年代晚期至1900年代初期，根據費邊社的社會漸進改革精神，韋
布夫婦原本想將他們社會主義的思想內涵滲透到自由黨和保守黨內，稱為
心智滲透，手段包括：在沙龍賣羊肉湯、與政府官員去鄉村出遊等（Harris,
1984），用輕鬆與自然涉入對方生活的方式，將韋布夫婦的社會漸進主義的
思想滲透到兩大黨的黨員內。然而在1900年代初期，長期以來的濟貧法多數
與少數派論戰，其中韋布夫婦不斷推動的少數派報告，包含：積極的預防架
構、強制性勞動交換與普遍基礎的社會服務等理念，最後還是宣告失敗（莊
秀美，2004）。此時灰心的韋布夫婦，轉而相信唯有組織嚴密的工人階級來
執政，才能實現費邊式的社會主義理想（Harris, 1984），韋布夫婦因此投入
工黨，讓他們的思想付諸於實際的政策制度。
　　工黨的創立前身為「勞工代表委員會」，該組織本就由費邊社所推動
成立，後來費邊社將該委員會於1900年，正式改為工黨，工黨便由此創立，
韋布夫婦由於上面所述的原因，自1912年起便積極獻身於工黨事務，然後於
1914年正式加入工黨（莊秀美，2004）。

二、工黨事蹟與重要影響

　　韋布夫婦剛決定要投入工黨事務，作為實現他們理想的方式時，便決定了三大方向：第一，避免工黨走向無政府工團主義[1]；第二，替政府功能重新擬定一份詳盡的草案；第三，設計一部理想的社會主義憲法，希望能徹底修正所謂的民主制度（Harris, 1984），也因為韋布夫婦這些堅持、有遠見的理念，讓希尼·韋布在工黨形成過程中，一度成為舉足輕重的人物。

　　希尼·韋布在1915到1925年間，代表費邊社參加工黨全國執行委員會，參與許多工黨的重要決策，1918年，希尼草擬了工黨主要政綱《工黨與社會新秩序》，1922年，當選為下議院議員，1924到1929年，擔任工黨聯合政府的內閣部長[2]，1929到1930年是國家執行委員會的主席，1929到1931年，則是在第二屆工黨政府任殖民地大臣（莊秀美，2004）。

　　從上述希尼·韋布在工黨的豐富經歷看來，他在工黨的地位是很受重視的，而談到他在工黨中的主要貢獻，則是在1918年時，草擬的這份工黨主要政綱《工黨與社會新秩序》，該政綱主要內容有：

　　1.以「國有化」的社會主義為主要路線，又稱為新中間路線；

　　2.以最低工資限額、最長工作週等勞工條件，來確保所有公民文明生活最低限度水平；

　　3.實行「工業的民主監督」，提出實行工業國有化的措施；

　　4.向高收入者和資本家徵重稅，以維持公共服務事業，同時也使貧富差距達到縮小的效果；

　　5.利用財政支出來擴大全民教育事業；

　　6.也是所謂的第四條款，內容是確保勞工享受他們勞動的全部成果，要在體制基礎上對勞動成果進行最公平的分配，這條款被譽為是工黨的基石與

---

[1] Anarchosyndicalism，無政府工團主義，主張工人階級用直接、革命性的方式消滅資本主義或國家，建立以工人為基礎之社會制度，而並非透過漸進改革的手段達成該目的。

[2] 為貿易部長。

靈魂。

　　韋布夫婦在投身於工黨期間，包括使用上述擬定工黨政綱的手段，不斷主張對老年、疾病、傷殘實行社會服務；1945年工黨執政後，當時碧翠絲‧韋布已去世，希尼‧韋布也早已退休、離開政壇，但工黨實施了「普及福利」政策，先後施行以養老為核心的社會保險、家庭補助、社會保健和工業傷亡等四種社會福利方案，而普及福利政策的理念，正是來自韋布夫婦於1918年所擬定的政綱之理論基礎。由此可見，韋布夫婦的政策理念，對工黨後來的社會政策產生直接而深刻的影響。更深遠而言，韋布夫婦的一些主張，間接使得英國在工黨執政期間，體現了「福利國家」的理念。

三、退出主因

　　雖然韋布夫婦在剛投入工黨時，有著不可輕忽的地位，希尼亦訂立了黨綱與擔任許多重要職位，可說是已進入工黨的權力核心，然而韋布夫婦深感工黨並沒有將他們的漸進社會主義理想付諸實現，從上文所述中，原先訂立的第三個目標並未實現，便可略知一二，正因為他們提出的那套重建社會的遠見，漸漸不受重視之故，讓他們覺得工黨和先前的自由黨、保守黨並沒有什麼兩樣（Harris, 1984），灰心之餘，便漸漸淡出工黨的權力核心。1928韋布從政府退休，受封為帕斯菲男爵（Baron Passfild），長年居住在漢普郡（Hampshire）的力普傅克（Liphook），直到過世。其間於1932年轉而投入研究蘇聯的共產制度，在走訪蘇聯的過程中，他們拋棄了以往對蘇聯的成見，認為蘇聯幾乎體現了費邊社的主張。

伍、走訪蘇聯

一、1930年代的時空背景

「去莫斯科看看吧，回家後，你的經歷將會寫成一本厚厚的書」（To Moscow, To Moscow, To have a quick look. Home again, Home again, Write a fat book）（Flewers, 2005）。這是形容1930年代，人們紛紛前往蘇聯探訪的一首詩，正如詩裡所述，當時世界各地的人們前往首都莫斯科尋訪，然而只是快速的看一看蘇聯的各種社經表象，便返回家中，然後寫一本厚厚的書作為參訪心得，而韋布夫婦走訪蘇聯的情況，是否也跟該首詩所陳述的情形相同呢？答案是肯定的。

前面提到該首略帶嘲諷的詩，是有其時空背景的，當時是1930年代，又稱為紅色年代（red decade），1929年正值一次大戰後的經濟大恐慌，西方國家包含歐美在內，幾乎全數無法抵擋這樣的經濟危機，股市狂跌、通貨緊縮、失業人口暴增，西方國家人民無不人心惶惶，反倒當時採取計畫經濟的蘇聯，不受這股風波影響，社會、經濟與民生等狀況一切穩定，這樣反常的現象，成為了世界關注的焦點，隨之而來的是世界各地人們對蘇聯的好奇心，便紛紛前往蘇聯探訪，想了解蘇聯能維持經濟的奧祕究竟為何，當然韋布夫婦也是其中一員。

二、對蘇聯的態度產生轉變

韋布夫婦屬於費邊社的一員，理所當然他們所堅持的信念是「在體制內溫和改革」的漸進式社會主義，對於蘇聯採取的激進、革命式的馬克思主義，當然難以接受，碧翠絲‧韋布曾於1920年如此形容蘇聯：

是最嚴苛的國家社會主義、被狂熱者經營的被奴役的國家、不尊重中產階級的個人自由、重蹈俄國專制的覆轍、政權是建立於暴力之上、被激

進的少數分子所統治，無法使統治權大眾化。

由此可見，韋布夫婦對蘇聯是抱持著嚴厲的批判態度（Flewers, 2005）。

然而，韋布夫婦對蘇聯的態度在幾年後卻有了極大的轉變，1920年代期間，執政的工黨並未採取韋伯夫婦社會重建的建議，例如：當初的少數派報告的理念、失業解決對策等，使韋伯夫婦心灰意冷，直到1929年，全球發生經濟大恐慌，英國也受到強烈的經濟傷害，此時更顯出工黨處理社會、經濟問題的無能（Flewers, 2005）。而這時的蘇聯，就如前所述，藉由一連串的經濟改革，包括五年經濟計畫在內，不但抵擋了世界經濟危機的潮流，還經歷著卓越的變化。於是，對國內的心灰意冷成為推力，蘇聯經濟上的成功變為拉力，韋布夫婦拋棄了以往對蘇聯的成見，決定前往蘇聯探究一番。

三、所見所聞與著作

韋布夫婦於1932年走訪蘇聯，1935年回到英國，在這二三年之中，韋布夫婦觀察到：蘇聯擁有大型的產業計劃部門，採取農業集體化，科學研究與應用也有非常大的進展，另外他們也設法實現國內弱勢族群與女性的平權，並為他們創立專職的機構（Flewers, 2005）；還有健康和教育服務也正在快速的改進。看到蘇聯不同於以往印象的發展現況後，韋布夫婦驚訝於他們嘗試推動的服務、政策，正存在於蘇聯的體制裡，更稱蘇聯體制為「正在運作的費邊式社會主義」，雖然蘇聯很多計劃的實行進度落後，他們仍然稱讚蘇聯重鑄了整體國家的社經生活，創造一個嶄新、有秩序的文明。當然，韋布夫婦仍然希望實現社會主義的社經體制，是透過漸進改革方式，而非革命運動形式。雖然蘇聯的理念與手段與他們不太相同，但蘇聯的確實現了部分韋布夫婦與費邊社無法實現的願景（莊秀美，2004）。

在1935年，韋布夫婦從蘇聯探訪回來後，便出版了《蘇維埃共產主義：

一個新文明？》（Soviet Communism: A New Civilisation?）一書，該本書頁
數豐富，內容著重於：蘇聯的經濟實驗、政府機構的制度，政府機構的範
圍，是從小鎮代表委員會到國家級最高行政機關、合作社與工會的計畫體制
等。韋布夫婦甚至預測，「共同消費與計畫生產的體制」會傳播至全世界。
1942年又出版《眞實的蘇聯》（The Truth About Soviet Russia）。

四、走訪蘇聯的內幕

　　韋布夫婦在走訪蘇聯後，對蘇聯是讚譽有加，然而他們所看到的一切，
就是蘇聯的眞實情況嗎？恐怕未必如此，韋布夫婦畢竟是不熟悉俄語的，在
了解蘇聯的過程中，絕大部分都是依賴官方提供的英文宣傳資料，而官方所
提供的宣傳物品想必是只褒不貶，甚至是隱瞞眞實情況，也因此韋布夫婦對
於第一手的蘇聯眞實生活知識，其實是受限制的；另外，在《蘇維埃共產主
義：一個新文明？》一書中所提到的社經體制，大部分都是依照蘇聯政府希
望宣傳的去寫作，例如：形容蘇聯政府是有效率，且爲廣大人民所服務的政
府。在韋布夫婦走訪的過程中，幾乎都是接收官方給他們的資料，理所當然
就只能看到蘇聯社經情況的表象，並未注意到其他觀察家所提到的社經體制
混亂的部分，或者是人民實際生活與表象不符的部分（Flewers, 2005）。

　　因此，這兩本書後來被史學者嚴厲的批評其未採取批判的觀點來評價史
達林政權之所作所爲。反史達林的托洛斯基派史學者（Trotskyist historian）
理查森（Richardson, 1937）認爲這兩本書根本就是中了史達林的政治宣傳
伎倆，無視於蘇聯採取的粗暴集體農場制度所造成的傷害。孰是孰非，就
留給歷史去評價。1943年碧翠絲過世。葬在帕斯菲角的家庭花園。1947年
希尼死後亦葬於此。後經蕭伯納（George Bernard Shaw）提議，將其夫妻骨
灰合葬於西敏寺（Westminster Abbey），獲得同意，葬在艾德禮（Clement
Attlee）、貝文（Ernest Bevin）旁，表彰其功勳。

陸、社會影響

　　韋布夫婦在他們的一生中，始終爲自己的理想所努力，留下了許多重要的貢獻。

　　在濟貧法論戰中，韋布夫婦與部分費邊社分子推動著名的《少數派報告》，強調對貧窮積極預防的重要、職業介紹所的建立、改進基本服務的提供等。之後韋布夫婦撰寫《英國地方政府》（English Local Government Vol. I-X）、《英國濟貧法政策》（English Poor-Law Policy），也強調預防的架構與必須立法保障最低生活底線的理念，這些照顧全體人民福祉的理念，後來還被稱爲是福利國家的「大憲章」，像是工黨在1945年重新在英國執政後，便採取普及福利的政策，該政策的理論基礎正是來自希尼於1918年撰寫的工黨黨綱。由此可見，韋布夫婦對後世福利政策的影響不容小覷（莊秀美，2004）。

柒、對社會工作者的啓示

　　韋布夫婦一生所採取的實現自我理念的方式，不斷地發生轉變，從寄託於進步論、進行心智滲透、濟貧法論戰中不斷的遊說，一直到參與工黨，走訪蘇聯，雖然看似紊亂多元，但他們的理念始終都未改變——以漸進溫和的方式來改革這個社會，在每個人都能擁有生活最低水平與照顧的情況下，追求最大社會效率與功能的發揮，在如此理想化的前提下，韋布夫婦就如前述所提到，不斷採取不同且多元的方法，用盡全心全力來達成他們的目標，也許在他們生命結束之前，他們都沒有看到自己想要的社會狀況開花結果，但至少他們的部分理念爲往後的國家社會造成了深遠的影響，像是最低生活水平、福利國家等理念都是有力的證明。

　　雖然碧翠絲追隨她的姊姊曾經擔任過短暫的社會工作者。然而，她終究

是一位有別於慈善組織會的社訓練的社會工作者，致力於社會政策改革。他們許多理念與精神都是現代社會工作者可以參考或效法的。理念部分，韋布夫婦致力於照顧弱勢、追求社會公平，是社會工作者在服務輸送或是倡導的過程中，可以去努力與發揚光大；精神部分，韋布夫婦在提倡自己理念的過程，不斷找尋方法、鍥而不捨地努力、不因自己是少數而畏懼的精神，非常值得社會工作者效法。社會工作者在為案主服務時，通常案主都是居於少數的地位，而要為居於少數的案主尋求資源，遇到的困難一定會比較多，若能像韋布夫婦一樣，不怕多數或普遍情形的欺壓，用盡各種方式與努力去達成案主的目標，如此才能被稱為是優秀的社會工作者。

　　社會福利政策是社會工作內涵很重要的一部分，不僅我們服務案主時，需以福利政策為本，來提供案主需要的社會資源，另外，社會福利有不合理或是不完備時，也需要社會工作者站出來為社會福利發聲。二十世紀初期的韋布夫婦依循著自己的理念，勇敢而努力地做出社會福利政策的倡導，也因為有他們提出上述的福利理念，喚醒了英國甚至是全世界的福利意識，讓後續的福利國家與福利政策有參考的理論基礎，也能更順利地在未來開展出來。

第七章　珍・亞當斯
勇往直前的諾貝爾和平獎得主

壹、童年生活

一、父母生平與童年

　　珍・亞當斯（Jane Addams，1860-1935），於1860年9月6日出生於美國伊利諾州的杉林鎮（Cedarville, Illinois），她的父親是約翰・亞當斯（John Addams），母親是莎拉・韋伯（Sarah Weber）。約翰小時候曾在莎拉親戚家開的磨粉廠當學徒，二十二歲時，約翰還在自己父親的磨粉廠工作，就決定跟莎拉結婚。結婚時兩人都有一定的經濟能力，約翰與莎拉結婚不久後，便搬到了杉林鎮這個依偎山邊的寧靜小鎮，他們在杉林鎮建了一個麵粉廠與穀倉，經營著從小學習的事業，也因此有很穩定的經濟基礎，除了麵粉廠與穀倉外，他們還蓋了一家生活在一起的房子。

　　約翰是伊利諾州共和黨的創始黨員之一。1855到1870年，擔任伊利諾州參議院議員，他是一個有遠見、敢於冒險並有開創性的議員，他在議員任內協助建造了北伊利諾州的鐵路，該鐵路後來與芝加哥聯合在一起，父親的建設在數十年後無形中幫助了珍・亞當斯的胡爾館（Hull House）。1854年約翰支持林肯（Abraham Lincoln）競選美國參議員，1860年競選美國總統。當約翰擔任州參議員，在春田市（Springfield）的州議會期間，林肯成為他的好朋友與立法的顧問。林肯非常相信約翰，他寫信給約翰，「投票時要本著良心，對我來說，考慮事情最重要的是良心怎麼說。」在約翰的家至少有兩張林肯的照片，一張在約翰的書房，一張在老式的樓上會客室，兩家交情甚篤。小小年紀的珍稱林肯是「世界上最偉大的人（The greatest man in the world）」（Polikoff, 1999:7）。珍從小就被教導不要稱呼黑人為黑鬼（Negro）。

　　在那個公共衛生不發達的時代，兒童早夭是尋常的事。珍的三位兄姐死於嬰幼，一位死於十六歲。珍的父母結婚過了約十四年後，母親在生產第九個孩子時難產死亡，當時珍只有二歲半，是存活的四個中年紀最小的。十七

歲的長女瑪麗（Mary Addams）扛起了照顧家庭的責任，年幼的珍便依賴著姐姐的照顧而長大，但珍最尊敬喜愛的人還是她的父親，珍一直很渴望成為像她父親一樣的人，於是她時常花好幾小時待在麵粉廠裡，學習按壓小麥而擁有「磨坊工人的拇指」（miller's thumb[1]），甚至還模仿學徒時期的約翰，每天凌晨三點起床，讀了很多父親在年輕時曾念過的書，希望能體會父親年輕時的辛苦。

珍在很小的年紀時，因為肺結核病菌入侵脊椎病變而成為脊椎側彎，導致她走路時雙腳內八，還會朝向固定一個方向前進，當時她自卑不已，覺得自己的外形很糟糕，在外面不敢跟爸爸走在一起，怕自己讓爸爸丟臉，直到有一次珍陪父親到自由港銀行（Freeport Bank）辦事，這是約翰擔任總裁的地方銀行，約翰因處理事情在銀行待了很久，走出來發現珍在銀行外面忠實地等著他，便對她鞠了個躬，珍這時才理解父親完全不覺得她丟臉。事實上，珍從小就是一位擁有藍灰色眼睛、淡棕色頭髮，充滿夢想的漂亮小女孩。

由於父親職業的關係，許多政壇或地方上有頭有臉的人物都時常到亞當斯家走動，所以珍一直生活在大人的世界中，又受到嚴謹含蓄的父親影響，個性也趨於成熟、嚴肅及自省，並且在很早就接受了道德價值的洗禮，例如：有一次，珍穿著新買的美麗紅色斗篷到學校，回家後，約翰卻告訴她，希望她換回舊外套，因為舊外套可以帶給她一樣的溫暖，又不會讓班上其他同學感到自卑或傷心；又有一次珍陪著父親出門，第一次看見了城市裡的貧民窟，她為他們的處境感到十分悲傷，並說出長大後要在這些貧民窟中蓋大房子的想法（Polikoff, 1999）。

---

[1] miller's thumb：意指磨麵粉時需用大姆指按壓小麥，因而有miller's thumb。

二、父親續絃與青少年

在珍八歲那年，約翰續絃安娜（Anna Haldeman）。安娜是自由港（Freeport）成功商人的寡婦，與珍的生母莎拉不同，是個有貴族氣、自信且有架子的寡婦，個性堅持、有強烈的主見，約翰與安娜的結合，帶給亞當斯家族非常大的變化。

長女瑪麗一直對安娜強勢的作風心懷怨恨，然而珍卻感激她的繼母，因為她帶來了跟珍同歲的兒子喬治（George），喬治與珍成為了非常好的朋友，喬治帶領珍探索這個世界，兩個人互相扶持與成長，而當時安娜對珍是採取很嚴格的管教方式，幸好有喬治的陪伴與幫助，珍比較能適應安娜的管教方式，也讓安娜漸漸把珍視為己出。安娜的另一個兒子哈利（Harry）畢業於歐洲的醫學院，也在自由港開業行醫。

安娜雖然作風強勢，但對亞當斯家有一定的貢獻。首先，在約翰受到政治中傷想退出州議會時，安娜投注全部的心力[2]讓丈夫改變心意；另外，她把杉林鎮的家打造成充滿文化氣息的房子，甚至還常在家中主持正式的晚宴，邀請名流人物到家裡做客。約翰對這樣為家裡帶來巨大改變的妻子，其實大部分是感到驕傲的，並且平靜接受這些改變。

珍雖然讀了很多書，但在她小學階段只是個成績中等的學生，且英文單字時常拼錯（poor speller）。等到她十六歲時，珍變成了苗條、有著美麗眼睛的少女，並且堅忍地學著接受長期的背痛。

雖然珍和父親一直有很親密的關係，但父女倆卻在珍要選擇學院時，陷入意見不合中：珍一直夢想能擁有大學學位，這對1877年的女性而言並不是個常見的成就。當時美國有三家出名的女子學院，華沙（Vassar）成立於1861年、史密斯（Smith College, Massachusetts）成立於1872、衛理（Wellesley）成立於1875年。珍一直很想去麻薩諸塞州的史密斯學院攻讀

---

[2] 包括：每晚與丈夫討論、尋求許多資源等等。

學位，但是約翰堅持讓珍念離家近的樂福女子神學院（Rockford Female Seminary），與珍的姊姊念一樣的學校。雖然約翰鼓勵珍閱讀偉大思想家的書籍，例如：每當珍讀完一篇希臘歷史學家普魯塔克（Plutarch）的英雄傳記時，就給她五分錢當作獎勵。但是，珍的父母都認為女人最重要的工作還是管理好家務與撫養孩子，並不是取得學位與有個專門職業。但是，取得學位一直是珍懷抱已久的夢想，卻被父親硬生生地打壞了她的計劃，然珍對父親的尊敬與熱愛，使得她對此沒有怨言，接受了父親的安排。

三、樂福女子神學院生活

　　雖然之前珍非常希望能進入史密斯學院，但是這並未影響到珍將熱情注入在樂福的生活中，在樂福學院裡，她是一個友善、熱情的團體成員，卻不太容易與人有太親密的一對一關係。

　　樂福學院的生活是相當嚴格的，早上六點半就得起床，緊接著是整天的課程，每個學生都要修習十五門課程，包含各種語言（拉丁語、希臘語、德語）與文學（莎士比亞、羅馬詩、美國文學、聖經文學、古典文學）、音樂、植物學、天文學、化學、地質學、哲學等。珍退掉了音樂課，因為音樂細胞太少。珍在班上的成績相當好，平均是A。但她一直把拿取學位的心願放在心中，所以又修習了很多進階的課程。

　　在樂福神學院中，珍最好的朋友是史達爾（Ellen Gates Starr），史達爾經常跟珍討論神學與希臘藝術，也因為如此激發了她們兩人的互相欣賞。但是，沒多久史達爾便因為經濟上的困難，離開了樂福去芝加哥教書。雖然珍與史達爾建立了深厚的感情，難免會對離別有些感傷，但是珍對理想的專注，完全蓋過感性的部分，她為史達爾能去芝加哥教書感到高興，也相信史達爾經過在芝加哥的磨練，一定會有很好的前景。

　　樂福女子神學院的創辦人席爾（Anna Sill），以道德與宗教教育著女學生們，並且希望學生們都能為神付出自己，作為一個傳道人（missionary）

生活著。然而作爲貴格教派（The Quaker）女兒的珍卻不想被神束縛住自己的夢想。珍並不喜歡席爾的論調：「要發展樂福學院的學生擁有道德與宗教的特質，以利正確的行爲準則。……，將受過教育的基督教女人送往各個有用的領域。」珍說：「席爾小姐做每一件事都以基督的愛爲名，我不喜歡這樣。」（Polikoff, 1999：22-23）。此時，她的英文老師同時也是朋友的安德森（Sarah Anderson）告訴珍，她也認爲我們不必生活在一個宗教的世界，她覺得每個人都有屬於自己的使命，去完成使命才是最重要的事。珍的父親也不希望女兒當傳教士，他把神學院看作是珍可以接受基本教育與知識的地方，最終還是希望她嫁個適合的男人並養育家庭，但珍卻把眼光放在杉林鎮與樂福之外有點嚇人卻令人心動的世界。

珍一直參加校刊編輯，三年後她當上主編，將原本只專注於基督教義的議題，擴大到其餘廣泛科目的論文。在神學院時期，珍就理解到這世界是爲男人所支配，而女性必須以知識充實自己來對抗男人，因此她在神學院時期多學了很多自然學科，包含標本製術、礦物學等艱澀的科目。在她念樂福的最後一年，珍逐漸領略到，女性的想像力、智力是被抑制的，女性追求更高等的教育也是被反對的，所以她主張女性要發展以往被男人占領的領域中之智力與知識，並且發揮女性的潛在影響力。

當珍還是樂福新生時，她曾經在日記上寫：「去做你所害怕的事。」然而，三年過後，珍重新修改了她的理論：「去做你所害怕的事，會使你的人生被害怕所引導。倒不如說，不要害怕去做你所相信的事，保持著信念，你將不會迷失自己。」（Polikoff, 1999：31）

珍對女性議題的關注，還有她充滿理想的心，導致她拒絕了薩利斯伯里（Rollin Salisbury）的求婚。薩利斯伯里是喬治介紹的鄰近貝洛伊特學院（Beloit College）的學生。此外喬治自己也發現十九歲的珍長得亭亭玉立，又充滿智慧，深深地被吸引。可是，在珍的心中，喬治是她的兄弟，她是喬治的可愛的姊妹。要從手足之情發展成羅曼史，是多麼令人困擾與尷尬的。何況，她正追求離開家庭、有個職涯發展，因此婚姻對這時的她來說是不可

能的。

　　珍發表她的畢業感言時說了卡珊卓拉（Cassandra）的希臘神話故事，並引出女性悲慘的共同遭遇「是對的，但總是不被信任或被拒絕」[3]，她說女性的特別使命，就是證明她們天生的直覺與觀念是通往真理的道路，但是女性也必須使用她們其餘的才能，讓女性為自己意識到的理想來奮力工作。

　　1882年，樂福女子神學院轉為可以取得學位的教育機構，而珍受邀前往畢業典禮並獲得第一批的藝術學位學士。

四、人生重大轉折

　　珍和她的姐妹們從樂福畢業回到家中後，難免會遭受到文化衝擊。她們從樂福畢業後都希望能創造更好的成就，然而家人卻會把這些夢想視為不正當的，甚至不被看在眼裡，父母只希望女兒們能在家裡與育嬰房中做個好母親，他們認為那才是女兒們正確的位置。

　　珍一離開樂福後，便下決心要去史密斯學院（Smith College）就讀，完成早年未實現的夢想，她希望成為一位醫師，如此一來她便可以為貧窮的人服務，然而她遭到繼母安娜的強烈反對，安娜不同意女性去尋求職業人生，也因此破壞了珍與繼母的關係。受到繼母的反對，珍只好尋求父親的支持，然而父親再開明仍無法接受珍要念醫學院的計劃，最後珍進入費城女子醫學院（Women's Medical College of Philadelphia）就讀。

　　然而1881年的7月2日，一件大事發生了，裘利斯・高提（Julius Guiteau），是珍在杉林鎮的一位摯友佛羅拉・高提（Flora Guiteau）的繼兄，因為精神疾病，在華盛頓車站射殺了總統加菲德（James Garfield）。幾

---

[3]　Cassandra是特洛伊國王普力安（Priam）與皇后西卡芭（Hecuba）的女兒，因為美麗而得到太陽神賜給她預言的能力，但是，她因拒絕太陽神的誘惑成為女伴，而被詛咒，她的預言沒人會相信。在特洛伊戰爭發生前夕，Cassandra預言特洛伊將被打敗仗，但沒有任何人願意聽信她的預言，後來事實證明她的預言是對的。

星期後，加菲德總統過世。老高提是約翰自由港銀行的會計，而他們的子女
包括裘利斯都常到亞當斯家做客。

　　當時約翰本來計劃要去威斯康辛（Wisconsin）進行商務旅行，考察銅礦
的投資案。恰巧遇到這樣不幸的事件，讓約翰很困擾，同時也想讓珍換個環
境來提起她的精神，於是邀請全家人一起陪他去旅遊。然而在旅途中，到了
優湖（Lake Superior）礦區，約翰突然得了胃病，送往綠灣（Green Bay）醫
院，三天後就去世了，享年五十九歲，當時是1881年8月。每個孩子分得約
五萬美金的遺產。

　　父親的過世對珍是很大的衝擊，在喪禮過後的十天，她寫信給好友史
達爾，描述自己毫無目標與雄心壯志的狀況，並形容這是有史以來最大的悲
傷，希望時間能慢慢帶走悲傷，讓她恢復先前的狀態。一個月後，悲傷的珍
決定離開家裡。她打包行囊，前往費城女子醫學院就讀。繼母安娜的長子是
醫生，她自己的兩個兄弟也是醫生，眾人不再堅持，就任憑她去吧。

　　珍發現自己其實無法在醫學學習中找到樂趣，她發現分析神經系統，
不像分析莎士比亞那般有趣。也認為自己似乎不像喬治一樣在自然科學方面
有那麼好的天分，加上第一學期過後她的背疾嚴重復發，於是珍決定離開學
校，進入米奇（S. Weir Mitchell Hospital）整型外科與神經醫院療養。米奇
醫師建議她四處旅遊，進行有意義的活動。

　　經過短暫出院回到杉林鎮家中後，珍並未完全痊癒，之後又去開了脊髓
外科手術，由她的繼兄，也是姊夫哈得門（Dr. Haldeman）醫師進行手術，
手術幸運成功。之後便住在姐姐艾麗絲（Alice）與哈利（Harry[4]）的家中休
養，繼母與喬治時常去探望她，繼母有意無意的湊合喬治跟珍，然而更晴天
霹靂的是珍得知她無法生育，在身心處於煎熬的狀態下，珍不斷摸索自己活
著的意義與應盡的角色。

---

[4]　哈利是繼母安娜帶來的兒子，後來不顧家人的反對，與珍的姐姐艾麗絲結婚。

在生病難過的日子，珍經常寫信給摯友史達爾，珍曾寫到：「親愛的好友，我非常高興收到妳寄來的照片。已經好久沒有這樣高興過了。我把妳的照片掛在我房子裡，讓我在任何時間、任何位置都可以看到妳，這樣的感覺讓我感受到最大的不同。」珍與史達爾的書信往返，在十八、十九世紀是不尋常的。在維多利亞時期，同性之間的愛是很不被了解的。那種維多利亞時期認為的美麗友誼，用現代人的語言會被假定為同性戀（Polikoff, 1999: 39）。

在這樣的情況下，珍決定聽從舅舅的建議，換個環境與心情，跟繼母等六名親友去歐洲旅遊，據舅舅與喬治去探望珍的說法，珍在歐洲時看起來很好、很快樂，較沒有憂慮與煩惱了。

貳、邁社會工作與社會改革

1883年8月22日起，在二十二個月的旅程中，她們到過愛爾蘭、蘇格蘭、英格蘭、法國、荷蘭、德國、奧地利、義大利、瑞士、希臘，然後回到倫敦與巴黎。在歐洲遊玩的歷程中，珍把見聞寫在她的手札上，同時也寫了許許多多的信件給她的家人和朋友們，這些信件翔實的紀錄了她在歐洲遊的感想，以及她剛萌芽的社會工作之情。

由珍寫給大姐瑪麗的信中可以看出，珍對她在東倫敦看到的景象印象深刻，她寫道：

……我們看到兩臺拍賣車。他們（遊民）向拍賣者揮舞著他們手中少許的錢，他們對這些物資感到開心，拍賣者最後把自己手上的便宜蔬菜，以不屑的、輕蔑的態度，丟給得標的人。有一個人瞬間脫離了這個群體。他競得了一顆包心菜，而當這顆包心菜落到他手上的瞬間，他立即坐下，用牙齒撕咬著，並匆匆吞噬著這顆未洗也未煮的包心菜。

　　珍使用許多負面的辭彙來描述貧民搶買食物的景象，並且還在信末表示「不想再看到同樣情況」的心情，至此，不管歐洲有多麼吸引人，珍都無法掃除看到這件事在她心中的陰霾。

　　1887年12月14日，珍與安德森（Sarah Anderson）開啟第二次的歐洲旅行，史達爾在德國與她們會合。當她們到達慕尼黑時，發現這次的印象與前一次差異極大。和這些好夥伴一起出國的原因，是因為珍決定這次出國，一定要做一些有用的事情，而此次旅遊，也的確是珍中生命中一個十足的轉捩點。

　　在這趟旅遊的途中，當她們在羅馬時，珍接到姐姐艾麗絲的信，說大姊瑪麗的小女兒因百日咳去世了，這讓珍非常的傷心；另一則消息則是喬治因為向珍求婚不成而痛苦、焦慮與憂鬱，離開約翰霍普金斯大學，回到老家，根據後來愛麗絲與哈利的唯一兒子說，喬治曾經一個人離家，迷失一個多禮拜。這兩件事的壓力讓珍原本的脊椎病變，不得不臥病在床，錯失到拿波里（Naples）、龐貝（Pompeii）的行程。等到珍休養到能夠旅行之後，珍加入了此時正在西班牙馬德里的史達爾和安德森。她們在那裡看了所有觀光客都會觀賞的鬥牛，珍對這場表演的印象深刻，寫給嫂嫂蘿拉（Laura）的書信中也提及：

　　……在第二個步驟中，男人用其鮮豔的紅色斗篷迷惑公牛，這是一個相當危險的行為，卻非常優美和華麗。鬥牛士的助手揮舞著華麗裝飾的小短劍，不時襲擊公牛的行為，顯然遠比鬥牛士本人在旁邊先站著看還危險許多，一直要等到那公牛累了，鬥牛士才會進場——想要漂亮的殺一隻公牛，顯然這麼做會比較容易……。廣大的觀眾，有些放聲高興得嘶喊，遇到表現不佳的鬥牛士，甚至會向他扔帽子和橘子，然後一哄而散……。我寧願我們家的孩子們，沒有一個人知道鬥牛這個東西。

　　史達爾和安德森看完一頭牛被殺掉的過程後，因受不了血腥的場面而離

席，唯獨珍留下，繼續多看了五頭牛被殺的過程。對於這段經歷，珍說：

> ……自然地，還有不可避免的反應出現了，在深深的懊惱之中，我覺得
> 自己遭受到了審判和譴責，這個感覺不僅僅是因為這個噁心的經驗，還
> 因為這個事件揭露了整個大環境的道德狀況。

這個經驗就像火柴和所有易燃物全部放在一起般。回到倫敦，她拜訪了
蘇格蘭格拉斯哥的人民宮（People's Palace），這是比尚（Walter Besant）
所寫的《全民》（*All Sorts and Conditions of Men*）書中所描述的，格拉斯
哥政府從1750年代幫市內的工人階級建築了一個教育與休閒的場所。然而，
更值得一提的是她們拜訪了湯恩比館（Toynbee Hall）。那時，該館剛成立
五年。有十五個牛津的學生在那裡服務。珍在《胡爾館二十年》（*Twenty
Years at Hull House*）中寫道，社區睦鄰中心（Settlement House）的想法就
在她心中點燃。珍邀請史達爾一同努力，她們兩個好朋友從此在心中有了
這樣的一個藍圖。經過了五個月的尋找，終於讓她們找到位於芝加哥哈斯
提街（Hasted Street）的查爾斯・胡爾（Charles Hull）舊宅。這是一棟建於
1856年的房子。因為是磚造建築，逐躲過了1871年的芝加哥大火。胡爾死
後，該房子繼承人是表妹卡佛（Helen Culver）和企業。卡佛被亞當斯和史
達爾的計畫所吸引，決定慷慨地免費租給兩位四年，約二千八百八十美元
的房租，進行這個偉大的計畫。她們感恩地將這個計畫命名為胡爾館（Hull
House）。1889年9月18日，亞當斯與史達爾進駐她們的新家。她們贊同巴涅
特的想法，開始另一個美國的社會睦鄰（social settlements）實驗。從此，即
將步入三十歲的亞當斯女士開始社會工作事業的第一步。同年，另一位偉大
的社會工作前輩芮奇孟女士也進入了巴爾的摩慈善組織會社擔任財務助理，
相互輝映的社會工作事蹟於焉開展。

胡爾館開館之後，知名度日漸打開，來訪的各界人士不乏當代文人雅
士。例如：芝加哥大學的教育哲學家杜威（John Dewey）、曾獲兩次普立茲

文學獎的美國詩人桑德堡（Carl Sandburg）、被稱爲現代吟唱詩歌之父的草原抒情詩人林賽（Vachel Lindsay）、推動有機建築哲學且被視爲二十世紀上半葉最具影響力的建築師萊特（Frank L. Wright）、哈佛大學第一位非裔博士、社會學家、史學家與民權運動者杜波依斯（W.E.B. DuBois），還有遠從國外來的俄國王子革命家和地理學家、無政府主義者克魯泡特金（Prince Kropotkin）、諾貝爾文學獎得主愛爾蘭詩人葉慈（William B. Yeats）、翻譯俄國小說家托爾斯泰（Tolstoy）作品《戰爭與和平》的英國翻譯家毛迪（Alymer Maude）、諾貝爾文學獎得主高爾斯華綏（John Galsworthy）、英國外交部長希舍（Lor Robert Cecil），以及英國社會改革者韋布夫婦（Beatrice and Sidney Webb）（詳見第六章）。爲了讓人有賓至如歸的感覺，珍接受了碧翠絲遞給她的香菸，就這樣抽起來，這是她一生中第一次，也是最後一次抽菸。

初期在胡爾館幫忙的女性，除了珍與史達爾之外，尚有後來擔任美國兒童局局長的拉斯洛普（Julia Lathrop），以及提倡八小時工作、最低工資、反血汗工廠、倡議兒童權的凱莉（Florence Kelly）、第一位被哈佛聘任的女性教授、職業衛生與毒物學專家、西北大學的醫學教授漢彌爾頓（Alice Hamilton）、包文（Louise Bowen）、芝加哥富家女史密斯（Mary Rozet Smith）等人。

雖然，胡爾館不是美國第一個睦鄰中心，但卻是影響力最深遠的一個。1885年，年輕的美國人柯伊特（Stanton Coit）曾在湯恩比館服務三個月之後，返美在紐約下城東區建立了第一個鄰里協會（Neighborhood Guild）。胡爾館成立之後，七位大學女性進入紐約，成立學院睦鄰中心（College Settlement）。到了1891年，美國已有六個大學睦鄰中心了。

參、重要事蹟

一、對兒童與少年的貢獻

（一）成立公園以促進孩童的身心發展

　　十九世紀末，當時的芝加哥城市環境，不管在硬體設施或文化方面，對兒童與少年的身心發展均是有害的。在當時的芝加哥，城市裡缺乏安全的場所讓孩童可以玩耍，孩童的遊樂場所就是馬路邊，這些孩童都是冒著生命危險在玩耍，因為他們必須時時刻刻地小心馬路上小販的推車、四輪馬車，甚至有時候必須躲開正在狂奔且不受控制的馬匹，而真的也有孩童因為沒有安全的遊戲場所而喪命了。當時的胡爾館（Hull House）旁邊有一棟老舊的公寓，公寓屬於肯特（William Kent）所擁有，但他被凱莉（Florence Kelly）公開批評為壓榨人的地主，便試圖與珍達成協議，將公寓讓給胡爾館使用，但需要幫他把公寓翻新，可是珍認為孩童需要安全的玩耍場所，試圖說服肯特將公寓拆掉，並改建成為公園，肯特最後不情願的答應。於是，在1893年5月，芝加哥第一座公共遊戲公園成立了，公園不只提供孩童安全的玩耍環境，也提供周圍所有的居民一個休閒娛樂的場所，公園裡也指派一位身兼教練的警察，負責指導孩童與監控安全。

　　身為國家遊戲公園協會（National Playground Association）的創辦人，珍積極地倡導與推廣公園，希望可以讓全國都成立公園，以促進孩童的身心發展。

　　遊戲公園的成立對珍來說是很有意義的，因為珍認為，人在孩童時期的發展會對長大成人後產生影響，珍的想法被福祿貝爾（Friedrich Forebel[5]）證實，認為在孩童時期，如果沒有得到足夠的刺激，或沒有地方發揮想像

---

[5]　Friedrich Forebel：德國幼稚園運動（German kindergarten movement）創始人。

力，則其成人後，有較大的機會成為一位呆滯的，甚至是成為一位犯罪者。所以珍非常重視孩童的發展。

在遊戲公園剛成立初期，珍向政府提議，認為公園應該由政府來管理，但政府並沒有立即答應，然而卻也讓教育局（Board of Education）對孩童的娛樂及其影響開始注意，之後隨著國民對孩童娛樂一事的支持提高，政府在一、二年內，接管了胡爾館旁的公園，並設立委員會，以管理與提升公園品質。

（二）改善不良文化以幫助青少年心理發展

十九世紀末的芝加哥，當時盛行著一種叫做「廉價劇院」（Penny Theater）[6]的劇場，但內容相當暴力、犯罪化與成人化，不難想像，青少年長期接觸這些廉價戲劇，會對其心理產生嚴重的影響，讓行為產生嚴重偏差。

珍在試圖幫助三位青少年時，強烈的感覺到廉價劇院對於青少年行為的影響：

> 他們三位青少年在看完戲劇裡的一場殺人橋段後，便決定模仿戲劇的橋段。他們湊足了錢，買了一把手槍，並在隔天早上埋伏伏擊牛奶送貨員，不過還好子彈射偏了，沒有射到牛奶送貨員。

另外，也有許多家庭因為廉價劇院而造成生活上經濟困難，例如，有一位雜貨店的老闆對珍訴苦說：

> 我必須每晚都給他四個女兒錢，讓她們去廉價劇院去看廉價戲劇，如果

---

[6] Penny Theater：指一種入場券便宜的平價劇院，只需花一毛錢就可入場觀看一齣戲劇，但戲劇內容通常都太過於暴力與成人化。

沒有給四個女兒錢的話，她們就會自己去偷放在錢櫃裡的錢，可是我更擔心的是，若沒給她們錢，哪天他的四個女兒，會做出更嚴重、無法挽回的行為，那就糟糕了，但也因為這樣，造成家裡經濟條件越來越差。

因為這些因素，使得珍很重視這個問題，並在胡爾館成立的初期，為了幫助青少年身心發展，培養他們正當的娛樂與文化，而不是廉價劇院裡那種表演，珍請數名專業的老師，教導青少年學習音樂、樂器、繪畫、戲劇。在音樂方面，也包括了芝加哥交響樂團等知名團體的專業藝術家。

在戲劇方面，珍與史達爾共同策畫了舞臺劇表演，舞臺劇的計劃非常的成功，人氣越來越旺，後來胡爾館的舞臺劇不但去了世界巡迴表演，也逐漸影響了當時美國國內其他劇場表演的轉型，慢慢地讓原本成人化的表演，轉成戲劇表演。

（三）促進兒童少年法庭的成立

因為珍長期對兒童與少年的關懷和付出，因此芙勞爾（Lucy Flower[7]）邀請加入推動少年法庭運動。

當時芝加哥對於孩童的法律制度與對於成人的一樣。珍認為對於孩童與少年來說，在他們的認知還沒有完全發展下，這是不對的，而且有些條例甚至是有問題的。珍所撰寫的《青年的心靈與市區街道》（The Spirit of Youth and the City Streets），書中舉出許多例子，像是離家出走在穀倉睡覺、在馬廄睡覺時偷馬被來蓋等。珍也認為當時的司法制度不但不能減少犯罪，反而會增加犯罪，因為如果孩童或少年被關到成人監獄，與那些真正的殺人犯等關在一起，一定會被罪犯所影響，出獄之後就會去做下真正的犯罪行為，再度入獄，一直惡性循環下去。

---

[7] Lucy Flower：芙勞爾發現芝加哥少年因遭棄、逃家而犯罪被關進監獄，遂結合亞當斯、拉斯洛普等人，倡議成立親職法庭（parental court）。1899年獲得庫克郡的支持成立第一個少年法庭。為了幫助失依少年學習，1911年設立芙勞爾高級職業學校（The Lucy Flower Technical High School）於芝加哥市。

在1899年的時候，芙勞爾在包文（Louise Bowen）與珍的強力支持下，成功的設立美國第一個少年法庭。當時少年法庭與現在有些不一樣，當時的主旨在於導正孩童與少年，而不是被關在監獄，受到真正的罪犯影響而導致惡性循環。

二、對於芝加哥市環境的改善

當時的芝加哥可以說是非常髒亂的，擺在路邊的木製大垃圾桶早滿出來，可是居民依然繼續將垃圾丟棄於垃圾桶周圍，甚至有些居民，直接將垃圾丟於門外，造成病媒蚊蟲孳生，空氣品質也不好。

珍的大姐瑪麗過世後，珍成為三個姪子的監護人，但因為其中一個姪子天生身體虛弱，無法忍受胡爾館周圍骯髒的空氣，珍在沒有其他選擇下，將他送去寄宿學校，並且開始重視胡爾館的環境問題。

珍首先試圖說服居民不要將垃圾掃出門外任由腐爛，並得到一位專業的城市技師傅克（George Hooker）的幫助。傅克也答應於1890年成為胡爾館的第一位男性成員，他與胡爾館女子社團（Hull House Women's Club）的成員調查第十九行政區的衛生情況，珍因此受到市長任命為十九行政區的第一位女性垃圾稽查員。也因為垃圾稽查員的職位，讓她收到了職業生涯中的第一份薪資[8]，也是最後一份薪資。因為珍的努力，讓十九行政區的衛生環境大幅改善，例如讓被垃圾掩埋多年的垃圾桶重見天日，整個生活環境都改善了許多。據此，博得「垃圾女王（Queen of Garbage）」的美名。由於包爾（Johnny Power）的中傷，已經盡忠職守擔任垃圾蒐集員三年的強森女士（Amada Johnson）被市政府革職。惹火了胡爾館，在當時女性仍然沒有參政權的年代，遂決定派出男性社團的阿姆斯壯（Simeon Armstrong）代表（一位居住於胡爾館的男性成員）參選該區議員，與包爾對幹。阿姆斯

---

[8] 她在Hull House的46年中，從未領過任何薪資。

壯攻擊包爾是一位只從窮人身上搾取金錢來餵養富人，卻從來沒有幫助窮人的傢伙。包爾則反擊刊登廣告，「我們不需要圍裙下的政府（No petticoat government for us）」。諷刺阿姆斯壯是被一群女人牽著鼻子走的小男人，並且發動支持者寫黑函攻擊胡爾館。最後，阿姆斯壯很不幸的落選。凱莉不服輸，認為下次應該捲土重來。珍則認為不值得耗費太多精力在包爾身上（Polikoff, 1999:144-146）。

三、女性參政

從建立胡爾館之後，珍便致力於社會中各族群的權利促進活動，這段時間在社會中也讓她累積了相當的美好聲名。1912年時，美國總統選舉的競選活動如火如荼地展開，當時珍在社會影響力讓羅斯福總統（Theodore Roosevelt）[9]極力爭取她的支持希望有助於他的勝選。羅斯福認為如果有珍替他背書的話，就能讓一些未決定投票對象的選民加入支持他的陣營。

羅斯福來到芝加哥拜訪時，珍陪同他參訪第二軍團營區，並在參觀的過程與其談話中，提醒他目前美國的婦女仍尚未享有投票權。在這短暫的談話時間中，珍與羅斯福兩人對於婦女投票權有段精彩的對話。

羅斯福問珍：妳主張婦女參政權多久了？

珍回答：終其一生（All my life）。

羅斯福回說：「很好。我尚未做成決定。過去我是反對的。但是，顯然這需要經過一段好的爭論，來讓我支持它。妳是最好的爭論者之一。」

---

[9] 羅斯福總統曾擔任海軍副部長，打贏1898年的美西戰爭，成為英雄。於1898年當選紐約州州長、1900年被提名競選美國副總統，成為麥金萊總統的副手。1901年麥金萊總統被暗殺。羅斯福繼任總統，他試圖將共和黨移向進步主義（Progressivism），1904年首次競選總統，獲得絕大多數選民支持。1909年任期結束，他支持他的好友塔虎脫（William Howard Taft）競選接班，他則到非洲、歐洲遊歷。1910年返國，一反過去對塔虎脫的支持，嚴詞批判塔虎脫缺乏進步思想。遂決定參選1912年總統選舉。自組進步黨（Progressive（"Bull Moose"）Party）參選。最後因票源分散而輸給代表民主黨的威爾森（Woodrow Wilson）。

　　如此可見，身爲一位女性，珍時時刻刻將女性權益的促進放在心上，在其成長的過程之中，她看到了這個國家對於女性的不平等對待，不論是女性的參政權，就連更基本的接受高等教育的權利都仍然缺乏，她自身的生命經驗即爲一例，女性在當時人生的最終目的是走向家庭，其他方面的需求，如人生自我實現則被漠視。

　　然而對於是否支持婦女參政權，羅斯福當時尚未決定也仍未做出承諾。這是因爲羅斯福長期以來對於婦女參政的議題持反對的意見。不過當時的社會已有大量良好的議論支持婦女參政，珍就是一個最好的例子，讓有能力且有智慧的女性參政對於國家有益無害。

　　羅斯福爲了得到珍的支持與背書，持續打著讓婦女參政的口號，此時珍因爲婦女參政權益而對羅斯福表示支持的同時，卻不樂見羅斯福逐漸上升的軍事主義傾向，這讓珍與其同事感到失望。羅斯福支持以大量海軍防禦巴拿馬海峽，並反對讓菲律賓獨立。羅斯福的軍事擴張主義讓珍開始感到矛盾與掙扎，不知她究竟是否要繼續支持羅斯福，其認爲此時羅斯福的軍事主義主張，和自己心中所信仰的世界和平的價值相互違背，羅斯福已不是她所全力支持的對象了。

　　羅斯福並在佛州和密西西比州的進步黨黨代表大會中拒絕設立黑人代表，一位黑人族群領袖從波士頓寄了一封電報給珍，希望第二次投票時不要提名羅斯福，不然黑人族群將不會支持婦女參政權。但在多方的考量之下，珍最後還是提名了羅斯福，這個決定揭示了她對於自己終其一生所追求的目標更爲看重，以實際的行動來促進實現婦女參政的機會。

　　對許多當時的美國人而言，珍參加一個由男性主導的會議具有強大象徵意義的事，意味著女人的時代有來臨的一天，而不再只是由男性主導一切重大的議題，也不再是全然以男性的觀點來看待世界，同時也是社會改革行動上指標性的勝利。

　　經過此事件，一位衛理女子學院的教授向珍表示：

上千名女性今天都會感謝你，因爲你的領導，帶領著我們更靠近天堂般
的國度。

　　所謂天堂般的國度，應是一個不再由男性所主導而忽略占有一半人口
女性權益的國家，然而這個靠近天堂國度的美好境界卻沒有持續很久，總統
大選的結果羅斯福敗給了民主黨的威爾遜（Woodrow Wilson）。雖然這個
結果讓珍感到失望，因爲如此一來婦女的參政權益難以促進，但威爾遜的施
政在其他部分也帶來了希望。而美國的婦女要等到1920年才正式擁有參政權
（Polikoff, 1999:171）。

四、和平主義

　　身爲和平主義擁護者的珍，在胡爾館創建的初始，就抱持著人與人之間
的了解可以改變世界的信念，唯有透過這樣的了解可以讓社會進步，讓人們
脫離貧窮、疾病和避免遭受忽略。然而戰爭的發生卻是徹底斬除了各國善意
合作與和平解決衝突的可能，在《戰時的和平與麵包》（Peace and Bread in
Time of War）一書中，她認爲戰爭是在處理人民和國家間的緊張時該被廢棄
的方式，珍堅決主張拒絕以流血的戰役來促成調解。

　　珍強烈地主張世界和平，並參與各項活動，期望能讓各國透過和平協商
而非武力的方式解決衝突。當1914年第一次世界大戰爆發時，她立刻參加了
一個社會正義行動的組織，這個組織的宗旨是意圖要探索處理戰爭的方法，
並投入了許多年的時間去減少國家的貧窮，與促進不同國家、種族與信仰間
的相互了解。他們認爲人類的價值中沒有什麼是可以透過戰爭來達成的，而
是需要文明國家間的合作才能促成。因此這位身體虛弱女性，不顧生理上的
病痛與外在輿論的壓力，全心投入對參戰國與中立國進行和平遊說的活動
中，甚至橫越了大西洋到歐洲許多國家的首都參與會議。

　　一場三千名女性在華盛頓飯店聚集的場合中，由珍主持並發表了一篇演

說，演說的主題是她一再不斷重覆的和平價值。她指出：女人是將生命帶來這世界上的人類，也是和平的自然擁護者，因此我們必須站出來對抗由天性是暴力的男子所投入的戰爭，在得到和平之前，我們要繼續努力。

在一份和平宣言的序文中提及：我們身爲女人們要求在所有辯論的場合中能夠分享決定世界的戰爭或和平的權利，故在此組成一個國家組織，名之爲「女性和平黨」（Woman's Peace Party），而珍即是這個政黨的主席。

幾個月之後，珍收到一份來自海外的電報，來自荷蘭傑出女性投票權推動者賈克博女士（Aletta Jacobs）的邀請，希望女性和平黨推送一位代表參加在1915年4月28日到5月1日於荷蘭海牙舉行的國際婦女會議。而此時珍的姊姊艾麗絲（Alice）卻因久病不癒過世。這對她來說是另一次打擊，世上已無手足。然而，掛心著歐洲婦女大會的召開在即，必須全心準備，遂於將姊姊艾麗絲的遺體護送回杉林鎮老家安葬之後，與漢彌爾頓教授前往海牙。會議舉行的時候，珍被推舉爲主席，在一千一百三十六名來自十二個不同國家的女性代表前面，她開始演講，演說的重點在於提倡女性有權投票，並呼籲女性應共同攜手促進和平。

此時在大西洋另一頭美國的羅斯福卻譏諷這個號召和平的行動是愚蠢且有害的。珍無暇回應羅斯福的冷言諷刺，與賈克博女士分別帶著來自國際婦女大會的訊息去拜訪那些正在戰爭中的國家，並至中立國進行遊說。她們走訪英國、德國、義大利、奧地利、匈牙利、法國、比利時與瑞士。過程中她也發現了，要去說服那些在戰爭中失去兒子的家庭接受和平協商其實是相當困難的事，且同時也無法避免去暗示他們兒子的犧牲是沒有價值的。外交部的辦公室一致同意認爲釋出願意協調的善意是一種示弱的信號。

遊說行動過後，珍遭到一位記者戴維斯（Richard H. Davis）惡意報導的攻擊，他斷章取義了珍說的話：「珍否認士兵的犧牲是值得的。」造成了大衆對她的誤解，事發之後，強烈擁護和平主義的珍此時面臨到嚴重的威脅。

經過此事件，珍決定去會見總統，希望能說服總統召集中立國家的會議，藉由協商而非參戰的方式來結束第一次世界大戰，但總統並未採納這個

建議。1917年4月威爾森總統放出參戰的訊息。

當時國家中在一片支持戰爭的聲浪之中，連杜威也開始倡導戰爭中社會的可能性，這嚴重的挫敗了珍，就連住在胡爾館的居民也大多支持美國參戰。此時珍的健康持續惡化，在這個令她心碎的時期中，她重覆地去思考著自己不同於其他男性的意識形態，即全心相信和平的價值。即便身邊的男性，如杜威，都像她一樣厭惡戰爭，但卻被當時社會的主流價值說服這些戰爭的目的都是爲了民主自由，因此在追求民主自由時，戰爭乃是一個必要的方法，這些人並且樂觀相信在此戰爭結束之後的未來就不可能再有戰爭的發生。

這些情況讓珍必須一次又一次地去回應在她意識深處中戰爭對於爭取民主利益的矛盾和衝突。因爲珍始終不支持參戰的立場，讓她在當時的美國社會中飽受謾罵與批評，更嚴重的是竟然還背負了叛國的罪名。終於，在情勢所迫之下，珍停止了所有公衆演說，很顯然此時她無法得到公平地傾聽，許多批評的信件大量地寄來，也讓珍遭逢此重大的挫折後身心俱疲。

肆、生涯轉折

一、社會工作晚近的質疑

隨著社會工作的專業化，晚近社會工作者開始對珍所爲提出質疑，認爲珍經營胡爾館與提倡社會改革的信念已然落伍，而珍友善地回應：

> 有人說我的理念已然破滅，但我卻依然能感受到手中的舵，且仍能掌握它。我只能說，要一個人放棄他的信念比堅持下去還需要勇氣。

即使收到惡質的批評信函，珍仍淡然而幽默地以和平主義者自居，絲毫

不感到震驚。其實，正如許多後世的評論者所言：慈善組織會社運動引導私人慈善與精神的提升；而社區睦鄰運動的哲學卻引領社會與經濟的改良。當慈善組織會社的工作人員還在說「不可以！不可以！」的時候，睦鄰運動者已經說：「做吧！做吧！」（Trattner, 1999:166）。即使，珍與芮奇孟在社會工作路上分道揚鑣，甚至有相互較勁的意味。不過1910年，珍已說過兩個團體的成員：慈善組織工作者與基變改革者已逐漸合流，以滿足社會條件所需（Woodroofe, 1962:95）。

二、不受祖國歡迎的女先知

（一）環遊世界

在受到社會工作質疑與第一次世界大戰前夕因反戰而被貼上叛國汙名之際，珍與摯友史密斯女士（Mary Smith）展開了一連串環遊世界的旅行。1913年到1923年間，珍走過荷蘭、匈牙利、維也納、愛爾蘭、檀香山、捷克、瑞士、印度、菲律賓、滿州、中國、韓國、日本，過程中參與了多場會議。史帝文森醫生（Robert Louis Stevenson）為珍的身體狀況擔心不已，而珍卻反而安慰他：

世界上最重要的事蹟，往往是由身體不太舒服的人完成。

在旅途中，珍寫信給友人，信中提到：

一個有國際胸懷／國際主義胸懷（internationally minded）的人，通常被定義為每個國家的朋友，除了她自己的國家之外。

可見珍這段時間的遊歷，一方面是為參加各地的會議，另一方面也為了暫時離開對自己不友善的家鄉。

（二）對國際局勢的回應

　　除了造訪歐洲，珍亦前往東亞與東南亞地區的國家。其中，她對日本與印度的女性印象最為深刻，受到傳統鐵衣束縛的女性，依然堅定地挑起惡劣環境下的重任，促使珍自省在年輕時就擁有的珍貴自由，她感嘆地說：

> 我怎麼這麼晚才明白自由要用來做什麼！

　　結束在日本大阪以「女人與和平」（Women and Peace）為題的演講後，珍身體不適，被送往東京的醫院檢查後診斷為乳癌，在當地停留，接受治療，醫學大學畢業的好友漢彌爾頓教授（Alice Hamilton）前往日本陪伴照料。

　　之後，至檀香山修養數日後，返回家鄉芝加哥的珍發表了一篇聖誕信息：

> 世界並沒有和平，也沒有足夠的善意促成國家的醫治。歐洲分立的國家陷入恐懼與擔心，美國不願承擔與外國相關的事務，背棄一戰的盟約，限制外國移民、提高關稅，拒絕將戰爭的損失視為國際的責任。中國與日本已滿目瘡痍，因為軍事能力主導國家命運，也因好戰的國家已殺紅了眼，延遲了解除武裝的日子。即使至今尚未有人嘗試，願那在非洲、印度、菲律賓……等地數以萬計的人們重新立定心志，重拾那位偉大導師義無反顧不反抗的基督冒險精神。願東方民族中至少有一個國家能真正地達成祂的本質訓誨，就是那位在聖誕節降生在西方土地上的那位所傳揚的。

這也是少數幾篇珍所發表的嚴峻、沉重言論的其中一篇。同時，珍亦哀悼當時自由主義的荒涼，為零容忍的社會氛圍悲歎（Polikoff, 1999:194）。

三、掛著許多好東西的鉤子

（一）以她之名

　　1927年元月，一千五百多人湧進芝加哥市最大的室內場地——家具拍賣場（Furniture Mart），為了重整自由主義與社會進步的步調，參與以珍之名召開的集會。拉斯洛普（Julia Lothrop）擔任宴會女主持人，會中由兒童遊戲公園的勉強的贊助者肯特（William Kent）與潘法官（Judge Hugo Pam）等人紛紛公開稱頌珍的各項行動，然而珍對諸言論的回應是：（Polikoff, 1999:196）

　　我建議我們將今晚宴會的焦點聚集在自由主義的現況討論上，而非特指一人……，我認為自己僅是一個掛了許多好東西的鉤子，非常感激諸位今晚對我的愛戴，然而對您們所說的那個我，我深感慚愧，因我知道自己其實是一個很平凡的人，雖然希望自己所堅持的是對的，但老實說時常並非如此，就如同我們對自己的認知一樣。我只期盼大家能攜手向前，懷著全然的滿足，一同為公義之事精益求精。

（二）真的只是個平凡的女人？

　　後人曾針對珍自認為平凡女人的論述提出不同的見解，從中可看出當代社會對女性的定位與珍當時的個人處境，分點羅列如下（Conway, 1998）：

　　1.珍用當代社會對婦女的假設評斷自己，而當代社會對婦女的期待是最適於經營一個家，勝於經營一間機構。

　　2.雖珍為社會工作專業的先河，然當時她已不再位居社會工作的主導地位，且當時社會工作主流價值對社工專業的定位亦與珍所持的理念對立。

　　3.珍曾支持羅斯福總統執政，但珍認為羅斯福總統的軍事擴張傾向使他的社會改革意念腐敗。

4.當時的胡爾館連修屋頂、買暖氣的錢都沒有。

5.家人都先她而去，且志不能伸，特別是影響珍一生甚鉅的喬治（George）受憂鬱症所苦。

凡此種種，都是後人認爲使珍自認只是一平凡女性的可能原因。然而，珍面對不如意的境遇所持的態度依舊平和謙遜。她曾表示：「有些好的事情發生了，許多沒有。與其向我致敬，不如完成我未能完成的。」或許，這就是珍一貫的生命態度與人格特質。

四、遲來的正義

> 她是她的國家最重要的女性，當其他訴求與利益使和平蒙上陰影時，仍
> 致力委身於其理想，不愧作爲的最偉大公民。

1931年的諾貝爾和平獎頒獎典禮如是介紹當年得主之一，珍‧亞當斯，眾人喝采的頒獎典禮上，不見珍的身影，因珍因胃癌正在巴爾的摩（Baltimore）約翰霍普金斯醫院（Johns Hopkins Hospital）接受治療。珍將全數獎金捐給國際婦女和平暨自由聯盟（Women's International League for Peace and Freedom, WILPF），她認爲這份獎項所嘉許的是她與聯盟並肩合作的成果。在此之前她已被提名五次了（Lundblad, 1995; Alonso, 1995）。在那種資本主義父權的時代，一介女子能有如此成就，著實令人佩服，無怪乎美國人稱她爲最偉大的女性（America's Greatest Women）（Alonso, 1995）。她也是社會女性主義者的代表（Elshtain, 2001）。

隨著反共意識的消退，加上各界對諾貝爾和平獎的響應，各大學爭相頒授榮譽博士學位給珍，珍也開始名列各獎項與排行榜中，她將其他獎項的獎金捐給胡爾館周邊的失業貧民，珍有感而發：

> 我親眼目睹恐懼掐住胡爾館周邊的鄰人，眼睜睜看著他們微薄積蓄一點
> 一滴地消逝的男人和女人、遇見孩子將因貧窮而挨餓地一家之主們，身
> 陷如是的恐懼，是最難以忍受的不幸。

　　儘管納粹聲勢依舊，珍對於世界和平依舊抱持樂觀態度。珍認為雖不能
改變人類好戰的天性，但可以遏止征戰的行為。珍提醒大眾，戰爭最可怖之
處，不在滅絕生命、夷平城市的汽油彈，而在其散布在人心中的毒素。為了
防止更糟的意外發生，珍強調在整備政府組織、國會、世界法庭的同時，針
對社會大眾的意念進行教育是防止戰爭毒素擴散不容小覷的工作。

五、溫柔而堅定

（一）持續關心大學睦鄰運動

　　除了經濟對戰爭與和平的關注，珍亦重視經濟大蕭條對年輕人造成的
影響。珍認為大學剛畢業、滿懷熱忱的青年，發現世界上沒有可以真誠獻
身工作之所，是使人喪氣的事，對這群年輕人的殺傷力，不亞於戰爭。然
而，當大批學生湧入胡爾館實習時，珍發現這群青年重視自我成長勝於對助
人方案的投入，她感歎這種現象就像是鐘擺無止盡地擺盪在自我利益（self-
interest）與社會關注（social concern）間。

（二）晚年的政治參與

　　走過超過半個世紀社會改革之路的珍仍然相信適當的立法可以減輕悲
劇。縱使不滿胡佛總統處理經濟大蕭條的方式，珍依舊繼續支持胡佛連任，
希望他能信守對社會改革的承諾。在羅斯福當選總統後，珍被派往住宅與公
共工程局顧問委員會（the advisory committee of the Housing Division of the
Public Works Administration），當時芝加哥市展開三個掃除貧民窟方案，為
興建該市第一棟近似胡爾館的公共住宅時，珍感到無比的振奮。此公共住宅

在珍逝世後，以其名命名爲珍‧亞當斯館（The Jane Addams Houses）。

六、終曲

1932年，拉斯洛普（Julia Lathrop）與凱莉（Florence Kelly）相繼離世，珍面對頓失兩位摯友的失落；1934年後，珍經歷數次心臟病發作，入住好友史密斯（Mary Smith）家養病，兩位老年婦女分別在一樓與二樓接受治療並修養。史密斯女士感染致命的肺炎，數日後陷入昏迷，一覺不醒，珍與史密斯女士相隔不到二十尺，卻無法當面和友愛綿延四十五載的摯友道別。史密斯死後喪事由她的家人料理。之後，珍短暫搬到亞利桑納州，由好友包文（Louis Bowen）照顧。搬入包文家中休養後，珍繼續撰寫好友的傳記並與林（Weber Linn）合作整理自己的資料與傳記。

珍病危就醫前，冷靜地包裹在毛毯中等待救護車，好友包文望著她時，心中感到十分憂傷，珍正在閱讀一本書，抬起頭來瞧見包文，笑著說：「照理來說現在我應該要交代遺言，但是我眞的很想看完這本書……，親愛的，別看起來這麼嚴肅。」在醫院中，莎蒂（Sadie Garland）[10] 來與珍道別，莎蒂吻了珍的手，珍努力回吻。

1935年5月22日上午十一點，珍‧亞當斯女士告別了這個她終其一生要使之更美好的世界，喪禮於隔日在胡爾館舉行，前來弔唁的人潮絡繹不絕直到天黑。珍的墓碑上刻著：

珍‧亞當斯（Jane Addams），胡爾館（Hull House）與國際婦女和平暨自由聯盟（Women's International League for Peace and Freedom）。1860至1935。

---

[10] 莎蒂是俄國裔藝術家李歐‧葛蘭（Leon Garland）的妻子。李歐於1913年進入芝加哥藝術學院與胡爾館。

　　今天，在前往杉林鎮（Cedarville）的一條路上立著一個紀念路標，上面寫著：

　　杉林鎮：珍‧亞當斯（1860-1935）的出生地，她是人道主義者、女性主義者、社會工作者、改革家、教育家、作家、政論家。1889年睦鄰運動的先驅中心（Pioneer Settlement Center）——胡爾館的創辦者、國際婦女和平暨自由聯盟（WILPF）主席、1931年諾貝爾獎。

伍、社會影響

　　珍‧亞當斯，這位畫時代的獨特女性，為人類歷史所帶來的影響甚豐、甚鉅，僅將之歸納為以下四點，盼望能稍微道出其中之一二。其中包括珍設立、經營的胡爾館所發揚的睦鄰服務精神，和其中所推動的社會教育理念；另外，不可或缺的是珍以女性觀點從事的社會改革，及其為和平與自由主義奔走、論述與寫作對人類心靈注入的溫柔震撼。以下分點概述之：

一、發揚睦鄰服務精神

　　位於芝加哥貧民社區的胡爾館，貼近貧民家庭的日常生活，務實地針對社區與家庭的需求提供服務，從移民生活輔助與兒童托育開始，進而延展至對婦女、少年、青年、勞工及環境的關懷；且因與社區一同作息，能具體而微地體察鄉里的需要，又有來自大學的知識青年入住，持續注入最新的社政立法動向；並以年輕且勇於冒險的心激盪出無限可能性，為社區提供與時俱進的持續服務。此精神奠定了社會工作中社區工作方法與居民共同生活的核心理念，也成為社會工作後進自省是否以全人為主體思考的美好榜樣。

二、推動社會教育理念

　　珍期待胡爾館能補足當時教育體制的限制與僵固。不論是提供移民教育、文康、休閒的場所，幫助移民在對其母國文化尊重接納的環境中，擁有接受兼容並蓄教育的自由；或是提供中產階級甚至是上層階級青年學子，以及在社會期待與養成教育理想間矛盾的女性學子，一處與另一個世界的人們共同生活、工作的園地，幫助在時代迅速變遷下的未來砥柱，在理想與現實間，找到充滿熱情的自我定位與施力點，並結識志同道卻不一定合的朋友，協助彼此有更寬廣而精準的心胸，以將自己投入在未來的社會行動中。

　　另外，珍亦積極推動兒童義務教育，倡議禁止雇用兒童的措施；此外，珍期待類似胡爾館的社區中心能繼續與現有的教育體制攜手，幫助教育的方向與內容能符合社會現況所需。

三、以女性觀點從事社會改革

　　不管維多利亞時期如何對待女性的態度，珍所領導的睦鄰運動者共享對女性主義的價值，例如：爭取女性投票權，明顯讓她們岔開當時主流的政治意識形態和傳統保守的社會工作同行（Wenocur and Reisch, 1989:39）。這或許也是另一個珍會被社會工作後輩無法認同的原因。尤其在1915年以後，社會工作界積極爭取專業化的年代。身為十九世紀末、二十世紀初的單身上流階層女性，珍一次又一次由衷的決定，使她活出社會女性主義（social feminism）社會改革者典範。社會女性主義讓自由與基變兩組女性得以合作，共同推動諸如：公共健康、女性投票權、關懷移民婦女、反奴隸等女性中心的議題。珍畢其一生為婦女投票權奔走，從當代難能可貴的女性觀點分析社會問題，並以溫柔而堅定的足徑，闖出婦女運動、反戰運動、社會安全法案、多元族群的平等法案等珍貴的小蹊，並以胡爾館為當代女性提供開放、自由的論壇與實務工作坊，成為孕育二十世紀美國女性公共事務領導者的暖房，其對後世的影響力，無法斗量。

四、致力實踐和平與自由主義

　　珍七十五年的一生，見證了人類歷史上兩個被第一次世界大戰炸開的創傷，然而她自始至終都對世界和平抱持盼望，不只辛勤在各國中奔走，提倡和平的意義和國際因應戰爭的理想態度；連結世界各地的女性，試圖維護世界的和平，即使在祖國的不諒解與叛國汙名的威脅下，依舊奔走不輟；除了擔任國際婦女和平暨自由聯盟的主席外，更於1931年獲頒諾貝爾和平獎，成為珍一生為凝聚世界各地對和平的企盼，並發揮此企盼之最大影響力的最佳註腳。

陸、給社會工作者的啓示

　　在閱讀珍的傳記並與同學討論時，不斷體認珍畢生所作所為與她身為一位如何的人有著非常密切的關聯。也許隨著時代的推演，過往珍所採取的社會改革行動並不一定適用於現今的社會，然而她內裡的人格特質卻能跨越時空，在過程中感受、反芻、體悟、實踐並堅持，回應任何一個時空下的需要。以下是我們從珍的言行中認識到的寶貴人格特質。

一、謙遜

　　即使窮盡所能地努力，為實踐心中公義的理想，珍依然打從心裡認為自己是「一只掛了許多好東西的鉤子」。將自己所行與其所帶來的成果與自己切割，是社會改革者必須具備的胸懷與體認，如此才能在忽晴乍雨的大環境中始終不卑不亢、勇往直前。

二、溫柔堅定‧貫徹始終

　　對立法、睦鄰運動、和平與自由，珍始終秉持一貫的態度，就像是在幽

暗隧道中依舊定睛於遙遠的一孔光點。面對此時此刻所感知的自己與他人的苦難、努力並未收立竿見影效果的事實、強權與摯友的論斷與攻擊、畢生投注的社會工作專業對自己理念的質疑，看到珍始終以溫柔堅定態度回應以她為敵的他人，面對自己心底的理念與已展開的行動，珍虛心與時俱進但總是貫徹始終，對於和平與自由，珍心中的信心與遙遠的曙光遙相呼應，使她輕看當下的苦難，繼續前行。

三、淡薄名利、捨己愛人

珍在社會中初露頭角時，就把所有的遺產給了胡爾館與其鄰舍，在晚年，依舊將諾貝爾和平獎與其他獎項的獎金捐給他人，面對自己名聲的打壓與高抬，珍始終淡然地回應，似乎對她而言，有智慧地滿足別人的需要，比自我實現或自我認識有意義得多。然而就在每一次如是捨己的過程中，她的「自我」也被賦予了意義，比一個人所能容納的更多的大我因她的捨己而漸漸實現。

以上三個人格特質是我們最為欣賞也最想效法的，願我有珍謙遜的心志、因信而生的盼望能在困境中貫徹始終的溫柔堅定，以及愛人捨己的安全感和意志與實際，以回應生命歷程中每一個際遇。

四、與服務對象共同生活，矢志不渝

我們發現珍之所以能持續為人民真實的需要奔走而矢志不渝，除了個人特質外，很重要的因素是她始終與所服務的人群共同居住、生活、工作。這對於一位社會工作學系的學生來說是很直接的啟發，也是極具體的挑戰！面對直升研究所、高考良缺、嫁作人婦只需顧好私領域的人事物等看似可以任君挑選的自由，我們自認必須持續接觸有困擾的人群，才有繼續務實地與他們並肩面對生活的熱情。於是「共同生活」成為自省與規劃下一步時，無法逃避的要項。

五、戰友

縱觀珍的一生，從富樂女子神學院開始，便持續結交志同道合的朋友，不同的專業養成、不同的人格特質，卻有同一個社會改革的心志，在鮮少女性踏上的公共領域中，相知相惜，在經歷人生陰晴圓缺時，成為彼此的支持。反思自己，在臺灣教育體制的升學競爭中與同儕分化，加上人格特質內向兩者加成，在堅持做自認正確之事時，常因孤立而有許多猶豫，因而深陷自責與自我懷疑的泥濘，在未來進入真槍實彈的社會中，要依舊堅持行義，珍的榜樣鼓勵我們敞開心胸，與有相近信念的人結識，幫助彼此看清楚現在，甚至在看不清楚時依然有勇氣邁步，在未來受挫時，得以肩並肩地堅持下去。

後記

珍是一位非常偉大的社會工作者，她的個性完全符合現代社會工作者應該有的個性，關懷友善、成熟敏銳、包容差異、理想而務實、巧思而不匠氣等。

珍的一生其實非常不簡單，在男性主義社會的時代，光是身為女性，在許多地方就有諸多的限制了，但她卻選擇了一條更坎坷的人生道路，一條布滿荊棘的社會工作之路，這是需要非常大的勇氣，以及要有過人的意志，才能堅定的持續下去。

從珍身上我們看到了她的包容與堅定，她不會因為你的家庭背景，或你的國籍等問題，而給予差別待遇；她認真的對待每個人，仔細的為人們考量最佳福利，即使自己累倒了，也沒有任何一句怨言；而對於受到她幫助的人們來說，珍就像在黑暗中的一盞明燈一樣，小心翼翼的引領著人們度過難關。

對於社會工作界來說，珍真的有著非常大的貢獻，她奉獻了自己的一

生，幫助無數個人，是社會工作的先鋒，也奠定了社會工作的基礎，不管對
於任何社會工作者來說，都是敬佩她，與非常感謝她無私的付出，如果她沒
有選擇這條路，那社會工作或許也不會有今天這麼的蓬勃發展吧！

第八章　瑪麗・芮奇孟
社會個案工作第一人

壹、童年生活

　　1861年，瑪麗‧芮奇孟（Mary Ellen Richmond，1861-1928）誕生於美國伊利諾州貝勒維鎮（Belleville, Illinois），幼年失怙，被送到住在巴爾的摩（Baltimore）的祖母與姑媽家扶養。她的祖母是一位活躍的婦女投票權運動倡議者，也被稱爲靈性導師（spiritualist）與基變改革者（radical）。從小，芮奇孟就在這種周遭充斥著女性投票權、唯心論、基變問題解決、自由宗教、社會與政治信念的議論中長大。這種成長環境讓她養成批判性思考與社會改革的行動力。芮奇孟的祖母不信任當時的傳統教育體系，因此在十一歲以前，芮奇孟以在家自學的方式學習。十一歲進入公立學校。她喜歡閱讀文學，較不喜歡社交與社會互動。

　　直至1878年，芮奇孟從巴爾的摩東區女子高級學校（Baltimore Eastern Female High School）畢業後，前往紐約與其中一位姑姑同住。芮奇孟在一家出版社找到一份庶務、校正、打字的工作，每天工作十二小時，非常辛苦。約莫一年，她的姑姑因爲生病回到巴爾的摩療養，留下十七歲的她一人待在紐約。年輕的芮奇孟過著孤寂、貧窮、勤勞工作的日子，對她來說要擁有合宜的衣食，都是一種奢求，她甚至用「一生中最苦、最孤獨的時期。」來描述這段時期的遭遇。二年後，在生活勞累與孤寂的生活下，芮奇孟的健康也亮起紅燈，直至1880年芮奇孟因罹患瘧疾，不得不回到巴爾的摩祖母家休養。

　　回到巴爾的摩，她找到了一份簿記的工作。在這段工作期間，她接觸到唯一神教會（Unitarian Church）。在教會中，她結交新的朋友，發展社會技巧，並開始追求個人的自我實現機會。1889年，她應徵巴爾的摩慈善組織會社（Charity Organization Society of Baltimore）的財務助理工作。這份工作成爲她一生事業的轉捩點。讓她有機會成爲慈善組織會社的改革者，進而成爲美國社會個案工作的第一人。

貳、邂逅社會工作與社會改革

返回巴爾的摩休養的芮奇孟，隔年，先在文具行擔任簿記工作，之後又轉往以前老闆的親戚所經營的家庭旅館擔任簿記與庶務助手（Woodroofe, 1962:102）。在從事這些工作之餘，芮奇孟開始把她另一部分的精力投注在閱讀上，讀書成了芮奇孟逃離工作狹隘的一種途徑。芮奇孟尤其熱衷於文學，她不但加入了文學社團，甚至到週日學校指導學生莎士比亞戲劇，浸淫在文學與音樂的薰陶之中。

也因為生活不再局限在狹隘的工作上，芮奇孟透過對不同領域廣泛的接觸，開始思索自己真正想要做的事，她認為能夠投注在對於社會有貢獻的事務上，才是她心之所向。就在同時，1889年，巴爾的摩慈善組織會社釋出了一則財務助理的徵才啟事，就像是為芮奇孟開了一扇大門，成為芮奇孟邁入社會工作的第一步。

在此之前，芮奇孟對於慈善組織會社的工作宗旨、服務等都未曾接觸過，也因為這樣的緣故，甚至遭到姑姑對這份工作的反對。但也無怪乎芮奇孟對此毫無認識，當時的巴爾的摩慈善組織會社才成立逾七年，即為芮奇孟從紐約回鄉的同年，在當時還是一個新的、組織架構尚未完善的慈善服務組織。而慈善組織會社的服務內容主要著重在有效的救濟貧民，力求避免救濟資源的濫用與浪費，透過友善訪問員進行家庭訪視，確保提供的救濟能夠幫助到那些「值得救助的貧民」（worthy poor）。其服務的宗旨和內容、服務的真誠與善意深深吸引著當時的芮奇孟，也讓她願意投身於這一個未知的挑戰。當時，芮奇孟的職務是暫時的，月薪只有五十美元。但是，這個工作深深吸引著她，因為這不只是一個養活自己的工作，也是一個讓她的心與熱情活起來的工作（Woodroofe, 1962:102）。

在到職之前，芮奇孟先行利用一週的時間，至波士頓慈善聯盟（Boston Associated Charity）見習慈善組織的運作與實務操作。波士頓慈善聯盟的座右銘是：「不是施捨，而是友善（Not alms but a friend）」（Lubove,

1965）。之後，芮奇孟主要從事會計與宣傳等業務，並在任職的期間到各處的社團巡迴演講；另外透過格林（John Glenn）等人的指導，芮奇孟參加了地區的個案會議，並實際做為友善訪問員（friendly visitor）進入家庭，從事最直接的社會工作實務。

　　她學習如何做為一個進入家庭的友善訪問員，透過與家庭建立關係，利用自己的人格特質、資源、互動來改善一個家庭的困境。在這段期間，芮奇孟對於慈善組織會社的宗旨與理念愈發崇敬。1890年，芮奇孟在巴爾的摩的慈善組織會社的年度大會上，更以「友善訪問員」為題進行演講。如芮奇孟在1906年《貧民的友善訪問：給慈善工作者的手冊》（Friendly Visiting among the Poor: a handbook for charity workers）提到：

　　每位充滿熱誠的工作者，都希望能為一個正處在悲痛中的家庭提供一位志願訪問者：用耐心跟同情心去找出造成家庭需求的因素，並致力於消除這樣的因素。雖然對於每個有需求的家庭，要與其建立友伴的關係有其困難，甚至是個不可實現的理想，但如果我們把本來一天應該做好的工作，持續到兩次甚至更多，把原本覺得似乎是沒有必要、浪費時間的服務，視為一種訓練，並從中思索改進。然後在面對其他家庭時予以改善，原本擔心如何幫助窮人的問題也會慢慢的被解決。

　　芮奇孟相信透過具備耐心和真誠的特質，能夠慢慢地影響那些陷於貧困的家庭，雖然友善訪問中提到「與家庭建立友伴關係」，在遭遇酗酒、懶惰、失業等各種不同狀況的家庭時，這看似為難以實現的理想，但若秉持著熱誠與耐性，在友善訪問遇到的困難是可以慢慢突破的。在巴爾的摩慈善組織會社期間，芮奇孟相當肯定友善訪問的基本理念，甚至深信友善訪問能夠扮演慈善組織會社中舉足輕重的地位，也促使她開始全心投入友善訪問。

　　在《貧民的友善訪問：給慈善工作者的手冊》一書中提到，友善訪問並不是指友善訪問員對於家庭進行的各種救濟措施，而是指親近家庭的各個成

員，並且透過連續性的了解，同理或經驗貧窮家庭的喜怒哀樂，了解他們的觀點和議論、感受，以及生活的全貌。這樣以家庭作爲系統主體的觀點，在當時便已受到芮奇孟的重視，而她也引用了一則故事來敘述「生活便是最好的教育場所」（Life, therefore, is the best school.），和作爲友善訪問員所得的回饋：

> 有一位婦女，我們已經四年多未見了，她突然出現所帶來的驚訝，我想是任何人都可以想像的。對於她，我們的記憶依舊清晰，但眼前的她卻像是另外一個人似的，她就像當初爲她服務的友善訪問員一樣，擁有人格高尚的氣息！這簡直難以置信！

芮奇孟提到，想要看到一個人或者一個家庭的改變時，往往不是幾天、幾週，甚至幾個月便能夠出現的。有時讓家庭在生活中學習、在生活中體驗，以及在生活中成長，透過長時間的醞釀才會有甜美的果實。就像她很崇敬的希爾女士（Octavia Hill），她曾說：

> 就像一位年輕的女士突然開始會洗衣服，這樣的成功往往沒有常理可循的。

有時友善訪問的成果是難以預期的，但透過友善訪問員眞心地對待與服務，這樣的成功是會在未來的某一天開花結果，芮奇孟也以此勉勵友善訪問員們。

在芮奇孟傾全心投入巴爾的摩慈善組織會社的事務，並以其高度的熱誠與對慈善組織會社的認同，進入組織會社二年後，協會的財務狀況便漸趨穩定，募款的收入也相當可觀，也影響到慈善組織會社整體的工作量與服務量的增長。在種種顯著的成就下，雖然因芮奇孟的學歷、年資，甚至身爲女性的身分，在當時並不大被看好，但在組織成員的高度支持下，芮奇孟在1891

年終於接任了「巴爾的摩慈善組織會社」的執行長，領導當時的組織活動。在接任執行長後，芮奇孟積極地推動各種活動，包括參考《倫敦慈善組織評論》（London Charity Organization Review）的架構，於1893年出版《巴爾的摩慈善紀錄》（Baltimore Charities Record）等，也由於工作過度，芮奇孟在1894年因勞累而病倒住院（莊秀美，2003）。

　　為何要說不顯赫的身世與性別對她來說反而成為有利條件？的確，慈善組織會社的成員不論男女大多是來自城市、上層階級背景，以及受過教育的人。其中，男性成員是有錢、有閒階級，即使已不在職，也是優雅的失業者（gracefully unemployed），如律師、退休商人。而有薪的幕僚也大多是退休教師或牧師，以男性為主。大多數人年齡超過三十歲並已婚，儘管其中有一部分男性仍然單身。這些上流社會的人們參加慈善組織會社的動機，不外乎是為了彰顯自己的高貴，從歷史上看來，很多人的家族就一直在從事社區服務（Wenocur and Reisch, 1989:32）。

　　而女性在慈善組織會社裡扮演的角色，大多是友善訪問者、志工幕僚。可以看出慈善組織會社基本上是父權（paternalistic）與懲罰取向的（punitive approach），男性扮演主導的角色，階級極端的偏向上層社會。即使有一些優秀的女性成員，例如：英國的希爾（Octavia Hill）、博山葵夫人（Helen Bosanquet），美國的樓威爾（Josephine Shaw Lowell）、道絲（Anna Dawes）等。樓威爾不但反對政府介入一般貧民的救濟，更主張：「我們需要更多有空閒的男人，如同當年英格蘭的傳統一樣，找到高貴與具紳士風度的男人，我們那些年輕的男性，就我所見到的，都很棒，但通常太忙了。」（Wenocur and Reisch, 1989:33）。

　　那些慈善組織會社的女性志工，通常都是在雙生涯家庭（dual-career families）中成長，她們的父親，大多擁有政治頭銜，她們的母親則是社區志願服務者。這樣的家庭自然而然地會要求他們的女兒受教育，並且鼓勵她們傳承家風，進入社區服務，而不只是做一個稱職的母親、妻子而已。她們所受到的影響主要來自英國基督教社會主義（British Christian Socialism）與美

國的社會福音運動（Social Gospel Movement）。因為如此，社會工作對於女性來說不只是動機，也是志業。亦即，強調社會工作的使命（mission），也同時將慈善導向科學的慈善與創新（Wenocur and Reisch, 1989:33）。如同亞當斯女士（Jane Addams）所言：「女人結合理性與直覺的特質，很適合扮演實現文明化的使命（civilizing mission）的角色。」即使，在慈善組織會社裡是不可能激進（radicalize）她們的慷慨女士，反而是某種程度壓迫她們。其結果就是慈善組織會社複製了性別刻板印象，男性的地位與薪資高於女性。芮奇孟算是改變這種現象的代表之一。而以女性為主的志願的友善訪問者，也逐漸被有給薪專職員工所取代，到了1907年，志願的友善訪問者已剩下不到一半。到1917年更下降到只剩四分之一不到（Wenocur and Reisch, 1989:36）。

芮奇孟積極推廣慈善組織會社所定義的社會工作。1899年她應邀到費城的企業家社群去開拓捐款來源的演講會上說道：「我知道有許多人生性懶惰，他們沒有在直接強迫下是不會去做一件世界上的工作的。」「慈善的經費不應該無望的浪費、鼓勵懶惰、敗德、犯罪與疾病。因此，我們要鼓勵那些本性最低下、最壞的人們，讓我們提升他們的好本能，教他們勤勉、裁縫、清潔、自我控制。」（Wenocur and Reisch, 1989:32）

芮奇孟這樣的說法與當時上層社會主導的慈善組織會社之主張一致，呈現啟蒙模式的社會介入（Enlightened mode of social intervention），這是一種既滿足貧民的需求，又投捐款人所好的策略（Wenocur and Reisch, 1989:32）。慈善組織會社的濟貧原則是強化個人的生產力（productivity），這是承襲早期英國習藝所的精神，即使慈善組織會社是一種院外救濟（outdoor relief）。友善訪問者即扮演這種既幫助窮人，又傳遞上層社會意識形態的媒介。這種個案工作原則，以限制服務可行性來規訓案主在決定服務成果的目標上成為沒有聲音的人（Wenocur and Reisch, 1989:32）。

由於芮奇孟於巴爾的摩慈善組織會社的工作受到全國一致的好評，開始嶄露頭角。在巴爾的摩慈善組織會社的運行逐漸步上軌道之後，芮奇孟在

1900年接受費城慈善組織會社的邀請，轉任該社的執行長。而初到費城慈善組織會社的經驗，令芮奇孟感到挫折。創立於1878年的費城慈善組織會社，如同其母社在倫敦的經驗一般，出現良善意圖的混亂（a tangle of good intent），其組織採分散化作法，十八個分會各自獨立自主地運作，服務個案記錄格式完全不統一，財源分散而屢屢出現財務危機，因而影響到最基礎的服務。總會只不過是各區的組合（ward associations），中央辦公室對分會很難有控制力，因此很難達成當時組成慈善組織會社的初衷：試圖協調資源、有效執行公共與院外救濟。費城慈善組織會社如同一位當時的會員所描述的：「是體積龐大的一個雜亂無章的機制（a clutter of unwieldy mechanism），對窮苦潦倒的人家卻只能提供十分錢的救濟，還得維持兩家窮得可憐的住宿旅店。」於是，在芮奇孟的大力整頓下，費城慈善組織會社成為全美國第一個廢棄這種分權制度的組織。芮奇孟建立了新的個案記錄系統、重組兩個分區辦公室、建立一套統包的訓練計畫、整頓行旅宿舍（Wayfarer's Lodge），並引進新的募款信，好讓可能的捐款人願意捐款。同時，她還領導民間團體抨擊腐敗的費城市政府，施壓費城市議會通過法案，包括協助棄婦、無助者、童工、住宅、少年犯罪、心智障礙者等。她也倡議組成賓州社會工作會議（Pennsylvania State Conference of Social Work）和費城社會工作者俱樂部（Philadelphia Social Workers' Club）。不只如此，她還利用慈善組織會社訓練與督導有薪的日托、兒童之家以及費城醫院精神病部門的調查員（Woodroofe, 1962:102-103）。芮奇孟傳奇的事蹟又增添一筆。

　　1909年，芮奇孟轉任紐約羅素聖人基金會（Russell Sage Foundation）慈善組織部（Charity Organization Department），芮奇孟進入了生涯的另一個階段。起先，芮奇孟先在紐約慈善組織會社（New York Charities Organization Society）機構刊物《慈善》（Charities）與芝加哥的定期雜誌《平民》（Commons）合併的「慈善實務部」（Field Department of Charity）擔任總編輯。不久，「慈善實務部」合併到慈善組織部，芮奇孟則擔任主任一職，由於此部門工作主要以研究、教育與出版為主，因此芮奇孟

在此時期致力於從事研究工作，並出版不少書籍與文章，包含最廣爲人知的《社會診斷》、《何謂個案工作》。

參、重要事蹟

一、推動社會工作教育

　　1897年，芮奇孟在多倫多舉辦的全國慈善與矯正會議（National Conference of Charities and Correction, NCCC）上，對著在座許多美國公私立慈善組織領導人面前，發表「應用慈善訓練學校的必要性」（The Need of a Training School in Applied Philanthropy），提出她對慈善工作專業訓練的主張。芮奇孟認爲，爲了因應人數漸增的友善訪問者進入慈善組織會社領域，必須建立系統性的訓練與共享的知識教育，不然，友善訪問工作的經驗只能累積於個別的工作者，無法更有效率的分享給更多的工作者。另外，因爲領導巴爾的摩慈善會社的經驗，芮奇孟堅信若是友善訪問者可以分享工作經驗與知識，後進即可免於自行摸索和試誤的階段。芮奇孟更斷言，應該要揚棄過去隨意的、任意的、反覆試驗的訓練與工作方法。

　　而在對於社會工作知識傳授的型態，芮奇孟並不鼓勵以大學形式的教學方式傳授社會工作教育，她認爲大學式的訓練會落入過於學術與理論。相對的，她較推崇實務上知識與經驗的傳遞，她認爲：「實務工作者在工作現場所面對的事務才是被期待了解與學習的。」

二、奠定社會工作專業

（一）社會工作組織網絡連結

　　1905年全國慈善與矯正會議中，芮奇孟提倡「建立各地協會間交換資料

的機制」想法在會議中與成員達成共識，並受推舉爲建構組織的籌備委員。如前述，於1909年她受聘羅素聖人基金會擔任慈善實務部主任，建立了社會工作者間的交流網絡，以執行正式資料交換的計畫。例如：研究與統一個案紀錄及其格式、個案轉介流程、設立「推動中心」，以及出版慈善組織名冊等（莊秀美，2003）。

　　羅素聖人基金會的慈善組織部在1911年的「全國慈善與矯正會議」中，提出組成「全國慈善組織會社聯盟」（National Association of Societies for Organization Charities）的訴求，承接各層級協會溝通的業務；此後，慈善組織部便不再以組織改造爲主要工作內容，而是以社會工作相關研究、教育及出版等工作爲主。

　　在羅素聖人基金會的贊助和協助下，芮奇孟在慈善組織部任職期間，出版的書籍包括1912年由羅素聖人研究所（Russell Sage Institute）出版的《信任的交易：一種社會合作》（The Confidential Exchange: A Form of Social Co-operation）、1917年《社會診斷》（Social Diagnosis）、1922年《何謂社會個案工作》（What is social casework?）、1911年於全國慈善與矯正會議中發表《社會工作的藝術起始》（Of the Art of Beginning in Social Work）、發布有關《社會工作個別處置的基礎》（A Basis for Individual Treatment in Social Work）的研究結果，以及1913年爲回應寡婦年金政策而與哈爾（Fred Hall）共同發表《985位寡婦個案的研究》（Nine Hundred Eighty-five Widows）與《母親與年金》（Motherhood and Pension）等著作。

　　可見此時正是芮奇孟經由研究、概念化及系統性整理個案工作實務經驗，以建立個案工作理論基礎，使社會工作（個案工作）躋升至專業行列的重要階段。其著作中又以對社會工作專業帶有重要意義的《社會診斷》與《何謂社會個案工作》兩本書籍最廣爲人知。

三、奠定社會個案工作的基石

（一）社會診斷

　　1915年，佛雷克斯諾（Abraham Flexner）批判社會工作仍不能稱為專業，因為缺少理論體系，而且執行過程中無法釐清個人責任（林萬億，2013）。針對佛雷克斯諾對社會工作仍然不是專業的批判，芮奇孟出版《社會診斷》一書，成為許多社會工作學校的教科書。從1910年起，到1922年，芮奇孟每年花四個星期讓實務工作者可以跟她討論案例。她要「開大門、敞心胸」，她說：「期望思考事物能夠更加完整，一次再一次，不論須要花多少時間。這樣才能使組織與人保持年輕。」（Woodroofe, 1962:104）

　　在任職慈善組織部期間，芮奇孟花很長的一段時間，開始苦思如何概念化個案工作。她教導年輕的個案工作者，如何將個別的處置過程化的技術能有秩序地、可描述地、可傳遞地從一個社會工作者到另一個社會工作者。一開始，芮奇孟簡單地相信，透過耐心、堅持與忠實的友善訪問者到貧民家中訪問，透過他們的個人影響力，就可以讓那些不幸的人改善自我控制的習性。漸漸地，她發現，即使經由所有努力，個人的復原不見得經常會出現。家庭、個人、鄰里、公民、公共慈善的力量，合作才可能帶來個人與其環境的改變。因此，一連串的步驟發生在不同的人身上：有給薪的工作人員調查（investigation）、志願工作人員委員會的個案規劃、友善訪問者的復健。這就使她開始有系統地探討個案工作的流程、研究情境的事實、診斷問題的本質、計畫與執行處置。這些步驟是可分辨的、有秩序的、可研究的與可教導的（Woodroofe, 1962:105; Agnew,2004）。

　　當這些個案工作的過程逐漸被發現後，如同波爾曼（Perlman, 1957）所描述的：「就像小孩子初次拿起萬花筒一般，看到玻璃上混雜的片段光點，一旦轉動玻璃筒，瞬間萬花齊放，光彩奪目。但是，卻不成意義的花樣。要形成模式，必須耙梳、秩序化、描述，以及給予新的令人興奮的特性。」芮奇孟就這樣找到個案工作的過程：研究（investigation）、診斷

（diagnosis）、與所有可用來協助的資源合作（co-operation）、處置或治療
（treatment）。

芮奇孟認為「社會調查」可分為「實驗」（laboratory）與「臨床」
（clinical）調查，是社會工作最基本的技術；此外，社會改革必須注意個別
性差異，因此亦重應視「臨床調查」。因此該書特別強調社會環境對人的影
響，認為人之所以遭遇困境是因為社會制度的不健全，或是環境不良所導致
的後果。而在可運用方法上講求會談的技巧，提供善意的勸導，要求案主合
作，以減少人際關係的困擾或挫折不安，這些皆成為日後社會個案工作的典
範（許臨高，2010）。

在1910年代，心理學與佛洛依德精神分析已開始影響個案工作，無
怪乎芮奇孟的同事認為《社會診斷》是以心理學為基礎的社會個案。不
過，就其書中內容來看，其實社會學的影響還是大於心理學（Woodroofe,
1962:106）。芮奇孟所研究的案主行為，其實是性格學（characterology），
而非甫被引進美國的佛洛依德精神分析。那種從內在強迫力量來解釋人行為
的革命性新知識，還來不及被納入《社會診斷》的書中。不過，在書中，處
置部分被介紹的比較少。是不是就如同其同事所言，佛洛依德分析已進入美
國，芮奇孟故意留下一些空間給這新生的知識？還是，她相信診斷與處置之
間很難截然畫分之故。在《社會診斷》書中，研究與診斷被統稱為社會診
斷。她定義社會診斷為：「盡可能地精確地定義案主的社會情境與人格。」

如同佛雷克斯諾批評當時的社會個案工作者只是個中間人（middle
men），不夠格稱為專業。芮奇孟也深知個案工作使用關係（relationships）
的重要性，早期的友善訪問者就是以友善關係來影響個人與其環境的調適。
她認為個案工作技巧第一是發展能型塑人格的社會關係；第二，有能力進入
關係的核心；第三，運用直接的行動於心對心的調適上；第四，直接與間接
的領悟，和直接與間接地對案主的心採取行動（Lubove, 1965:48）。雖然如
此，《社會診斷》終究不是一本個案工作關係的書籍。即使，《社會診斷》
在第一次世界大戰之後出版，極力凸顯社會環境因素的重要性。仍然抵擋不

了佛洛依德精神醫學洪流侵襲社會工作（Woodroofe, 1962:112）。不過，本書已堪稱社會工作專業化的重要里程碑。

（二）個案工作的擴展——推動家庭社會工作

1914年，第一次世界大戰爆發，芮奇孟支持參戰，並主張個案工作應用於保護士兵的家屬，使得個案工作從以往重視「貧民」，拓展至廣大需要協助的人民。芮奇孟主動指導紅十字會的家庭服務（Red Cross Home Service），1917年即藉由出版《家庭服務手冊》（Manual of Home Service），以簡明的方式向從事家庭服務的工作人員說明個案工作的基本原理與方法、開辦「家庭服務機構」（Home Service Institutes），使用個案紀錄的方法訓練新手志工，擴展了個案工作的概念、方法及其影響層面（Lubove, 1965:44）。

（三）何謂社會個案工作？

1922年，芮奇孟又出版了另一本書《何謂社會個案工作？》（What Is Social Case Work? An Introductory Description），使個案工作更加理論化，也有更完整的體系。該書闡明「什麼是個案工作，與為何是如此」（Inquire into what social work is and why it is?）。由於1930年，精神病理學與心理分析學的蓬勃發展，加上二戰結束後，受到刺激的退伍軍人與平民產生問題，家庭與兒童福利機構無法改善兒童的家庭環境。故透過精神病學分析個人人格發展成為顯學，芮奇孟亦受影響，也注意個人心理層面的分析，希望達到人格發展（the development of personality）之目的（莊秀美，2003）。

該書中先以海倫凱勒（Helen Adams Keller）與蘇利文（Anne Sullivan）小姐的故事，描述個案工作的樣貌，再分別以實際案例，說明個案工作的定義，與個案工作存在的必要性（如人類的互賴性），也討論到環境（如家庭、學校、工作等）對個人的影響，又個案工作該如何於運用於不同場域；最後說明不同形式社會工作的關係、個案工作與民主的關係。

芮奇孟主張個人與環境是密不可分的，她反對人格與環境的二元論，認爲兩者是交互影響的，人格的發展是產生於人與環境的交互作用之下；換言之，社會關係的建立與社會環境對其人格的發展有著重要的影響，故需要同時了解「人」及其所處的「環境」；此外，芮奇孟並從六個個案紀錄中，彙整出個案工作的兩項主要技巧，即「領悟」（insight）與「行動」（act），其具體內容如下：

1.了解個人特質（personal characteristics）與個體性（individuality）。

2.領悟社會環境的資源與危險。

3.直接行動─心與心的互動。

4.間接行動─改變社會環境。

而專業人員與非專業人員運用上述技巧的差異在於，非專業人員或許能獨立執行上述某一項技巧，但專業人員應經由不斷地訓練與再學習，以「融會貫通」地運用上述四項技巧，以達成效。

綜論之，芮奇孟的著書開創了社會工作的新觀點與個案工作的新視野，而戰爭時期所產生的社會變動，使得個案工作推展到更廣泛的層面，也爲其開闢了全新的取徑。這不僅爲芮奇孟在社會工作歷史中奠定了穩固的地位，更在社會工作的長河中，留下兩本雋永且經典的鉅作，留給後繼者追隨前輩寶貴經驗與知識的方向。

肆、社會改革

1905年至1914年間，美國社會進步主義、社會改革思潮盛行，以個人爲對象的服務被視爲只是緩和策略，個案工作的有效性失去說服力。而「消滅貧窮」才是最根本的作法，因此改革產業與社會條件是當時的潮流所趨。

在此時代背景之下，芮奇孟稱此階段是「重新思考自我」時期，她也成爲社會改革的指導者。她批評市政的腐敗，並推動許多改革法案的通過，

例如前述組成賓州兒童勞動委員會並推動兒童勞動法、推動設置少年法庭與兒童局、指導住宅調查並推動住宅協會、推動精神耗弱婦女與兒童保護機構的立案、推動慈善團體間的合作機制、推動社會立法等。對芮奇孟來說，她參與社會改革雖然是時代所趨，但是這些改革的推動亦是源自慈善組織的理念。

（一）零售法改革

另一方面，在這個「社會改革才是主流」的時期，芮奇孟開始思考個案工作與社會改革二分的必要性與個案工作的社會價值。1905年，芮奇孟撰文〈零售法的改革〉（the retail method of reform），首次表明她的基本立場，並提倡社會工作的重要價值。她將以個人為對象的慈善組織與社會改革大致區分為「零售法」與「批發法」（the wholesale method of reform），指出兩者的相互關係與前者的重要性。對芮奇孟來說，「零售法」——也就是個案工作才是社會改革的原動力，社會改革必須從細部的具體事實出發，而且如果社會改革要能有效運作達到個人層次，絕對需要個案工作的基礎，因此社會個案工作也是社會改革的一環。她說：「不論是公共或社會改革者在進行任何改革時，都必須一個一個人的處理，而不是把人當成群眾來改革。」（Woodroofe, 1962:104）

（二）寡婦年金論戰

1911年，為保障未滿十四歲兒童的受教權與受照顧的權利，並防止兒童落入不佳狀況（例如：淪為童工或被迫進入救濟院），密蘇里州與伊利諾州首先實施「母親津貼」（Mother's Pension）；其後，各州也陸續實施「母親補助」（Mother's Aid）、「寡婦年金」（Widow's Pension）等方案（Trattner, 1999）。

應不應該執行「寡婦年金」的政策引發了熱烈討論，卡爾斯登（C. C. Carstens）在研究不同都市中有關「寡婦年金」的特殊個案，並出版「攜子

寡婦的公共年金」之研究報告後指出，若當局未經思考便立刻通過「寡婦年金」，將會危害寡婦的公共救助。但各地的慈善組織會社則認為，此時較適合放寬公共院外救助，卻由於寡婦公共年金的爭論嚴重，因此，紛紛向慈善組織部請求相關資料與建言。

芮奇孟因此深入研究各地慈善組織會社的寡婦與兒童個案處置計畫，並於1913年與哈爾（Fred Hall）發表《1910年慈善組織會社的985位寡婦個案之研究》（Study of Nine Hundred and Eighty-five Widows Know to Certain Charity Organization Societies in 1910），內容包括寡婦在不同場域（如家庭、工作場所機構）的社會地位、福利待遇等分析；以及寡婦（單親母親）家庭成員的心理及其外在表現（莊秀美，2003）。

1913年，芮奇孟與慈善組織部藉由《年金與社會工作者》（Pensions and the Social Worker）與《母親與年金》（Motherhood and Pensions）等論文，聲明其反對寡婦年金實施的立場；其論點如下：大眾已將「年金」與「救助」混淆，「寡婦年金」較偏向「救助」，很可能將「寡婦」變相分類成另一社會階級，產生烙印效用；而在尚未經過深思熟慮之前，將寡婦年金法制化是十分危險的，萬不得操之過急；更甚者，年金給付僅能暫緩寡婦家庭的經濟，短暫提高其收入，但實物給付能更個別化、技術化地提供量身訂做的服務，滿足個別需求。承襲英國慈善組織會社傳統，對於主張零售改革的芮奇孟來說，反對寡婦年金是可以理解的，就像英國的慈善組織會社代表博山葵夫人、希爾、洛可等人反對韋布夫人的少數報告一般（林萬億，2013）。上述芮奇孟對寡婦年金的主張，被珍・亞當斯（Jane Addams）等進步主義者，批判為保守主義者與異議份子，對芮奇孟來說，此種同志間的分裂是其生涯中不可抹滅的痛。

伍、生涯轉折

一、芮奇孟與珍·亞當思

若要談到美國近代社會工作的先鋒，絕對不能遺漏芮奇孟與珍·亞當斯（詳見第七章）。兩人出生在同樣的年代，年齡相差一歲，但家世背景不同。從前述可以知道芮奇孟並非出生於富裕家庭，而是經歷過貧窮經驗的社會工作者；反觀亞當斯出生於富裕的中產階級家庭，接受過良好的教育與薰陶。出身的差異或許造就了兩人往後發展的差異。兩人不無「既生瑜，何生亮？」之憾。在此不再針對亞當斯的事蹟多作闡述，本段將主要關注在兩人在當代的接觸與互動。

有一有趣的現象是，在1907至1912年間，芮奇孟每年皆會在全國慈善與矯正會議上發表論文，但唯有一年芮奇孟並未在大會上發表文章或論述，而那一年正是1909年，亞當斯擔任全國慈善與矯正會議主席的那一年。當然，若從這樣的事件去檢視她們的關係可能稍嫌武斷，但我們仍能從過去文獻中推敲出，芮奇孟與亞當思之間的競合關係。

兩人最初的意見分歧來自於對於社會改革的推動持不同看法，亞當斯認為改革才能夠根本的從結構去改善制度所造就的不平等與需求；然而芮奇孟相當不認同全面投入社會改革的看法，她認為個案工作的特別之處在於，服務具有其獨特性與專一性，服務因為不同的人而有不同的形態與方式。相對的，社會改革的走向反而透過觀察群體的共同性需求，類化和一般化對於個人的服務，而這不是她所相信的社會工作。這樣的戰火也持續延續到寡婦年金的論戰上，如同前述，芮奇孟認為在不全然了解問題癥結的情況下，提供單一性的給付是很難有所成效的。但亞當斯等人卻是支持寡婦年金的實施，認為這是不得不推行的必要措施。

而除了在社會改革的推動上持相異立場外，亞當斯對於當時芮奇孟所推動社會工作專業化也持反對意見。芮奇孟在透過研究、概念化並系統性地

整理個案工作實務經驗，建立個案工作理論基礎，奠定了社會工作專業。但亞當斯卻對此提出了質疑，當時所謂的社會工作專業並非建基在從鉅視到微觀的整體系統上，且主要是援引其他領域的學說作爲理論的基礎，例如：精神分析學派聚焦在以家庭與個人爲主的理論、工作方法與實務等。亞當斯擔心社會工作是否會因此落入技術導向的專業，而忽略了社會工作最初的價值——同理心與服務熱誠。她認爲透過教授他人生活上大大小小的技巧，會使得社會工作者漸漸忘了本欲改善個人的初衷，這樣的狀況是她所不樂見的，因此，她爲當時的專業化過程提出提醒與不同的觀點。

在簡述兩人在不同立場的觀點，與彼此競合的關係，其實可以發現到，雖然因爲時代的演進，他們在社會工作界的權力和地位有所消長，但是他們的作爲其實只是在不同的出發點上回應一個作爲社會工作者的初衷與價值。透過兩人對社會工作的貢獻，也使現在的社會工作更堅持專業價值、倫理以及多元化的服務方法，不因歷史的洪流而變調。因爲有他們兩個彼此所持立場和辯證的過程，才讓現在所謂的社會工作價值、社會工作服務的多元性等延續到現在，帶給後進者對於社會工作更多的省思。

二、晚年，不輟

1918年夏天開始，芮奇孟健康急轉直下，參與基金會的時間日漸減少，轉爲居家工作，至1922年後便無法再開辦講習會、接觸新一代的社會工作者。因此，只與少數朋友討論與讀書；然而她並未放棄其研究的興趣，芮奇孟在1920年代左右，開始關心美國的婚姻法，便從此議題衍生出其他的研究興趣，到芮奇孟過世的前十年，以「兒童婚姻」與「寡婦」兩項爲其主要的研究議題。

1925年芮奇孟與哈爾（Fred Hall）合著《兒童結婚》（Child Marriage），內容以不同科學（例如：心理學、種族、社會性、地理學）、性別差異等層面探討少年的婚姻，及有關社會福利法可能帶來的影響，是芮

奇孟研究婚姻法的部分內容。然而礙於健康狀況，其完整的研究成果並未在她有生之年展現。

雖然芮奇孟的健康每況愈下，她仍在1927年推動「美國的家庭福利——慈善組織會社五○週年紀念大會」，從安排議程、演講者、設計紀念大會的象徵（點火的火炬圖案）與標語〔「火炬傳遞、生命傳承」（Light from hand to hand, life from age to age）〕她都一手包辦，並在大會中進行了她生平最後的一場演講——「婚姻與社區的關係」（Concern of Community with Marriage）。

1928年，芮奇孟被診斷為癌症末期；但芮奇孟仍持續修訂《婚姻與國家》（Marriages and the State），這是芮奇孟研究婚姻法的結晶，於她過世後，後人替她發行。1928年9月12日，芮奇孟於紐約自宅去世，之後葬於巴爾的摩；但她的死亡並未終止她對於社會工作的影響，她的精神和貢獻仍在後世持續發酵。

陸、社會影響—推動社會工作專業化

1897年，芮奇孟在多倫多舉辦的全國慈善與矯正會議（NCCC）中，大聲疾呼「慈善工作學校訓練的必要」（The Need of a Training School in Applied Philanthropy）。雖然，她不是第一位發出這種警訊的實務工作者。但是，以她在當時慈善組織會社的影響力，發出如此震聾發聵的訴求，必然引起各慈善組織的注意，開啟了社會工作教育專業化的時代。

1898年，紐約慈善組織會社首先回應芮奇孟的鼓吹，開辦為期六週的「慈善暑期學校」（Summer School of Applied Philanthropy），提供志工與友善訪問員一連串的訓練課程，課程內容十分充實且討論議題包羅萬象，例如：到四十所機構參訪；三十九場主題為社會工作、社會科學、紐約社區改革、國家改革的演講；實務方面則是將學員安排至慈善組織會社（C.O.S.）

的分會工作。紐約慈善組織會社所舉辦的慈善暑期學校成為第一個社會工作專業訓練學校（後來成為哥倫比亞社會工作學院），改變了過去社會工作訓練是依賴自我反省、自我督促和其他隨手可得的機會的學習方法。1909年芮奇孟也在該校擔任教職。

六週延長至一年。除了紐約慈善組織會社之外，其他地區的組織亦在隨後陸續開辦社會工作相關的教育課程，例如1903年，芝加哥公民與慈善學校（The Chicago School of Civics and Philanthropy）成立，同年哈佛大學與西蒙思女子學院（Simmons College）合力成立波士頓社會工作者學校（Boston School for Social Workers）（林萬億，2013）。

如前所述，除了建構系統化的個案工作，芮奇孟使得社會工作躋升專業行列之外，其在社會工作的專業教育上更是付出了許多心力。羅素聖人基金會於其創建百年的文宣上，肯定芮奇孟奠定了強化個案工作的專業（Russell Sage Foundation, 2007）。芮奇孟對社會工作專業化的貢獻，不僅止於當代，更因其堅持專業訓練，使得後世社會工作者能有接受專業教育與訓練的場所；為了嘉譽其貢獻，1921年史密斯學院（Smith College），以「確立新職業的科學基礎」的功勞，頒授芮奇孟榮譽藝術碩士學位。

柒、對社會工作者的啟示

提到社會工作中個案工作的歷史，沒有人會遺漏芮奇孟的貢獻，更沒有人會忽略她重要的著作《社會診斷》與《何謂社會個案工作？》，而在個案工作範疇之外，她也是社會工作專業化的重要推手，影響了後來社會工作專業學校的建立。芮奇孟在社會工作歷史脈絡中的地位，相信是社會工作領域後進者有目共睹且共同推崇的。而作為一位個案工作者，她仍不忘推動必要的組織改造、社會改革，而不是沉溺於從個案身上獲得的改變成就。

對個案工作來說，芮奇孟是典範的建立者；對社會工作專業來說，芮奇

孟更是幕後孕育理想的母親。但是，在這樣豐偉的事蹟背後，任誰都難以想像芮奇孟並沒有顯赫的學歷，家境貧困的她只擁有不起眼的高中學歷，再加上努力不懈、自我鞭策的學習動力。因此，芮奇孟給我們的啓發不僅僅局限於社會工作專業的典範與知識，她更是一個後進者學習的模範，讓我們明瞭文憑學歷並不會決定一切，只要有一顆對於社工專業堅定不移的心、秉持著持續自我學習的信念，我們在社會工作領域上都有可能開創另一種可能的成就。

第九章　艾格蘭汀・杰柏
不穿絲質服飾的社會工作者（No Silk -Blouse Social Worker）

前言　玫瑰與針

　　散發著清香、綻放如孩童笑靨般粉紅花朵的英國玫瑰，具體而微地傳達出艾格蘭汀‧杰柏（Eglantyne Jebb，1876-1928）那帶著些許天眞、爲兒童權益付出一切的心意。然而，假如你認爲她只是一個充滿母性光輝、環境優渥而不知民間疾苦、天性過於浪漫的貴族女子，那可就大錯特錯了。正如艾格蘭汀在拉丁原文的意思，她的一生可以說是「針」的絕佳代表。

　　有別於當時的社會期待，出身上流階級的艾格蘭汀沒有選擇乖乖地待在家裡，作一位端莊優雅的淑女，在那充滿蕾絲花邊和下午茶的貴族世界中，靜靜地展現她嫻熟的刺繡技巧；亦非成爲一位勤儉持家的賢妻良母，手裡拿著各式的繡線，在昏黃的燈光下，修改親愛兒女的衣裳。

　　相反地，她走進社會的底層——連慷慨的慈善家也不願接近的角落，握著被稱爲社會工作的針線，縫補著社會的缺口。這位即將登場的人物是——艾格蘭汀‧杰柏。

壹、童年生活

一、家庭背景

　　艾格蘭汀出生在1876年的英國鄉鎮什羅普郡（Shropshire）。她的家庭在當地是顯赫的上層階級家族。艾格蘭汀的父親亞瑟‧杰柏（Arthur Jebb）繼承龐大的地產成爲大地主，並在上層階級的社會中具有一定的影響力。亞瑟於牛津大學畢業後從事訴訟律師的工作，同時是個思想家。對於自身期許承擔社會責任與實踐人道關懷的理念。亞瑟受其祖母與母親的影響很深，特別是在藝術的部分。亞瑟的祖母曾經在當時向英國最厲害的畫家拜師學藝，亞瑟的母親也受其影響。亞瑟的文學天分非常好，因此文藝氣息渲染了整

個杰柏家族的孩子，特別是艾格蘭汀，她從小就是個很會講故事的孩子，也不斷地在家族刊物上發表文學作品，透過書寫讓她找到屬於自己的另一個世界。

艾格蘭汀的母親家族暱稱為泰（Tye），全名艾格蘭汀‧露薏莎‧杰柏（Eglantyne Louisa Jebb）是愛爾蘭基靈內（Killiney）人士。愛爾蘭杰柏家族與英格蘭杰柏家族是否很親近，歷史並無追溯。她們兩家應屬遠房堂親。亞瑟與泰的婚姻被稱為門當戶對（a good match）。1871年4月，亞瑟二十五歲時與二十歲的泰在都柏林結婚。婚後就搬到百甲土地的萊斯（Lyth）新居。一起住的還有亞瑟三十歲未婚的姊姊露薏莎‧杰柏（Louisa Jebb）和鯉夫哥哥。這個大宅院裡聘了十二個僕人服侍。隔年，長女愛米麗（Emily）報到，1873年次女露薏莎（Louisa）出生，1874年長男理查（Richard）出世，1876年艾格蘭汀出生，1880年次男干繆（Gamul）也出生，1881年桃樂絲（Dorothy）出世。姑姑暱稱邦恩（Bun）與泰的教育理念相近，同樣是希望透過教育培養孩子對世界的好奇心和協助他們建立自己的一套價值體系。除了大量的閱讀，假日也會一起去戶外騎馬與打獵，陪伴杰柏家族的孩子體驗這個世界。

艾格蘭汀的母親泰是個具有社會改革理想的女性，她將最小的女兒桃樂絲拉拔大之後，便投身創立家庭藝術工藝協會（The Home and Arts and Industries Association, HAIA）進行濟貧工作。這個部分在下節會詳述這個經驗的內涵與如何影響著艾格蘭汀。

艾格蘭汀的姑姑邦恩是一位女性主義者，主要倡導爭取女性的投票與教育權。邦恩成為杰柏家孩子的另一種學習典範，並在他們生命前中期都扮演著推手的角色。

艾格蘭汀家中的六個兄弟姊妹，因為整個家族所給予的觀念與培養，使得他們多投身於社會行動之中。其中艾格蘭汀的妹妹桃樂絲，還是艾格蘭汀後期創立兒童救援基金會（Save the Children Found）的重要工作夥伴。

二、求學經驗

（一）求學的阻力：父親的擔心

　　艾格蘭汀一直喜好讀書，但她父親亞瑟生前堅決反對讓艾格蘭汀就讀大學，他的原因不外乎是擔心女兒在大學的教育摧毀下變成一位無趣、過度獨立的新女性，而找不到下半生可資依靠的結婚對象。這樣的觀點在當時的上流階級相當普遍，然而十九世紀末大學才開始部分開放上層階級的女性進入就讀，因此當時女性擁有高教育水準者在數量實際上相當少。1870年英國的教育法通過，於是小學教師的數量需求大幅上升，但薪資低廉且辛苦，亞瑟擔心艾格蘭汀在受教育後被迫去當教師，這樣其實不論是對艾格蘭汀本身或她的大學都是一件不好的事情。

（二）遨遊於知識海中：進入牛津大學

　　1894年，亞瑟突然生病去世，在姑姑邦恩的說服與資助下，母親泰答應讓艾格蘭汀前往就讀牛津的淑女瑪格麗特學院（Lady Margaret Hall），這是牛津第一個女子學院。艾格蘭汀很感謝她的姑姑給予她這樣的支持和機會，特別是在她一度認為未來沒有其他可能性的時候。

　　淑女瑪格麗特學院是一所在當地極具傳統、宗教性與進步的學院。在艾格蘭汀抵達學校時，當時的校長與副校長都相當歡迎且欣賞她。特別是副校長皮爾森小姐（Miss Pearson），她經常花許多時間與艾格蘭汀及其同學們徹夜未眠地討論歷史、文學以及社會議題，艾格蘭汀認為皮爾森小姐是在她求學過程中教導她最多的人。艾格蘭汀在大學研究歷史，特別是羅馬與希臘的歷史，當時她認為閱讀歷史可以帶給她全世界、全方位的經驗，因此她對此特別有興趣。在課外活動方面她也積極參與辯論活動，並在辯論社團內擔任要職。艾格蘭汀的大學生活除了學習之外仍充滿了娛樂，她不時和朋友跳舞、看劇、打曲棍球以及騎馬等。

　　牛津也打開了艾格蘭汀的視野，讓她發現婚姻不是女人唯一的天命。在

一次參加好友塔伯特（Mary Talbot）與里茲牧師學校（Leeds Clergy School）校長伯洛（Reverend Winfrid Oldfield Burrow）的婚禮上，她寫下：「現在就看到犧牲在兌現了。我如此與婚禮的場景保持距離，我仍然太靠近我自己平靜的心靈。我鮮明地勾畫出如果這個婚禮會出現，必須是我自己身處相反的一端的期待結束爲止。」（Mahood, 2009: 69）

（三）沉重且意外的打擊：干繆之死

　　在她就讀大學的過程中，1896年的3月，她的弟弟干繆（Gamul Jebb）因爲得急性肺炎去世了，這個突發事件對整個杰柏家庭造成很大的影響。與干繆最親近的妹妹桃樂絲最無法釋懷，一面責備自己，在天氣寒冷干繆穿過少衣服時，沒有堅持阻止他，另外又責怪父母替干繆取了不吉利的名字等等；母親泰也因爲無法承受再失去一個孩子的風險而打消讓桃樂絲到外頭念書的念頭，而在晚期生病時也限制著艾格蘭汀與她居住。對艾格蘭汀而言，這是一段難以走過的低潮，過往可藉由書寫來轉化自己的負面情緒，這次卻完全失效。這次的經驗中，艾格蘭汀也自責，但卻產生更多對生命的體悟。干繆的死亡帶給艾格蘭汀很大的轉變，她充分的了解生命的有限與珍貴，艾格蘭汀說道：

　　一個人可以爲這個世界做更多事，但前提是這個人必須是活著的……。

　　另外，她也逐漸將關注的重心從個別的人際交遊轉向大眾群體的福祉上，她時常認爲干繆就在她左右，時時刻刻提醒她要爲公共事務付出心力。在牛津的第二年，艾格蘭汀認識學校的財務長，湯恩比的遺孀夏綠蒂‧湯恩比（Charlotte Toynbee），經由她的介紹讓艾格蘭汀了解在1880年代牛津與劍橋男人會前往倫敦東區的睦鄰中心提供志願服務，以學習勞工的生活。當年湯恩比先生就是希望自己成爲「穿著工人裝的中產階級」。1897年艾格蘭汀利用復活節的假期進入位於貝斯諾綠地（Bethnal Green）的牛津大學睦鄰

中心做志工（Mayhood, 2009:70-71）。1898年夏綠蒂‧湯恩比帶著艾格蘭
汀訪問牛津的濟貧法學校（Poor Law School），提醒艾格蘭汀有多少事情還
沒有做，並催促她進入師範學校接受訓練，好協助貧窮的孩子。這個念頭對
她來說不是什麼新鮮事，其實姊姊早就提醒過——貧窮的孩子需要教育，但
是，教師的薪水很低。不過，對於重視生活大於金錢的艾格蘭汀來說是適合
這個工作的。亦師亦友的夏綠蒂‧湯恩比又告訴她：「不要浪費生命在學院
裡，因為不論男生女生獲得大學學歷之後，就會往上攀升進入較高的專業位
置，不論是透過進入私立學校或高中，或教育局督學位置，如同艾格蘭汀父
親在1870年代所期待的。」但是，對於艾格蘭汀來說：「大學已結束。」她
希望進入公立學校去教授貧窮家庭的孩子。

（四）邁向教師之路：進入師培學校

　　從牛津大學畢業後，艾格蘭汀認為她不確定牛津實際上裝備了她什麼，
但她看見了社會上的不公不義，而立志要成一個能夠為社會帶來改變的人
生。艾格蘭汀認為教育是最能夠實踐並融合她對社會改革的理想以及對教育
的興趣。畢業當年的九月，在湯恩比夫人的協助下進入英國與外國學校會社
學院的斯托克維爾女子教師訓練學校（Stockwell Teacher Training College）
就讀。當年她二十二歲，該校有二千一百九十三個女學生，一千三百七十八
個男學生，六十一位教師。以1899年為例，生產出二千五百位新進教師。

　　當時同樣就讀斯托克維爾教師訓練學校的同學多為中下勞工階級的女
性，她和她們相處得並不好，除了階級差異之外，艾格蘭汀從來沒有受過高
等以下的公共教育。也因當時的教授內容部分為持家的知識與技巧，皆是艾
格蘭汀所不熟悉的，她因此感到很挫折，認為自己並沒有教學的天賦。在過
程中發現，她先前對於教育的想像是完全不實際的。

貳、邂逅社會工作與社會改革

一、時代背景與家庭的影響

　　艾格蘭汀出生在英國的維多利亞時代，當時英國在工業革命鼎盛發展之時，光明的背後隱藏了巨大的失業、貧窮議題，貧富差距相當大。

　　說到艾格蘭汀與社會改革的邂逅，應該從她小時候的家庭生活開始。比較特別的是，她的母親泰創立了家庭藝術工藝協會（HAIA）來處理她所及範圍的貧窮議題，當時整個杰柏家族的較年長小孩都參與在其中，更成為他們心中社會行動的具體典範。

　　創立家庭藝術工藝協會的緣由，來自某一天泰走在鄉間路上，遇見一位穿著破爛且沮喪的男孩，因為他已經連續好幾年做著無意義的搬運工作，且他的未來看似並沒有什麼改變的可能性。目睹這一幕的泰嚇到了，泰當下便決定要為同樣命運的年輕人提供不同的機會。泰在短時間內在家中閒置的空間，設置成為製作椅子、繪畫、拼貼工藝等空間，並找來附近的天然木材做材料，讓那些窮人來到這個工藝中心創作作品，並透過販售商品獲得其薪資與提供工藝中心營運的經費。當時杰柏家較年長的小孩也一起和他們進行創作工作，在這過程中提供他們與己不同階層的人們互動的經驗，並完整見證母親泰從概念發想到實踐行動的整個過程。

二、參與睦鄰組織經驗

　　艾格蘭汀在就讀牛津大學時，短暫參與了當時在倫敦的貝斯諾綠地大學睦鄰組織，睦鄰組織提供一個讓大學知識分子得以與勞工階級共同生活、工作的機會。這次的經驗給予艾格蘭汀兩個很重要的概念並成為日後重要的個人哲學核心，第一是透過這樣的方式得以有效地打破階級的隔閡，第二是積極的參與社會的重要性。艾格蘭汀同時認為透過睦鄰組織來處理貧窮議題是很棒的方法，藉由像是鄰居般自然的建立友好的關係作為基礎。在艾格

蘭汀參與完這次的睦鄰組織不久後，她便協助她在淑女瑪格麗特學校中同學桃樂絲‧坎培（Dorothy Kempe）成立LMH睦鄰組織（LMH settlement in Wandsworth）。然艾格蘭汀並沒有參與在其中。

後來在艾格蘭汀一本未出版的小說《環形圍籬》（The Ring Fence）中，有一個角色名為佛萊達‧瓊絲（Frida Jones）的女士便因為耗費過長的時間在睦鄰組織裡工作而損毀她的身體健康，並將其環境描述成醜陋、雜亂的。由此可以看出艾格蘭汀本人對於睦鄰組織並沒有太多的幻想與實際長時間參與的動機。

三、擔任教職

1899年結束了在斯托克維爾教師訓練學校的學習，在艾格蘭汀舅舅的安排下，她來到馬爾堡（Marlborough）郊區的聖彼得教會學校（St. Peter's Church of England School）教書。這個地區大多為中下勞工階層人民所組成，環境較簡陋、物資缺乏。在這裡教書的過程中，她與這些勞工家庭出生的女孩互動，讓她更看見不同於她的人們如何生活、想法如何形成。艾格蘭汀在這裡的經驗，深深影響了她對勞工階層的想法，並在後續的貧窮研究中，給予她許多得以描述與想像的經驗範本。

四、參與慈善組織會社經驗

艾格蘭汀結束在馬爾堡的教職，同時因為母親泰的病情而遷往劍橋居住，那裡有泰的弟弟理查（Sir Richard Jebb）和其美國籍的太太卡洛琳（Lady Caroline Jebb）。卡洛琳是英國商人在1820年代移民美國時所生的下一代。卡洛琳原是軍人遺孀。這位三十歲的寡婦旅遊法國、瑞士之後，落腳劍橋，她有如泰坦女神般的美貌（Titianesque beauty）。她自豪地說，要求娶她的男士如過江之鯽，每天至少有三人來約她，包括劍橋副校長。在哪裡，邂逅了二十九歲的劍橋畢業生理查‧杰柏（Richard Claverhouse

Jebb）。經過三年的追求，他倆終於在1874年8月在萊斯（Lyth）大宅結婚。婚後回到劍橋，做起教授太太，並靠著靈活的手腕與美貌在社交圈打出知名度。當泰一家人初到劍橋時，透過這位杰柏淑女（Lady Caroline Jebb），也就是艾格蘭汀的舅媽引介她們進入當地的社交圈。艾格蘭汀的美麗外貌與卓越的思維使得她在劍橋的社交圈受到廣大歡迎。不久，杰柏淑女邀請她們母女倆加入當地的劍橋淑女討論會社（the Cambridge Lady Discussion Society, CLDS），其成員組成皆由劍橋的菁英與其母親、女兒所組成，當時這個會社經常替慈善組織會社的方案募款，參與各種慈善活動。參與劍橋淑女討論會社使得艾格蘭汀得以密集的接觸這些被她擺在一旁的社會議題，並重新開啟她與社會工作的互動。

抵達劍橋一段時間後，艾格蘭汀也到校園內旁聽一些政治經濟的課程，其中一門課的授課老師瑪莉‧馬歇爾（Mary Marshall）非常欣賞艾格蘭汀的論文與其能力和經驗，並鼓勵她繼續在社會慈善的議題上耕耘。由於馬歇爾的鼓勵，艾格蘭汀拜訪當時慈善組織會社（C.O.S）的祕書長佛羅倫斯‧凱恩斯（Florence Keynes）。凱恩斯太太就是鼎鼎大名的經濟學家凱因斯（John Maynard Keynes）的母親，也是後來的劍橋市長。凱恩斯太太閱讀完艾格蘭汀的論文後，向艾格蘭汀表達當時1900年代初期因為工業化的結果產生大量的貧民與失業潮，目前慈善組織會社急需要一位能夠幫他們作一個全面性調查的人，艾格蘭汀便接下這個任務。

劍橋慈善組織會社是由1869年兩位慈善改革家查理斯‧博山葵（Charles Bosanquet）和查理斯‧史都華‧洛可（Charles Steward Loch）建立，他們相信：那些「不值得幫助的人」與「職業乞丐」伸出手就可以要到足夠生存的錢，他們就不會誠實的將自己投身於每天工作當中。所以慈善組織會社擔當1861年伊莉莎白濟貧法（the Poor Law）中整合、協調各教區與慈善組織資源的責任，避免資源重疊。當然，慈善組織的另一個目標就是減少慈善機構的氾濫，也防止這些被機構認為狡猾又奸詐的「不值得幫助的人」重複領取資源（詳見第一章）。

　　這項任務被要求在短時間內完成。艾格蘭汀雖無研究的經驗，但在她過往的工作經驗與修習社會、政治與經濟課程的基礎下，使她得以掌握整個狀況。在十天，每天工作十一個小時之後，艾格蘭汀便集合許多有經驗的社會工作者、牧師以及當地的慈善組織代表前來開會，分享她的研究成果。艾格蘭汀在1904年出版《劍橋：社會問題的初探》（Cambridge: A Brief Study in Social Questions），隨後再接著出版精簡版《劍橋之教育、經濟、慈善事業，以及小鎮與鄰里中促進自助和互助機構的紀錄》（Cambridge Register of Educational, Economic, Philanthropic, and other Agencies for Promoting Self-Help and Mutual Help in the Town and Neighborhood）。書中的研究仿效都市地區貧窮研究的經典，其一是撰寫《倫敦的勞工與貧民》（London Labor and the London Poor）的亨利‧梅休（Henry Mayhew）研究，將貧民區分為不能工作者與身體健全的失業者，也就是值得與不值得救助的兩種貧民。另外是借重查爾斯‧布斯（Charles Booth）貧窮研究中的「地圖」概念，顯示一個地區哪裡貧窮可以透過該哪個區域的租金多寡得知。艾格蘭汀的研究與以往的研究較不同的是，由「環境優生學」的觀點切入，艾格蘭汀提供了環境中的多重解釋因素，貧窮的成因為當地的環境條件惡劣而自然產生，其汙水與衛生問題為主要的影響因素。但在文章中艾格蘭汀仍延續慈善組織會社一貫的意識形態，抨擊雜亂沒有方法的慈善工作、不負責任的早婚貧民、酗酒賭博以及產婦對自身健康的疏忽等。

　　結束研究後，艾格蘭汀便在慈善組織會社中，協助志願服務人力與社會研究人員的培訓。初期她為杰柏淑女工作，並在過程中學習到許多關於組織募款的經驗，後來參與慈善組織會社，其試圖將慈善變得更精確、科學化，包含訓練社會工作人員的課程，都成為艾格蘭汀後續運作救援兒童基金會（Save the Children Found, SCF）的良好基礎。

參、重要事蹟

一、1903至1908男孩就業登記處（Boys Employment Registry, BER）

艾格蘭汀貴族的血統，讓他們的家族皆是英國赫赫有名的大戶，杰柏家族（the Jebbs）、達爾文家族（the Darwins）、凱因斯家族（the Keynes）與迪姆斯達爾家族（the Dimsdales）彼此之間都有聯姻或認識。其中凱因斯家族中在劍橋慈善組織會社祕書長的佛羅倫斯（Florence Keynes）為了培養其二十二歲的女兒瑪格麗特（Margate Keynes，嫁人後為Margate Hill），便要求她向大她九歲的艾格蘭汀學習，擔任艾格蘭汀的助手，瑪格麗特未來更成為艾格蘭汀的社會工作夥伴、靈魂伴侶與親密情人。

1903年，佛羅倫斯和艾格蘭汀看到許多男孩們在十二歲離開學校後就長期做跑腿的工作，人生沒有長遠規劃與前景，因此於劍橋教育委員會（Cambridge Education Committee）中提出「男孩就業登記處」的構想，希望能協助男孩累積人力資本，幫助他們提升競爭力，改善他們的人生。

這個計畫有兩個方案，一個是期待至「貝佛里奇勞力交換處[1]」（Beveridge's Labour Exchanges）工作兩年，透過教育深造換取證照，但是男孩們往往都落入第二個方案：透過做建築或製鞋的學徒交換證照。

艾格蘭汀成了「男孩就業登記處」的榮譽祕書，雖然有當代卓越的數學家喬治・達爾文[2]（Sir George Darwin）協助登記處的平衡支出與老師瑪莉・

---

[1] 「貝佛里奇勞力交換處」（Beveridge's Labour Exchanges）：由英國經濟與社會改革學家威廉・貝佛里奇（William Beveridge）（1879～1963）推動。1903年貝佛里奇開始對於失業感到興趣，並與韋布夫婦（Sidney Webb&Beatrice Webb）有互動頗深，更於湯恩比館工作過，受到韋布夫婦費邊思想的社會改革影響，使得貝佛里奇對老人年金、免費營養午餐、勞力交換等議題很有興趣。1942年，提出著名的《貝佛里奇報告書》（Beveridge Report），成為指導英國福利國家的藍圖。

[2] 喬治・達爾文（Sir George Darwin）：為提出《物種起源》的生物學家查爾斯・達爾文（Charles Robert Darwin）的五個孩子中排行第二的兒子（1845～1912）。

馬歇爾的支持，但是BER真的不是一個輕鬆的工作，必須馬不停蹄地替男孩們媒合工作。艾格蘭汀將組織運作得有效率、有責信，並且讓男孩們可以有足夠的技能獲得長遠的工作。她不只證明了自己的領導能力與個人魅力，更改變了雇主對沒失業、沒有證照與能力的男孩根深柢固的刻板印象，使得BER運作十分成功。

其中，艾格蘭汀體會到自己比起從事實務工作，更喜歡為實務工作訂定政策，然而使她堅持繁瑣工作的動力，在於她了解每一個小細節都是理想的一部分，如同兩個同樣建築工人：一者認為自己是在砌磚頭的，另一人則認為自己在蓋教堂的差異。也在這段時間的勞碌奔波，艾格蘭汀的身體開始微恙，1907年艾格蘭汀讓瑪格麗特成為她C.O.S.和BER的助理，更在1908年將BER祕書一職交給瑪格麗特負責，自己陪著同樣生病的母親到歐洲遊歷養病。

二、1910至1913歐洲遊歷與諷刺小說《環形圍籬》（The Ring Fence）

1910年對艾格蘭汀來說，歐洲的遊歷實在是無聊又令人喪氣的時光。艾格蘭汀看到了人類極度的貧窮疾苦，為了生存的掙扎、生命的不公平，她與瑪格麗特通信中提到：

> 我對委身於社會服務的熱情越來越激昂，像是一股憤怒在腦袋燃燒。……好人生病、我喜歡的人生活沒有目標，這些人的社會階級不是沒有目的的自然形成，而往往是因為他們生活的環境造成。……我不喜歡走出去看這個世界是因為，我在這裡看不到上帝。

瑪格麗特自從1908年開始對艾格蘭汀一見鍾情，她們的分離、共同分享愛慕、忿忿不平、挫折、安慰、理想的信件，如乾柴烈火般讓兩個人的

情感提煉得越來越濃厚。她們分享對社會工作的熱情，這股熱情根基於情緒、智性上對於尋找人生更高的目標與意義的渴望，這樣強烈的渴望成為彼此的吸引力。瑪格麗特同時也變成艾格蘭汀未出版的社會諷刺小說《環形圍籬》（The Ring Fence）的忠實讀者。這本維多利亞時代的道德啟發小說，將場景設在艾格蘭汀兒時的什羅普郡（Shropshire），書名的由來是十九世紀高高圍住高貴地主莊園的圍籬。在圍籬內代表權力、特權、保守主義，相較圍籬外則是貧窮、壓迫與汙穢，描寫出上層階級的偽善、各派宗教的偏見與本位主義。艾格蘭汀企圖解放勞工，但不是用革命的方式，而是受限於C.O.S.的方法：自救、友善社會、青年俱樂部、節欲以及擁有小塊土地。若以二十一世紀的角度分析，艾格蘭汀也有十九世紀女性主義的意識——攻擊女性婚姻中的性奴隸地位。這本書不但反映艾格蘭汀生活時代的社會現況、更清楚描繪出艾格蘭汀的意識形態。

三、1913馬其頓救助基金會（Macedonian Relief Fund, MRF）

第一次世界大戰爆發的前一年（1913年），瑪格麗特嫁給了亞齊柏・希爾[3]（A. V. Hill）。其實，在1912年，二十七歲的瑪格麗特就被她的母親逼嫁。1913年元月，希爾教授提出結婚計畫，被瑪格麗特回絕。瑪格麗特的哥哥凱因斯早知道他妹妹與艾格蘭汀的關係，但是，他仍然對這種女同志愛（Sapphism）存有偏見，即使他自己與葛蘭（Duncan Grant）有段未被公開的男同志關係（Mahood, 2009:137）。在那個時代，女性地位是低下的，不論在身體上、心智上。他們看待性與愛也是如此。愛應該只針對有價值的對象，因此，男人愛年輕的男子在倫理上比女人愛女人高尚。在決定結婚前，瑪格麗特寫信給艾格蘭汀告訴她，「妳沒有回信給我，但是，我知道妳現在很忙，唯一的一件事是妳總是為未來而忙碌，我期待接到妳的信，告訴我，

---

[3]　亞齊柏・希爾（Archibald Vivian Hill）（1886-1977）：為英國的生理學家，曾獲得諾貝爾獎，與英國社會改革家Octovia Hill（1838～1912）為同一家族。

我們之間永遠永遠。」

即使到了1930至1960年代，糾纏四○年的女同志關係，仍然是爭議不斷的。到了1965年代，七十八歲艾格蘭汀、六十一歲的巴克斯頓（Eglantyne Buxton）**⁴**、七十九歲的威爾森（Francesca Wilson），透過「反叛女兒」（Rebel Daughter），開始討論未婚女性的性學論述，挑戰當時盛行的恐同症（Homophobic）。對於艾格蘭汀來說這是再自然不過的議題。但是對於晚一輩的巴克斯頓來說，她仍然恐懼擁有現代心靈（modern mind），去討論她的阿姨艾格蘭汀是一位蕾絲邊（EJ was a lesbian）。巴克斯頓很愛她的阿姨，很想保護她，避免人家恥笑她。其實，在維多利亞時期或是愛德華時期（Edwardian periods），女人會對另一個女人有強烈的情感（grand passion）是常見的現象。巴克斯頓曾聽她媽媽說過，阿姨其實也曾經愛過男人。而瑪格麗特女士就是一個最好的例子，她愛艾格蘭汀，但終究還是與男人結婚了。可見，他們應該也都是雙性戀傾向。因此，她相信她的阿姨是只對女性有情誼（Mahood, 2009:140）。

1913年，傷心的艾格蘭汀，經泰鼓勵接受妹妹桃樂絲的丈夫查理·巴克斯頓（Charlie Buxton）的邀請，到巴爾半島擔任「馬其頓救助基金會」（Macedonian Relief Fund, MRF）的密使，協助基金會及其醫院從1903運作至今的募款資金分配，以及回報救濟工作的成效，如救助因塞爾維亞與土耳其、阿爾巴尼亞的種族與宗教戰爭下的難民，及戰爭造成的傳染病流行。

這個基金會成立的背景是查理與他的兄弟諾埃爾（Noel Buxton）受到「小國家也有權利」的自由主義和土耳其政府對馬其頓的壓迫政治的反感，於1902年成立「巴爾幹半島委員會」（The Balkan Committee），以代表土

---

⁴ 巴克斯頓（Eglantyne Buxton）是艾格蘭汀的妹妹桃樂絲（Dorothy）的女兒。桃樂絲於1904年嫁給自由黨議員巴克斯頓（Charles Roden Buxton），兩人成為活躍的自由黨人。1915年桃樂絲加入珍·亞當斯（Jane Addams）的國際婦女和平與自由聯盟（Women's International League for Peace and Freedom）。1917年她們夫婦離開自由黨，加入工黨，並參與友誼會社（Society of Friends），後來也加入她姊姊的兒童救援基金會（Save the Children Fund）。

耳其政權下的基督徒發聲。這個組織運作得十分成功，隔年更爲了因應馬其頓的暴動，成立馬其頓救助基金會（MRF），爲委員會的獨立機構，從事救助難民的工作。1906年查理第一次到巴爾幹半島勘查該地動盪的狀態，觀察到這些小國都沒有共識，會是歐洲未來危險的引爆點。查理的妹妹維多利亞（Victoria）、艾格蘭汀的姊姊露薏莎（Louisa）與諾埃爾在1903年用文字與照片記錄當地的慘狀報導，希望引起英國大眾的憐憫與注意，在報導最後還討論「如何協助」、「社會改革」的議題，盼協助終止馬其頓混亂可能帶來的歐洲災難。然而這次行動失敗，維多莉亞的預言也在一次世界大戰實現，不過卻啓發了已準備好傾左派的艾格蘭汀。

　　這種家族集體參與慈善工作的經驗，在維多利亞晚期相當普遍，通常家族成員共享對世界問題的興趣和參與公共事務的義務與權利。這樣的例子也可從杰柏家族與巴克斯頓家族結合看出來。年輕時的查理在三一學院（Trinity College）就讀時是理查‧杰柏（Richard C. Jebb）的學生，巴克斯頓家族也是出身名門。他的祖父於1833年參與英國解放黑奴的立法，他的祖母也是貴格教派的芙瑞（Elizabeth Fry）的姊妹，芙瑞（1780-1845）是英國出名的監獄改革者、社會改革者。而這些英國維多利亞時期的慈善家基本上都是受過教育的資本家，例如：芙瑞的父親葛內（John Gurney）（1749-1809）是家族銀行葛內銀行（Gurney's Bank）的合夥人，她的母親是另一家英國大銀行巴克萊銀行（Barclays Bank）創辦人的下一代。

　　1912至1913年第一次巴爾幹半島戰爭，馬其頓被塞爾維亞、保加利亞與希臘瓜分，引起種族間歷史上的怨恨。1913年受邀參與後，艾格蘭汀自己籌足旅費到了馬其頓，她看到遊民、饑餓者、孤兒與和父母分離的孩童增加，也觀察到女性與兒童因爲沒有名聲與地位，往往在戰爭中遭受最多苦難；相對於「歐洲的英雄」的士兵們，承擔最多戰爭代價的則是貧病、飢苦、無助絕望的民眾。艾格蘭汀爲了保持人道主義的立場，決定不選邊站，並且時時刻刻提醒自己——記得愛與關懷；她同樣主張C.O.S.式的協助，認爲眞正幫助貧困的難民自力更生的方法是協助他們回到原本的國家裡。從過去

C.O.S.的經驗，她主張「馬其頓救助基金會」必須是非黨派的。這樣才能激發人們捐款救濟，不是基於政治，而是人道。

雖然艾格蘭汀以行政為主要工作，然而吸引她注意力的則是英國護士麥昆小姐（Miss MacQueen）的工作。麥昆小姐告訴她：「騎在馬背上，翻山越嶺，走過泥濘的土地，爬過岩石，抵達令人吃驚的地方，見到被掠奪的村落中的兒童、男人、女人。」由於過去教育訓練的關係，艾格蘭汀對女性在醫院的工作十分熟悉，然而卻一點都不吸引她。不過，麥昆小姐談起戰地救援經驗讓艾格蘭汀十分欽佩她的勇氣，更在回國後寫下《蠻荒之地—巴爾幹半島》的報告，亦發表《戰地：女性在巴爾幹半島的工作》《Where War Has Been: Lady's Work in Macedonia》一文。

在她回國為「馬其頓救助基金會」募款時，在旅館外面聽到一位主張女性有參政權的女性演講，讓艾格蘭汀想起麥昆護士。三年來已經做了許多演說的艾格蘭汀受此啟發，開啟了她對女性在社會與政治耕耘的可能性。

四、1914農業組織會社（AOS）的雜誌《犁》（The Plough）

艾格蘭汀的姊姊露薏莎（Louisa）是英國第一批擁有農業學位的女性，有著對英國農地改革的理想，她的主張「擁有共同運作式的小農會社」，後來就成為「小農地與共同合作運動」的發起人——露薏莎·威爾金斯（Louisa Wilkins）。1907露薏莎發表一本極具影響力的書《英國的小農：一個各種體系的調查》（Small Holdings of England: A Survey of Various），這是她花了三年所做的社會調查報告。她主張新興的大地主將土地分成小塊給農人家庭接管穀物、牲畜的生產，農人漸漸擁有土地的所有權。共同運作是指工具、信貸銀行、牲畜俱樂部、市場等彼此獲得自己應有的分配，這樣的農業改革使佃農成為自己的主人。如此佃農因為可以自助而被充權，得以改善自己的生活環境。露薏莎的理想影響家中所有姊妹，艾格蘭汀也為之著迷，在其小說《環形圍籬》即出現描寫相較於保守主義的改革派地主。

　　1913年，露薏莎擔任「農業組織會社」（Agricultural Organization Society，AOS）的執行長。推動新農村社會訓練婦女農業以及市場和食物產品的共同運作。露薏莎曾探詢艾格蘭汀成為農業組織會社的雜誌《耙》的編輯的可能性，當時艾格蘭汀仍在為馬其頓救助基金工作，因此沒拿農業組織會社的錢。而後來因為真的需要收入，也看到許多女性在慈善機構做大量的工作卻沒有支薪，其實是另一種形式的剝削，於是艾格蘭汀開始向露薏莎要求薪水。

　　1914年艾格蘭汀發現她的工作讓許多的生活被干擾，艾格蘭汀同時在農業組織會社和馬其頓救助基金會工作，她很想去瑞士農業組織會社工作，但受限於體力而未能成行。自從1912年的巴爾幹戰爭開始，馬其頓救助基金會的工作分量十分龐大，員工還要承受人類苦難的壓力，接連著發生1914年一次世界大戰，員工感受到強大的痛苦。同時，艾格蘭汀也因農業組織會社的資深員工五十六歲的皮京頓（Henry L. Pilkington）猝死，讓她想到曾有七年情誼關係的瑪格麗特的懷孕是否能平安生產。瑪格麗特結婚後三個月就懷孕了，宣告這段女性的情誼無法挽回，此時，瑪格麗特懷孕六個月了。在1914年時，懷孕生產仍然不保證安全，遂引發艾格蘭汀對瑪格麗特會因妊娠死亡的恐懼。再加上馬其頓救助基金會中，被救助的難民認為自己不值得被救助和完全無法自立自助的工作挫折，使得艾格蘭汀出現情緒與精神上問題，甚至有與靈異對話的狀況。到1933年，莫德．霍爾蓋特（Maud Holgate）安慰艾格蘭汀的妹妹桃麗絲說：「這些對話都是引導她（艾格蘭汀）確實跟從上帝的旨意，讓自己被上帝使用，以完成偉大的志業。」霍爾蓋特所說的偉大工作就是指兒童救援基金會。

五、1919打擊饑荒議會（Fight the Famine Council, FFC）

　　第一次世界大戰結束，奧匈帝國與德國經濟幾乎崩盤，當地孩童的生活狀況惡劣。一群作家、教授、政治家，包括：查理的兄弟諾埃爾（Noel

Buxton）、帕摩爾爵士（Lord Parmoor）、寇特尼女士（Lady Courtney）、伍爾夫（Leonard Woolf）、傑樂米（Jerome K. Jerome）、凱因斯（John M. Keynes）等人，決定組成「打擊饑荒議會」，並且由瑪麗翁‧艾麗絲（Marion Ellis）〔後來嫁給帕摩爾爵士成為帕摩爾女士（Lady Parmoor）〕與艾格蘭汀擔任榮譽祕書。這個團體的目的是給予英國政府壓力，協商非報復的和平、解除對奧匈帝國的經濟封鎖與支持伍卓‧威爾遜[5]（Woodrow Wilson）的「國際聯盟」[6]（League of Nations, LON）。

　　艾格蘭汀的妹妹桃樂絲也曾是「打擊饑荒議會」的獻策者之一，她更是英國「女性勞工聯盟」（Women's Labour Federation）與「女性國際聯盟」（Women's International League, WIL）的成員。「女性國際聯盟」是「國際女性和平與自由聯盟」（Women's International League for Peace and Freedom, WILPF）的英國分會。1919年，桃樂絲向「國際女性和平與自由聯盟」替「打擊饑荒議會」募款，這個團體強調她們是政治團體，不作救助工作，最後聯合對邱吉爾的經濟封鎖表示譴責，並派代表去要求負責經濟封鎖的官員希金爵士（Lord Robert Cecil）允許歐洲進口食物和物資，以緩解德國的苦難。

六、兒童救援基金會（Save the Children Fund, SCF）

　　1918年11月11日簽下停戰協議，讓第一次世界大戰正式畫下句點，各地的人民開始歡呼，慶祝自己終於脫離砲火的陰影，殊不知戰爭造成的悲劇並沒有落幕。英國對德國的經濟封鎖還在持續，使得中歐地區，特別是德、奧兩國的重建之路仍是遙遙無期。當地的狀況用「民不聊生」還不足以形容，

---

[5] 伍卓‧威爾遜（Woodrow Wilson）（1856～1924）為美國的第二十八任總統，因提出「國際聯盟」而獲得諾貝爾和平獎。

[6] 「國際聯盟」（League of Nations，LON）：1919年一戰後的巴黎和會中提出，凡爾賽條約簽定後成立，以減少各國的武器數量、平息各國糾紛、維持人民生活為目的，後來因破產而被聯合國取代。

老人想減輕家庭照顧負擔而自殺、父母擔心孩子受苦而殺死新生兒的消息時有所聞。

　　艾格蘭汀與妹妹桃樂絲知道，即使「打擊饑荒議會」對國會的遊說可以產生有效的輿論壓力，迫使英國政府解除經濟封鎖，但仍需要有一個組織，能夠直接募款、集中資金救助中歐地區的兒童，才能有效處理中歐地區兒童的困境。於是她們萌發成立兒童救援基金會（Save the Children Fund, SCF）的想法，也立即採取行動。

　　1919年5月，就在兒童救援基金會預計宣布成立前夕的星期日，特拉法加廣場（Trafalgar Square）[7]上人聲鼎沸。突然間，警察的來臨引起群眾一陣騷動，艾格蘭汀竟然因手上的宣傳單張，而被以違反「國土保衛法案（Defence of the Realm Act）」之名遭到逮捕。官方的說法是因為此單張傳單未送新聞局審查，但戰爭已經結束，其實無此需要。此舉讓打擊饑荒議會和成員大感震驚，一方面進行法律訴訟，另一面也意識到「兒童救援基金會」的組織目標似乎超出英國社會所能接受的範圍。

　　雖然說逮捕事件最後以八十英鎊的罰金收尾，不過對從未涉及過任何一項犯罪活動的艾格蘭汀而言，以她的貴族身分，法庭根本不會是她有機會踏入的場所，這場事件可說是一個極大的衝擊。但艾格蘭汀也認為，社會運動中產生爭議是必要的過程，不僅作為知名度的宣傳，理念的澄清也是非常重要。就連5月19日在皇家亞伯特廳（Royal Albert Hall）舉行的成立大會上，都有人揚言：爛蘋果已經準備妥當，要艾格蘭汀好好接招。所幸傳言並未發生，兒童救援基金會正式成立。

　　艾格蘭汀的宣傳單上標題是：〈一個飢餓的孩子〉。內文寫著：

「這個孩子2歲半，重量只有12英鎊2盎司。正常兒童的重量應該是28英

---

[7] 特拉法加廣場（Trafalgar Square）：英國著名地標，也是社會改革家發表演說的場所，過去韋布夫婦曾在這裡大聲疾呼費邊社的思想。

鎊2盎司。這樣的孩子頭部的比例超出他的身體。由於他們的飢餓，導致四肢尚未發展。今天那裡有成千上萬的像這樣的飢餓兒童。要幫助飢餓的歐洲，唯一辦法是重啓國家間的自由交往，允許飢餓的國家能養活自己。」

但艾格蘭汀所面臨的挑戰不只這些，過去支持她理念的捐款人，甚至是好友，仍會對她這次行動的對象感到疑慮，各式各樣關心的信件如雪片般飛來：

我絕對不會把英國的錢，拿去幫助養育一位二十五年後可能再次來殺害我們的敵國小孩。

甚至更犀利地說：

我根本不希望他們（德國）重建。

面對外界的質疑，艾格蘭汀再次重申組織的目標：「兒童救援基金會的唯一目標就是救援兒童」。

從C.O.S.的工作經驗中得知，艾格蘭汀知道自己絕不能孤軍奮戰，她與同樣是幫助孤兒和兒童醫療服務的紅十字會和基督教貴格會合作，共同推行中歐地區兒童的救援工作。另外，她也獲得教宗本篤十五世的接見與支持，使得SCF的工作擴展至南歐地區。

不過兒童救援基金會在當時引發爭議的點還不僅如此，自從艾格蘭汀聘用英國《每日郵報》（Daily Mail）的新聞經紀人漢米爾頓（Ernest Hamilton）後，便將公關行銷手法引入慈善工作。雖然他「用一張照片講一個動人的故事」的策略奏效，民眾的捐款如潮水般湧入，但也造成其他機構的眼紅，紛紛提出捐款使用方向的質疑，認爲兒童救援基金會購買報紙頭

版、雙欄刊登的方式是過度宣傳。艾格蘭汀在這場媒體的攻防戰中,邀請第三公正團體檢驗兒童救援基金會在金錢上的使用,最後證明商業行銷宣傳的部分並沒有超出一般跨國機構的比例。

經過多年的努力,兒童救援基金會將工作對象拓展至全球。當時有人好奇她是如何處理贊助者之間的敵對關係,特別是宗教和種族上的偏見,那時艾格蘭汀的回答是:「我們只關心兒童的權益。」不過即使出自這樣單純的信念,艾格蘭汀也承認在推行工作的過程,不斷感受到政治的角力。雖然說成立兒童救援基金會之前,艾格蘭汀就預先感受到這會是一場不容易進行的漫漫長路。從特拉法加廣場的逮捕事件開始,艾格蘭汀就知道自己挑戰了社會的極限,但正如她的名字所言,要拿起令社會疼痛的針線,補滿一切的破口漏洞。

縱使兒童救援基金會針對德國的兒童救助引起軒然大波,但艾格蘭汀推行兒童救援基金會時遇到最大的敵人,竟然是來自同是以慈善為目的的其他組織,使她不禁感嘆說「問題不在於錢,而是心中的態度。」,「慈善要從家門開始」的傳統觀點,在當時蔚為社會主流。即使是原本共同合作的紅十字會和貴格教會,都不免懷疑兒童救援基金會的政策。

1920年2月第一個兒童救援基金會的辦公室成立於倫敦金色廣場(Golden Square),她的員工都還以為這只是一個短期的就業機會。隔年,辦公室便搬遷到藍罕街(Langham Street)42號,在這一年裡,約有一千到一千五百的捐款與求助信件來自亞美尼亞、塞爾維亞、德國、捷克、俄羅斯、瑞士、法國、波蘭等國。艾格蘭汀以慈善組織會社的社會工作方法訓練員工與志工。而她自己則示範出平易近人的工作模樣。基金會的一位員工,勞倫斯小姐(Miss Lawerance)就說:「印象中艾格蘭汀是一位面貌姣好與態度友善的女性。」為了避免國際誤認兒童救援基金會是英國的,艾格蘭汀於一九二〇成立國際兒童救援聯盟(Save the Children International Union, SCIU)於日內瓦,並在南非、紐西蘭、澳洲、加拿大成立分會。艾格蘭汀經常奔波於英國與日內瓦之間,她從不穿著與像過去的慷慨女士(Lady

Bountiful），而是拉著行李箱，背著背包。她不希望以她的社會背景來看待她的工作，而希望人們只知道她的社會之名（Society Name），她是一位戰爭工作者或慈善工作者（Mahood, 2009:170）。

　　1921年8月28日，艾格蘭汀透過國聯的協助，兒童救援基金會終於被允許進入俄羅斯。至此，兒童救援基金會開始投身俄羅斯孩童所面臨的飢荒威脅，但卻被認為是與當地布爾什維克主義（Bolshevism）的政府合作。國際政治氛圍極不利於兒童救援基金會，但是，他們仍然不畏譏讒地協助提供救濟方案給亞美尼亞、奧地利、巴爾幹半島國家、中國、土耳其、匈牙利、芬蘭、法國、德國、波蘭、羅馬尼亞等國，艾格蘭汀仍希望能繼續幫助俄羅斯的兒童。

　　艾格蘭汀和兒童救援基金會的工作夥伴不僅收到數封威脅信件，「提醒」她們若不停止對俄羅斯的援助，就要小心會被推入河裡。此時英國的慈善組織和社會大眾對兒童救援基金會不滿的情緒達到最高點，特別是英國《每日快報》〈Daily Express〉的負責人艾提肯（Max Aitken）和總編輯布魯門菲德（R.D. Blumenfeld），他們對於艾格蘭汀散布的國際主義和她社會主義者的身分，感到非常反感。艾提肯是來自加拿大的財團，他們擔心俄羅斯與東歐的社會主義會利用艾格蘭汀的援助而進入英國。於是，他們運用自己媒體人的力量，發表諸如《俄羅斯兒童需要英國資金援助嗎？》或是《繁榮的莫斯科》等系列文章五十六篇，營造俄羅斯富裕的形象，間接批判兒童救援基金會的各種行動。同時，他也成立自己的基金會與兒童救援基金會互別苗頭，運用刊登捐款人姓名的方式，吸引更多的贊助者。

　　兒童救援基金會對此感到非常頭痛，不斷地在各種報章雜誌上澄清與解釋，從兒童救助的實質內容到捐款的流向，幸好過去社會調查所累積的資料成為說服人的證據，才使得兒童救援基金會順利度過危機。但這次的衝突卻讓某些兒童救援基金會的內部員工對艾格蘭汀產生抱怨，認為她應該早點準備退休，不要一直插手兒童救援基金會的事務，艾格蘭汀只好將注意力暫時轉移至土耳其地區的救助工作。

　　過去在C.O.S.所累積的經驗，特別是社會調查的學習，幫助艾格蘭汀在能有效進行兒童救援的工作：在採取任何行動前，先了解社會問題形成的原因，包含統計數據與資料的蒐集；接著尋找可能的解決方法，不論是尋求專業或向有相關經驗的前輩取經；再來制定詳細的策略，將募集需要的資源和安排使用方式；最後是一個不斷修正的執行過程和工作成效的評鑑。可以看出當中蘊含的社會工作方法，這讓她不同於其他慈善工作者，只是具備單純的理想而付諸實踐。

七、國際兒童權利宣言

　　當戰爭的陰影逐漸遠離，和平的鐘聲響起，艾格蘭汀並沒有就此放下兒童救援的工作，不過她的方向有稍微地改變，走向兒童福利的倡議。現今的我們對於兒童權利宣言並不陌生，但對於二十世紀初期的英國，一個連人權宣言都還未被普遍認可的社會，這仍是新鮮的名詞。

　　「國際兒童救援聯盟」希望將兒童的普及權利推廣到國際。艾格蘭汀決定草擬一份兒童憲章（Child Charter），這也就是後來國際公認的兒童權利宣言，是國際聯盟於1924年日內瓦公約中所發布的版本。這份兒童權利宣言，也成為1948年聯合國兒童權利宣言的基礎。這份草擬的文件，傳說中是在她登山時寫下的初稿（Mulley, 2009:301）。不論真實性與否，這個說法頗符合那時艾格蘭汀投身提倡兒童權利的形象。1923年9月國際婦女會議（International Council of Women, ICW）召開，決定採納「國際兒童救援聯盟」的兒童憲章。在這之前，1923年4月，美國的兒童局長阿寶特（Grace Abbot）就已表態支持需要有一份兒童福利的國際標準，供各國參考。

　　這份兒童宣言的內容至今看來仍具重大意義。宣言中的內容顧及兒童的發展，同時涵蓋物質與心靈層面；例如特別強調兒童若有飢餓、疾病、發展遲緩、不良行為狀況等，應受到妥善的照顧；關於處於孤兒或流浪狀態的兒童，則該享有遮風避雨的環境；而且提出兒童在危難中為優先救援之對象的

觀點；甚至是提供謀生技能的學習，以及避免任何形式的剝削；最後也不忘
提醒他們，未來自己也要貢獻於社會、服務人群的想法。這份文件經過國際
兒童救援聯盟內部的會議討論通過後，於1923年正式對外發表，翌年也為國
際聯盟所採用並翻譯成三十六國語言。

肆、對社會工作的影響

一、脫下絲質衣服的社會工作者

　　根據一位兒童救援基金會員工的回憶，在辦公室裡基本上可以清楚地分
辨誰是賺錢養家的工作者，而誰又是來做善事的志工，因為即使是在室內，
她們仍是帶著時尚的帽子。但某天她突然發現，這個原則似乎出現特例：

　　原來那位穿著「棕色制服」女人，竟然是我們的榮譽祕書艾格蘭汀！

　　當時的慷慨女士，也是艾格蘭汀所屬的貴族階層相信，衣著的風格與衣
物的質感代表一個人的內涵和個性，所以對服飾極為講究。但艾格蘭汀認為
人與人之間是平等的，倘若社工在接觸服務對象時，還是要堅持帶有自己階
級的色彩，將會造成再次的撕裂，破壞原有平等的關係。這項革命性的思維
提醒社會工作者，重新思考自己與服務對象間的權利位置關係。

二、現代兒童救援機構「認養」制度的創立

　　經過數十年的社會改革工作，艾格蘭汀注意到，慈善捐款人往往在捐
錢之後就認為自己已經結束該做的善事，與被幫助的對象毫無金錢以外的連
結。所以在考量建立長久關係且「獨特」的關係下，艾格蘭汀創立了飢餓兒
童「認養計畫」（Adoption Scheme），即成年人或學校兒童可以使用每週

兩先令的錢，認養一位處於飢餓地區中的兒童，並且建立專屬的連結方式，如寫信、提供額外的食物或金錢等。這些兒童被收容在孤兒院或難民營，包括：奧地利、法國、德國與匈牙利，甚至俄羅斯。

雖然說國際兒童認養制度幫助捐助者與當地兒童建立較為長久的關係，但在過程中卻忽略尊重當地的文化。被認養的兒童有時會感到不解，為何不能與別人分享自己從「養父母」那裡送來的食物？這與自己的文化習俗相衝突；或是非得用矯揉造作的句子寫出長篇感謝某位「父母」的信件？即使禮物與自己的生活經驗有極大的落差。縱使我們察覺到認養制度中有些瑕疵，但這是因為我們站在後設的角度看待艾格蘭汀，就隨著時代的脈絡來理解，會發現她的確是一位超越時代的女性。

三、將公關手法帶入社會工作

在艾格蘭汀之前，慈善工作的宣傳大多走樸實的路線。通常是由理事長或榮譽主席親筆寫下機構面臨哪些困境的一小段文字，再購買報紙的一個小小邊角作為刊登版面，以節省行銷方面的開支，好將更多的資源放在實際的救助行動上。

雇用漢米爾頓先生作為公關行銷人員，在兒童救援基金會內部本身就是一個具有爭議性的話題。對於艾格蘭汀來說答案是清楚的：公共關係的形塑有助於理念的宣傳，才能將有部分相同理念者的力量匯聚起來。於是支持雇請漢米爾頓的決議。這使得兒童救援基金會的宣傳都極為引人注目，若非內容的訴求，幾乎與商業廣告無異。此舉造成英國社會，特別是慈善團體間的議論紛紛。

不過，不同於現在是關於個案資料保密的探討，當時討論的重點集中在「事實的揭露程度」。由於社會認為慘絕人寰的消息是不應該赤裸裸地呈現，中上階級的人希望構建一個安穩的社會，這樣的新聞是會造成社會的動盪，所以應該在尺度上有些保留。

　　另外，當時引發的討論除了「究竟在捐款資金的使用分配上，多少比例投注於行銷宣傳是可以被接受的範圍？」外，也還面臨「行銷才有知名度，有知名度才有人捐款，有人捐款才有辦法做事，有做事才拿得出東西宣傳」的思考邏輯辯論。這波討論的潮流促使往後的慈善組織意識到社會責信的重要性。

伍、對社會工作者的啟示

　　在二十世紀初期，社會大眾普遍認同兒童應有免於遭受極端貧窮、照顧疏忽、暴力行為等非人道對待的權利，所以對於地方上支援貧童的慈善組織都有很高的接受度。然而，對於一個剛經歷過戰爭威脅、經濟尚未恢復過去水準，人民也還在承受傷痛、國家主義盛行的環境下，該如何推展援助兒童，但對象卻是戰爭時敵對國兒童的想法？艾格蘭汀相信戰爭是政客們的惡行，卻是兒童的惡夢。而戰敗國的兒童難道不應該得到如同戰勝國的兒童般的人道對待嗎？當然，懲罰那些戰爭發動者是必要的正義。但是，幫助那些戰亂下的兒童也可並行不悖，這才是真正的社會正義。

　　艾格蘭汀會讓人值得紀念，我們相信不僅是出於她所完成的人道救援的善舉，乃是在於她使社會工作超越慈善的境界：慈善可以出自於一個人的偏好，端賴個人的好惡而決定是否伸出援手；而社會工作則是以人權的角度出發，跨越國家、地區的界線，投身社會問題的解決。

　　認識艾格蘭汀後，讓我們對自己走向社會工作之路的疑慮逐漸消除。過去總覺得擔任社會工作者必須具備無敵的耐心，但我在讀到艾格蘭汀寫說「我真的不想管這群死小孩！」（Mulley, 2009:52）時，不禁發出會心一笑，原來自己過去的擔心多慮了！成為社會工作者不代表失去自我真實的面貌，直接服務不等於社會工作的全貌。或說，現在我所認識到的社會工作，似乎是用「專業」一詞去籠統包裝的，但在那個社會工作還是荒煙蔓草的時

代，專業的畫分不是用工作的方法，而是要解決社會問題的心。

期許自己未來能拿出像艾格蘭汀般，如此開闊的胸襟和足以抵抗社會反對力量的勇氣，努力去堅持做對的事，並且把事情做對！

第十章　阿寶特姊妹

兼容並蓄、知行合一的社工姊妹拍檔

壹、童年生活

　　愛迪絲・阿寶特（Edith Abbott，1876-1957）出生於1876年9月26日，妹妹葛蕾絲・阿寶特（Grace Abbott，1878-1939）於1878年11月17日出生。這對相差二歲的阿寶特姊妹，不僅因血緣關係緊緊相連，身為人權先鋒的她們，終其一生並肩作戰的革命情感，更讓後人在緬懷其精神時，必須將她倆相提並論。阿寶特姊妹皆誕生於美國內布拉斯加州（Nebraska）的格蘭島（Grand Island）。家族的祖先曾是殖民地戰爭、美國獨立戰爭的鬥士，父親是內布拉斯加州第一位律師，也成為後來的政治領袖，熱愛法律與政治。母親的家族皆是貴格會（Quaker）的成員，母親是協助黑奴脫逃的「地鐵」[1]（Underground Railroad）成員之一，同時也參與爭取婦女投票權的運動。姊妹倆喜歡聽媽媽敘說貴格會成員爭取女性權利的故事，阿寶特姊妹從小就認為女性應當享有與男性相同的權利，身為一位「主張婦女有權參政者」（suffragist）也是她們童年的一部分。葛蕾絲曾說：

> 我一直是「主張婦女有權參政者」，從我是一個小女孩的時候。你也可以成為一位『主張婦女有權參政者』，只要你相信公平與權利。這兩個信念是我們從小家庭教育的一部分（Sealander & Sorensen, 2008, p.xxvi）。

她們熱愛格蘭島這個地方，姊妹倆曾說：

> 我們生長於格蘭島，是內布拉斯加州最古老的城鎮之一，離陸路大道（Overland Trail[2]）不到一英哩的距離，這裡沒有非常富有的人，只有

---

[1] 地鐵（Underground Railroad）是指美國南北戰爭前北方各州的祕密交通網，透過廢奴主義者的幫助和黑人奴隸們的設計逃離南方，通往自由的道路。

[2] 陸路大道（Overland Trail），通常也被稱為「the Overland Stage Line」，是一條向美國西部移民所經的篷車

幾個比較貧窮的人，而這些處於較惡劣環境的人，正是大家所欲幫助的對象（Sealander & Sorensen, 2008, p.xxvi）。

由姐妹倆的話語中可得知，格蘭島雖然是個偏僻的小鄉鎮，但鎮民的貧富差距小且互助觀念強，均富安康的公平正義理念也在她們心中萌芽。愛迪絲曾提及：

葛蕾絲跟我都同意，我們孩提時代的那片大草原，是我們記憶中非常重要的資產……。在那個住在大草原的平靜的生活中，反映西部鄉村的生活習慣：父母向孩子說著家庭的故事或家族的傳統。父母親的話不只是「家庭／家族」故事，更是美國歷史、國家傳統中的重要事蹟（Sealander & Sorensen, 2008, p.xxv）。

阿寶特姊妹是社會改革先鋒的女兒，也是勇敢、熱情、衝撞社會價值的改革者。因為有理想，所以她們能夠接受短暫的挫折與失敗，就算阻擋她們改革的另一方壯大，對她們來說，她們心中的光明火種從未熄滅，她們總是能看到那遙遠未來的希望。

貳、邂逅社會工作與社會改革

一、葛蕾絲‧阿寶特（Grace Abbott）

葛蕾絲於1898年，從格蘭島大學畢業後，接替姊姊的職位，在高中擔任老師。任教期間，她開始組織當地女性的討論會（Local Women's Discussion

大道。特別指經由內布拉斯加、懷俄明、愛達荷到奧勒岡、加州的篷車大道。

group）。後來她進入芝加哥大學（University of Chicago）就讀，以「已婚女性的財產權」（Married Women's Property Rights）論文，取得政治學碩士學位。

　　在1900年代，已有八萬五千左右的白人中產階級女性得到大學學歷，超過百萬的女性擔任老師、圖書館員、護士或社工等白領階級的工作。阿寶特姊妹就是其中的成員。但是，當許多高學歷的女孩仍偏好女校就讀、在以女性為主的機構就業時，阿寶特姊妹選擇了男女同校的環境，她們先後住進了1889年由珍・亞當斯（Jane Addams）所創立的胡爾館（Hull House）──世界第一個男女一同工作的睦鄰會社。

　　葛蕾絲在芝加哥的第一份工作，是受雇於「少年保護聯盟」（Juvenile Protection League），她於此時入住胡爾館，認識了好朋友茱莉亞・拉斯洛普（Julia Lathrop）[3]、珍・亞當斯、艾倫・史達爾（Ellen Starr）[4]，以及索弗妮斯芭・布蕾金瑞琪（Sophonisba Breckinridge）[5]。1870至1920期間是進步主義（progressivism）的年代，基於「美國可以成為一個更好的地方」（America could be a better place for all）進行政治與社會的改革。因此社會開始有一連串的倡導運動。葛蕾絲在布蕾金瑞琪的引介下投入了移民的倡導活動，成為芝加哥移民保護聯盟（the Immigrants' Protective League）的主席。

---

[3] 茱莉亞・拉斯洛普（1858-1932）：擔任胡爾館（Hull House）幼稚園長16年。1909珍・亞當斯獲邀參與白宮兒童福利會議，在亞當斯的引介下，1912年拉斯洛普女士即獲提名擔任美國首任兒童局局長，1921年葛蕾絲（Grace Abbott）接任第二任局長。珍・亞當斯呼籲關切兒童貧窮問題而促成白宮兒童福利會議、兒童局的成立。

[4] 艾倫・史達爾（1859-1940）：1887-1888年與珍・亞當斯一起參訪湯恩比館。1889年，在芝加哥的Halsted Street和Polk Street交界處，租下了胡爾（Charles Hull）的舊宅成立胡爾館。

[5] 索弗妮斯芭・布蕾金瑞琪（1866-1948）：肯塔基州拉辛頓（Lexington）人，父親為律師兼肯塔基州眾議員，祖父為主張廢除奴隸制度的牧師。1888年畢業於衛斯理學院，1895年成為第一位肯塔基法院的女律師。但當時無人願意聘請女律師打官司，遂前往芝加哥大學法學院就讀，1897年獲得法律學位，1903年獲政治學博士學位。是芝加哥大學第一位女性獲得法學院博士的學生，也是第一位獲准加入法律學會的女士。後來也被肯塔基州讚美為南方最亮眼的女性。1907年進住胡爾館，成為拉斯洛普、泰勒（Graham Taylor）的助手。1908-1920年擔任公民與慈善學校（Chicago School of Civics and Philanthropy）的院長，1920年說服芝加哥大學將之納入成社會服務行政學院（Graduate School of Social Service Administration），是建立公共福利行政、社會工作訓練碩士課程的先鋒。

葛蕾絲與珍‧亞當斯等好友曾一起參與許多會議，像是1909年的全國慈善與矯正會議（National Conference of Charities and Correction, NCCC）、「移民委員會」（Committee on Immigration）、1915年的女性和平會議（Women's Peace Conference），以及白宮兒童福利會議（White House Conference on Child Welfare）。葛蕾絲與這些優秀的單身女性，一起為移民、女性及兒童爭取平等的對待與應有的權利，她們不只是行動主義者，也是社會改革家，她們努力地爭取根本性的變革（Struggle for fundamental change），實現一個理想中的更好的社會。

葛蕾絲的努力也獲得當代社會的肯定。1931年她獲得國家社會科學協會（National Institute of Social Science）的勳章，並被當時認為是十二大傑出女性之一。1930年更是第一位被各界運作提名為總統內閣的女性，擔任胡佛總統（President Hoover）的勞工部長。

二、愛迪絲‧阿寶特（Edith Abbott）

愛迪絲‧阿寶特也是美國社會改革者、作家和教育家，她與妹妹葛蕾絲一樣，致力於工人、移民、兒童和婦女的權利與福利。1920年，她幫助布蕾金瑞琪改革芝加哥公民與慈善學校（Chicago School of Civics and Philanthropy），說服芝加哥大學將之納入成為社會服務管理學院（School of Social Service Administration），1924年成為院長。她被認為是在社會工作教育中重要的歷史人物之一。

愛迪絲完成高中教育後，由於經濟衰退的原因無法繼續完成大學教育，因此她回到了格蘭島（Grand Island），成為一名高中老師。然而，儘管她無法就讀大學，她仍採用了函授的方式學習，參加了暑期班（summer session），終於如願以償地在內布拉斯加大學就讀，於1901年獲得學士學位。次年，她參加了在芝加哥大學的暑期班，她的能力受到了經濟學家韋布倫（Thorstein Veblen）的欣賞，給予她獎學金完成博士學位。1905年她以優

異的成績畢業，她的研究主題為1850至1900年的非技術勞工。

　　愛迪絲完成她的論文後搬到波士頓，短期的在婦女工會聯盟（Women's Trade Union League）擔任祕書。其後，她開始研究就業婦女工資的問題，也在政治經濟學期刊發表了一系列的文章，這些文章後來被集結成「女性在工業中的角色：美國經濟歷史的研究」（Women in Industry: A Study in American Economic History）一書並於1910年出版。1906年她獲得了卡內基獎學金（Carnegie fellowship），就讀著名的倫敦大學（University College London）和倫敦經濟學院（London School of Economics）。在那裡，她向經濟學家和社會改革者韋布夫婦（Beatrice Webb and Sidney Webb）學習，她深信慈善機構和福利制度的改革對於改善貧窮狀況的重要性。在倫敦期間，她也深入倫敦東區參與睦鄰運動與貧窮工作，讓她獲得社會工作的實務經驗。

　　1908年愛迪絲返回美國後，和妹妹葛蕾絲一起住進胡爾館（Hull House）。在胡爾館的期間她認識了布蕾金瑞琪，她們兩位都追求社會工作的專業化，是美國社會工作專業（social work as a profession）的奠基者。愛迪絲認為社會工作不僅是好意（good intention），更需要嚴謹的知能教育與實務訓練。她是《社會服務評論》期刊（Social Service Review）的創辦人之一，對社會工作教育的貢獻極大，因為她帶領社會工作走向學院化、專業化。

　　愛迪絲可說是現代社會工作教育和社會工作研究法的創始人，也是一位多產的作家。在她一百多篇文章和書籍中，提及多面向的社會福利和歷史，像是從事工業的婦女、兒童及移民問題，或是貧困的危機和解決方案。愛迪絲注重實證，採用統計證據來支持她的論點，並提出改進建議。她是一位勇往直前、活力充沛的改革者，將她的生命投注於社會福利與公平正義的抗爭中。

參、重要事蹟

一、移民保護

西元1890年至1914年，一千五百萬左右的移民進入美國，不同於十六世紀來自於英國、愛爾蘭與北歐的移民，此批移民來自南歐、俄國、波蘭與匈牙利等。他們不是新教徒、不以英文為母語、不如盎格魯薩克遜人種來得容易同化。

當時進步主義（progressivism）源於進步的信念，也來自於恐懼。悲觀主義者認為國家需改革，以免階級戰爭、種族的歧異動搖國家基礎；樂觀主義者則看到了社會將會更好（social betterment）的可能性。從葛蕾絲關於移民的論述與文章中，可知道她是屬於樂觀主義者。

葛蕾絲認為需保護移民免於美國夢的騙局和剝削，移民們需要在就業上有中肯的警告與清楚的指引，他們不需要依照美國人給予的模式去變成美國希望他們變成的樣子，美國也不需要認為外來的語言對英語系國家來說是個威脅。

對於移民文化與移民背景的了解，葛蕾絲不喜歡道聽塗說，她善用參與社會工作研究方法的訓練，於1911年到中歐進行實地調查。她想了解移民的工作與生活情況，並進一步到國會說服總統否決移民的「讀寫能力測驗」（Literacy Test）。從1917年出版的「移民與社區」（The immigrant and the community）一書中，我們可以看到她對芝加哥移民的細微描繪，和對美國人「愚蠢的種族歧視」的挑戰。她深信多元能帶給美國新的力量。但1924年的原籍法（National Origins Act）開始限制南歐與東歐的移民配額，這樣的配額制度（quota system）一直持續到1960年代，社會公然歧視某些地區的移民，而比較歡迎北歐來的移民。

由於語言差異、社經地位較為低落等因素，使移民在社會中的發展處於相對不利的地位。而且美國政府關心的只是移民對社會的衝擊，並未思考如

何規劃移民子女的教育、社會適應或福利等相關措施。葛蕾絲認為移民為了在美國的文化下生存，必須努力地將自己同化進入美國的文化，致力於擺脫自身的文化。美國教育也樂於將林肯（Abraham Lincoln）、華盛頓（George Washington）的事蹟灌輸在移民子女的腦袋瓜裡，而未關注到最基本的生活詞彙、日常會話的學習。

　　葛蕾絲是身體力行的研究者，為了解移民的現況，她總會親自出馬進行訪問、調查研究，她在一篇描繪移民女孩的報紙文章中提到：

> 移民列車是火車的支線，總是沒辦法準時抵達。一班預訂7：30抵達的火車，16:00才到，而且這位移民女孩從家裡出發到火車站前，都有打電話問過列車到底會不會來，但她還是跑了三趟才搭到火車……。下了火車後，她搭上馬車，上車一段時間之後，才知道馬車會往南邊走，司機（expressman）得知這位女孩的家在北方之後，要跟她多收四塊錢。繳不出錢的女孩，就在太陽即將下山的時候被放在路邊，司機也沒有告訴她該怎麼辦（Sealander & Sorensen, 2008：7-9）。

　　這些看似簡單但卻深刻的故事，忠實地呈現當時移民在美國生存的掙扎與窘迫。他們沒有權利要求更好的工作環境、薪資及待遇，他們只能在美國文化下掙扎、在美國社會中生存，僅僅是生存而已。於是，她加入移民保護聯盟（the Immigrants' Protective League，1908-1917），為移民爭取權益。

二、兒童權益

　　1920年代初期的美國是一個真正的繁榮年代，第一次世界大戰讓歐洲國家元氣大傷，卻帶給美國大量的工業機會。在這樣的進步中，美國湧入了大量的移民，從1890至1921年間，就約有將近十九萬的移民來到美國。面對膨脹的工業利潤，配上大量湧入的移民，對資本家來說勞動力本應不虞匱乏。

然而面對龐大的市場競爭壓力，不肖商人為壓低成本以增加競爭力，而大量雇用薪水低廉的童工，使得當時的勞動市場甚至產生了兒童較成人容易受僱的奇異現象。於是，兒童往往必須放棄受教機會，前往充滿危險的工作環境工作，兒童從工廠工作出來之後，斷手斷腳的情形也時有耳聞。

在這樣的大環境下，葛蕾絲一肩扛起許多職務，1918年，葛蕾絲接受威爾遜總統（Thomas Woodrow Wilson，1913-1921）的邀請，擔任白宮兒童福利服務會議（White House Conference on Child Welfare）的顧問，1919年至1921年間，葛蕾絲擔任伊利諾州移民委員會（Illinois Immigration Commission）的執行祕書，調查居住在煤礦產地地區（coal-mining districts）的移民狀況，且接著繼續推動新移民的成人教育，和新移民兒童的強制義務教育法。1921年至1934年期間，葛蕾絲擔任美國兒童局局長，之後仍舊不斷在兒童福利方面努力。葛雷絲因而被媒體形容為「葛蕾絲・阿寶特是所有山姆大叔兒童的母親。」（Grace Abbot, Mother of All of Uncle Sam's Children）（Sealander & Sorensen, 2008:33）

以下將介紹數個在歷史上由葛蕾絲努力推動，和兒童相關的法案的設立沿革。

（一）憲法修正案（Constitutional Amendment, CA）

童工的歷史由來已久，美國一直到1873年時，仍只有六個州制訂童工的最低年齡限制，且僅有十四州制訂童工的最高工時限制。對此狀況，爭取兒童福利的團體不斷抗爭，試圖立法明文保障兒童權益，然結果卻不如預期。在各式各樣想要保護兒童權益的法律中，以「童工法」（Children Labor Law, CLL，又稱Keating-Owen Act）的制訂最令人頹喪。這個挫折難以跨越的原因，在於它和美國聯邦憲法牴觸。

童工法（CLL）於1916年9月通過，禁止十四歲以下兒童生產的產品在州際貿易中流通。但美國聯邦憲法明文規定，聯邦政府不可管制各州制定法令的自由，所以美國國會沒有辦法直接明令禁止各州使用童工，只能以管制

州際貿易的方法，來限制童工製造的產品的流通，間接地限制使用童工。

　　然而，兩年後，這一法律在哈默控告戴根哈特案（Hammer v. Dagenhert）中遇到了嚴峻的考驗。

　　被告戴根哈特（Roland Dagenhert）是北卡羅萊納州人，他和他的兩個孩子——十五歲的約翰和十三歲的魯本，在北卡羅萊納州夏洛特（Charlotte）一家棉花加工廠當工人，那裡的工作環境惡劣、棉絮飛舞、織機轟鳴，小孩子每天工作十二個小時，只能賺一美元，體重只有六十五磅的魯本不得不搬運重達一百磅的棉絮袋子。童工法生效後，工廠的經理告訴戴根哈特（Roland Dagenhert），他不得不解雇其兩個兒子。

　　對戴根哈特（Roland Dagenhert）來說，兒子的勞動收入比他們的健康更重要。在反童工法聯盟（一個由許多資本家組成的聯盟，成員多是喜用童工的工廠老闆）的唆使和資助下，戴根哈特把負責北卡羅萊納地區童工法（CLL）執行的聯邦地區檢察官哈默告上法院，抗議童工法（CLL）讓其兒子失去了工作。來自反童工法聯盟的律師在法庭上聲稱：「一個兒童是否在工廠工作與聯邦政府無關，與州際貿易更沒關係。跨州流動的商品就是商品，沒有必要區分是否由童工生產。」

　　儘管政府方面聘請了哈佛大學法學院院長出庭辯護，聯邦地區法院仍裁定童工法（CLL）違憲。1918年美國北卡羅萊納州西區法官哈默不服，上訴到最高法院，遂成為哈默控告戴根哈特案。當時代表政府出庭的，是美國司法部副部長（Solicitor General）約翰‧戴維斯（John W. Davis.）。他利用各種數據，指出童工勞動的惡果，如事故發生頻繁、影響兒童發育、損害兒童健康等等；並指出，童工製造的廉價貨物與其他貨物構成不平等競爭。但這些論據並未能打動保守的法官，大法官戴威廉（Justice William Day）說：「所有的人都承認，基於孩子們自身利益和公共福利，應當限制對礦山和工廠雇用兒童的作法。」

　　但是這項權限屬於各州而非國會，童工問題純屬地方事務，與州際貿易無關。童工法（CLL）是對生產的管理，超越了聯邦對州際貿易的管理權而

違反憲法。最高法院以五比四判定政府敗訴，童工法（CLL）違憲。

　　但是霍姆斯法官（Justice Holmes）不同意這種觀點。霍姆斯指出：

> 這一法律以禁止州際或對外商務中某種貨物的流通爲限。國會被賦予無
> 條件調節這種商務的權力……。雇用童工從事血汗勞動的弊端，是在貨
> 物運輸之前還是之後，並無多大關係。在國會看來，那種運輸助長了這
> 種弊端就已經足夠了。憲法授予國會的「調節權」就意味著可以禁止一
> 些事務，當州際貿易成爲調節對象時，我毫不懷疑調節可以禁止這一貿
> 易的任何部分，只要國會覺得需要這樣做。

　　同年，童工法（CLL）的支持者又提出稅法修正案（Revenue Act,
RA），此修正案又被稱呼爲童工稅法（the Child Labor Tax Act），主張雇用
童工的產業要多繳淨利的百分之十。此法案其實和童工法（CLL）的目的一
樣，只是從不同方向下手，稅法修正案被譏笑爲「只是用不同的石頭去丟擲
同一隻鳥」，而且也同樣馬上被指出違憲。

　　對於這些挫折，以葛蕾絲爲首的兒童保護團體，發現擋在他們面前的聯
邦憲法是如此的頑固，所以他們向最高法院提出憲法修正案，要求聯邦政府
給予國會權力，能夠對童工問題加以規範。

　　在推動的過程中，葛蕾絲和她的戰友們主要遭遇的反對族群有三種：第
一種是那些原本就需要孩子去賺錢的父母，當時經濟條件不佳，再加上當時
的社會環境使兒童更容易找到工作，這也就是哈默控告戴根哈特案會出現的
原因。第二種是需要雇用童工的既得利益者，童工對他們來說相當重要，因
爲可以節省大量的資金，讓自己的商品在激烈的競爭中脫穎而出。最後是一
些保守、反對修改美國憲法的人，他們想要維持憲法的穩定性，認爲不該爲
這樣的訴求修正憲法。這項又稱童工修正案（Child Labor Amendment）的憲
法修正案，雖然在1924年通過。但是，並沒有獲得3／4的州簽署而生效。直
到1938年聯邦通過公正勞動基準法（Fair Labor Standards Act），總算讓聯邦

政府管制童工的權力伸張，1941年聯邦高等法院終於認可聯邦政府有管制各州使用童工的權力。

如上述，哈默控告戴根哈特案的爭議一直延燒到1930年代末。到了1941年，才因美國控告達比木材公司案（United States v. Darby Lumber Co.）而獲得確認。在達比案中，法院強烈認同霍姆斯法官先前的不同意見，且認為那是經典（classic）陳述；依憲法第十號修正案（10th Amendment），認為那是不辯自明之理（truism）。葛蕾絲在這過程中可謂不畏艱辛，屢敗屢戰，但也疲憊不堪。

（二）妊娠婦女與嬰兒法（Maternity and Infancy Act, MIA，又稱 Sheppard-Towner Act）

長久以來，婦女在分娩過程的死亡率上都非常高，而居高不下的原因是醫療資源的不足。同樣地，當時美國的初生嬰兒，估計有20%會在一年內死亡，33%會在五歲前死亡，而這個結果則是源自經濟上的匱乏。對於這樣的情況，葛蕾絲和拉斯洛普（Julia Lathrop）倡議妊娠婦女與嬰兒法（MIA），主要的訴求是要政府建立各種方案，照顧妊娠婦女與嬰幼兒的生命安全。

妊娠婦女與嬰兒法（MIA）的主要內容有：1.在各地廣設護理保健診所，讓醫療照顧無遠弗屆。2.增派訪問護士（visiting nurses），教育孕婦和提供照護。3.培訓助產士，減少坊間不安全接生的情形發生。4.營養和衛生信息的廣布。妊娠婦女與嬰兒法（MIA）的通過和實施，以結果來看頗收成效，它確實減低了分娩過程的死亡率與嬰幼兒的死亡率，也有效地向全國各地傳遞了健康與衛生的基本觀念與資訊。

妊娠婦女與嬰兒法（MIA）提出時，正值美國第二十九任總統哈丁（Warren G. Harding，1921-1923）任內，哈丁總統是一位支持戰後孤立主義且回歸過往經濟自由放任（反進步主義）的共和黨人。一直以來，哈丁總統都非常支持婦女投票權運動，於是1920年婦女選舉權開放後，哈丁總統在1921年的總統競選過程中受到婦女族群相當廣大的支持。妊娠婦女與嬰兒法

（MIA）於1921年通過時，哈丁總統曾說：「……聯邦政府在防治豬瘟上編列的預算，比對聯邦內兒童的福利預算多了兩倍。」

這段話清楚反映了當時的社會風氣中，對妊娠婦女與嬰兒權利的相對忽視。妊娠婦女與嬰兒法（MIA）的時代意義，並不僅止於一項法案的制訂，妊娠婦女與嬰兒法（MIA）是美國法律史上第一個由聯邦政府資助的社會福利計畫，這意味著，美國法律將婦女和兒童的需求列為美國聯邦第一級的需求。此外，妊娠婦女與嬰兒法（MIA）在公共衛生歷史上亦證明了，透過國家和地方機構提供的教育和預防保健，可以有效降低孕婦、產婦和兒童死亡率，使得此方案成為各國紛紛仿效的標竿。

（三）兒童權利宣言（Declaration of the Rights of the Children, DRC）

葛蕾絲於1924年，協助國聯（League of Nations Committee）推動兒童權利宣言（DRC），此宣言成為後來聯合國（The United Nations, UN）的兒童權利公約的雛形。1948年的第二次兒童權利宣言與1959年第三次兒童權利宣言都是以葛蕾絲等所推動兒童權利宣言為基礎，再加以擴大，直至1989年，聯合國（UN）通過「兒童權利公約」共五十四條，此公約對各締約國具有法令的約束力。凡此種種，葛蕾絲為促進兒童權益完成了許多對後世影響深遠的改革（詳見第九章）。不僅如此，她在女性參政上亦努力不懈。

三、女性參政

身為替二十世紀弱勢者爭取權益的女性改革者，葛蕾絲的戰友亦有相當高的比例為女性，在一連串改革行動中，葛蕾絲對女性參政潛移默化、高瞻遠矚的影響可說是深遠而雋永。以下將從葛蕾絲數篇演講與好友論及葛蕾絲的文章中汲取葛蕾絲對女性參政的理念與影響力。

（一）女人如何在政壇中達到目的

柏金絲女士（Frances Perkins）[6]身為與葛蕾絲同時期政壇萬綠叢中少數的幾朵鮮紅，在葛蕾絲逝世後兩個月，發表了一篇略述葛蕾絲一生從政生涯的悼念文章，也可從文中大致歸納當代女性參政者的相似特質與胸懷。

柏金絲女士以「女性要在政壇與學術專業領域中前進，不可或缺的是良知與人格特質。」展開對葛蕾絲一生的評註。有關良知，柏金絲女士提到：

> 受教育的女性最重要的任務之一就是在我們的同胞中經營信任、憐憫與理解的關係，不是因為這些女性在書中讀過什麼苦難，而是如同葛蕾絲‧阿寶特（Grace Abbott），因曾經認識並親眼目睹貧窮真相，並讓貧窮的可憐與可怖深觸己心。

另一方面，有關人格特質，柏金絲女士羅列了數項，以下節錄幾點：

1. 以專業砥礪心智與承載力

在政壇上或學術專業領域中嶄露頭角的女性，其所接受的專業訓練會將其心智砥礪為利器，而訓練過程所培養的自律（self-discipline）情操將使之得以肩負日後獨當一面時的種種重任。

2. 捨己（unselfishness）

柏金絲女士描述葛蕾絲真正擁有經嚴格訓練而無私的捨己胸懷。當葛蕾絲為回應全國婦女與兒童的需求而案牘勞形時，面對朋友對其健康狀況出於擔心的勸說，身居要職的葛蕾絲的回應是：

> 沒有任何一個人比我們心中的這個方案重要，而此時此刻，我恰好是現

---

[6] 法蘭西絲‧柏金絲（Frances Perkins）（1882-1965）：美國史上第一位女性內閣閣員，1933-1945擔任勞工部長（the U.S. Secretary of Labor）。葛蕾絲曾在1930年被各界強力推薦擔任此一職位。1933年柏金絲女士聘請葛蕾絲擔任其顧問。

在唯一順理成章得以捍衛它的人，我的好友們，你們能做的是在場外賣力加油，那的確有助於此。但因為我是那唯一能捍衛它的人，藉此讓母親們與嬰兒們得以得到幫助。為了拯救眾多嬰兒與母親的性命，我必須勇往直前，必須為它而戰（Sealander & Sorensen, 2008：84）。

3. 與人共事的能力

葛蕾絲所展現的領導風格不是駕馭她所領導的對象，而是在共事的過程中，巧妙而有智慧地引導出同事的優勢與特質，幫助每一位展現自己最傑出的部分，使過程與成果欣欣向榮。

4. 平等的風格（Equalitarian manners）

柏金絲女士表示，平等是視一切生在民主中的同胞為兄弟姊妹（our brother）與同胞公民（our fellow citizen），擁有這樣平等胸襟者必須高尚且可親，葛蕾絲擁有這些美德，而這也是每位從政的女性都應具備的，且其所展現出的將是：「沒有智識上的驕傲、沒有經驗上的浮誇、沒有身為婦女卻居高級公共領導地位的自負。」

5. 承受嘲笑與暴力的能力

當葛蕾絲與在國會中被質問：「妳這位『老小姐』憑的是什麼權利可以出去找那些人，告訴她們怎麼養好她們的孩子？」而葛蕾絲與拉斯洛普（Julia Lathrop）概括承受這一切不留情面、極其尖銳並帶有人身攻擊的貶抑言詞。柏金絲女士描述兩人當時面帶微笑地離去，彷彿剛剛什麼都未曾發生過一般。

（二）不再孤軍奮戰

1926年5月，葛蕾絲應邀向全國婦女聯合會（General Federation of Women's Clubs）發表演說，葛蕾絲以桃樂絲・狄克思（Dorothea Dix）（參見第二章）的言行為主軸，這位近一個世紀前千里走單騎的女性參政先驅，論述十九世紀與二十世紀女性參政處境的異同、法案提呈的步驟與精神，並

批判當代不適當的立法手段與意圖（Sealander & Sorensen, 2008：87-93）。

1. 十九世紀至二十世紀女性參政處境的演變

　　狄克思於不惑之年踏上女性參政的窄路，相較於一百年後，葛蕾絲等人提早了二十載，這些女性大多約於二十芳齡即受啓蒙，一心嚮往公領域的改革，並付諸行動；除了年齡之外，狄克思以社會政策與立法爲手段，爲精神疾病患者的權益四處奔走時，國會議員尚未有可供上達民情的固定集會時間與地點，狄克思必須親自邀請政治人物至他處，個別或團體式地晤談；相較於一百年後，葛蕾絲等女性參政時，國會議員已有固定的會期與集會地點，可見參政環境隨時代演進而有所進步；另外，相較狄克思當時的孤軍奮戰，葛蕾絲當代可說是相對群起奮勇，以致在該次演講中，葛蕾絲以「如今，我們已不再是個別的改革鬥士」作爲全篇的轉折。

2. 法案提呈的步驟與精神

　　葛蕾絲在演講中對諸位關心公共事務的女性解釋法案提呈的三個步驟及其要素，包括：建立實地調查（investigation）的事實的知識基礎、討論此法案的每個人皆需對此法案的提呈動機與訴求有一定的認識，以及立法過程的合法性。

3. 對當代不適當立法手段與意圖的批判

　　葛蕾絲在演講中指出：由於其所置身的當代，男性承擔了大多數被選舉的政治要職，女性相對於男性比較沒有被選舉的包袱，且無隸屬於某政黨的特定意識形態的限制，在社會政策與立法的過程中，得以有相對的清明度與機動性。她們在政壇上能坦蕩蕩地奮戰，是因爲她們的動機相對公正無私，而能對某一族群的需要與其相對應的政策與立法脈絡，保持持續關注與行動，是以選舉就不會成爲政策的斷層或法案理念的消磁機。此外，大半時間與同胞共同生活在社區中的女性，對於社會議題的認識不只局限於教科書與議事桌兩端的辯論，更是她們的生命經歷與所見所聞，因此女性參政者的訴求相對於大多數的男性，更能與社會大眾的需求搭配。

　　最後，葛蕾絲以下段言論爲該次演講做結：

立法的技巧是成人教育的技術，必須立基於絕對誠實的意圖、面對眞實現況的無畏，以及遭受反對與嗤笑仍不爲所動的決心上，直到我們所認定的正確成爲結果（Sealander & Sorensen, 2008：93）。

（三）從葛蕾絲的眼睛看女性參政

1930年對全國婦女共和黨人俱樂部（the National Women's Republican Club）發表了一篇題爲「女性在政府裡的位置演變」（The Changing Position of Women in Government）的演講（Sealander & Sorensen, 2008：96-103），當中簡述了美國女性的參政歷程，提出量化數據與質性觀察，並以當代女性文學註解，最後也抒發選擇負起公共事務之軛的初衷。

繼1855年芭頓（Clara Barton）[7]成爲首度進入政治體系的女性後，南北戰爭與第一次世界大戰促使大量女性進入政府科層體制基層，遞補男性因戰爭導致的人力短缺，女性再度以被曲解的「幫助者」角色回應這「神聖的召喚」；接著，從葛蕾絲整理並發表的各項女性參政與就業統計數據中可看出，女性參與公共事務的人數逐年上升，不論是位居兒童局局長（Chief of the Children's Bureau）要職，或是進軍美國國會，葛蕾絲提出當代參政女性共有的既定形象爲：可人、穿著合宜，且有工作經驗；緊接著就是女性投票權的倡議。

葛蕾絲與聽衆分享維吉妮亞‧伍爾芙（Virginia Woolf）[8]在《擁有自己的房間》（A Room of One's Own）描述：

---

[7] 克拉拉‧芭頓（Clara Barton, 1821-1912）曾任教師、護士，1855年進入美國專利局擔任職員，是第一位進入美國政府領取公務員薪資的女性。但是，由於保守政治人士的反對，隔年，她被降調爲謄寫員，旋即去職。美國內戰期間，創建紅十字會救援傷兵。1870年普法戰爭中，將紅十字會概念推廣至戰場。戰後，獲得巴登邦的金十字獎章與普魯士鐵十字勳章。1873年建議成立國際紅十字委員會於美國。

[8] 維吉妮亞‧伍爾芙（Virginia Woolf, 1882-1941）是英國20世紀前半兩次大戰間非常具有影響力的作家。最具代表性的小說有 *Mrs Dalloway*（1925），*To the Lighthouse*（1927）and *Orlando*（1928），以及 *A Room of One's Own*（1929）。伍爾芙在《擁有自己的房間》裡說道：「一個女人必須有錢和一間自己擁有的房間，才能創作小說。」（A woman must have money and a room of her own if she is to write fiction）。

二十世紀出的女性不再受限於家庭中，同時亦尚未進入政治黨派的牢籠裡，可以自由地選擇所欲歸附的與所欲接受的事務和理念。

另外，當時一篇研究指出：「女性語文能力優於男性」，葛蕾絲在演講中對此研究結果的回應是：「困難點在於不帶優越感地接納彼此的差異。」此外，阿德勒（Alfred Adler）在「理解人性」（Understanding Human Nature）中提到：

> 有個俯拾皆是的現象：一個女孩走進一個偏見聲響不絕於耳的世界，這世界設計要擄掠她對自己價值的信念，剝奪她的自信，並將她所有渴望採取有意義行動的希望完全毀滅。

然而這蓄意培植的男優女劣文化，不但被意識並付諸文字，並且已有顯著的改善。

有關女性參政，有人問葛蕾絲：「為什麼有人要選擇這種累人的生活方式，在痛苦的掙扎中找一席之地，只為了終結現代生活中的不公義與醜惡？」葛蕾絲的回答道：「問這個問題的人是貪圖安逸的人（lotus-eater），他們寧願置身於灰色地帶而無勝無敗。他們無法了解在這痛苦掙扎中盡一份心力、盡自己所能的本身，就已是努力的收穫與挫敗時的安慰了。」

肆、生涯轉折

一、葛蕾絲

葛蕾絲生涯中最常遭遇的困境，是為各項法案奔走時，議會中的杯葛與質疑，以及社會大眾認為──孕婦健康與育兒技術是私領域的家務事──的

僵固觀念。雖然在推動法案時，必須忍受多方質詢與幾近人身攻擊的評論，葛蕾絲唾面自乾、再接再厲；推廣孕婦健康與育兒知識的廣播節目時，葛蕾絲接納大眾的無感，預見不久將來的需求並持續提供服務。離開公職之後的1934至1939年間，她回到芝加哥大學社會服務行政學院擔任教職，1938年被診斷出血癌，於隔年逝世。位於她家鄉的內布拉斯加大學的社會工作學院，就以她的名字命名，以資紀念。

二、愛迪絲

　　置身於社會工作專業教育定位的討論中，愛迪絲面對當代美國社會工作過度重視社會個案工作，並企圖以個案工作相關技巧全面取代社會工作在機構管理、政策評估或擬定其他面向的課程時，均提出不同的觀點與理念。即使必須面對慈善組織會社（Charity of Society, COS）多年的主流傳統或是漸位居顯學的精神分析學派，愛迪絲依舊堅立在社會工作教育與學術的崗位上，鞏固社會工作廣博內涵中鉅視觀點與社會改革等要素的必要角色（Trattner, 1999: 242; Lubove, 1965:86）。

伍、社會影響

一、葛蕾絲

　　葛蕾絲畢生在政壇上馳騁，致力於多項法案的催生，包括：促成憲法修正案（CA）的通過，清除了童工法（CLL）正式上路的障礙，保護兒童免受工業革命以來積弊已久的剝削；婦女嬰幼法（MIA），作為美國聯邦首度介入地方事務的先例，聯邦與地方共同保障產婦、孕婦與嬰幼兒的健康與教育權益；協助國家委員會聯盟撰寫兒童權利宣言（DRC），成為未來聯合國兒童宣言的雛形。

　　另外，葛蕾絲善用社會工作研究法走進移民中，歸納當代移民的務實需要，提高移民議題的能見度；並在從政過程中，一邊活出女性參政的典範，一邊以言論持平卻肯定地鼓勵女性關心公共事務，提供社會政策與立法實務經驗教育。葛蕾絲像她的亦師亦友亞當斯女士一樣，曾於1924年擔任在多倫多召開的美國社會工作者會議主席。

二、愛迪絲

　　愛迪絲畢生投入在社會工作作為一個學術領域的定位過程中，教學、著述、研究不輟。愛迪斯曾協助創辦芝加哥社會服務行政學院（the School of Social Service Administration），並自1924至1942年擔任院長，為美國史上第一位女性擔任研究所層級的院長；愛迪斯始終堅持社會工作的改革角色，重視改革所需的實證研究，可以說是現代社會工作教育與社會工作研究法的創始者與孕育者。此外，憑著她的經濟學專長與社會工作知識與實務經驗，於1935年協助起草美國社會安全法案（Social Security Act），並獲聘羅斯福總統的顧問。

三、阿寶特姊妹

　　愛迪絲談到自己與妹妹的合作關係時曾說：「我擅長蒐集實證資料加以彙整分析為報告書，而葛蕾絲則擁有運用適當立法途徑，針對實務加以糾正、補救的恩賜。」

　　芝加哥大學（University of Chicago）社會服務行政學院院長（Dean of the School of Social Service Administration, SSA）珍妮・馬許博士（Dr. Jeanne C. Marsh）曾如此描述阿寶特姊妹：

　　　從彼此不同的領域關注相同議題的阿寶特姊妹，共享資源、點子與理念。舉例來說，若是一個社會服務行政學院（SSA）學生提出十分尖

銳的研究問題，芝加哥大學的阿寶特院長（Dean Abbott in Chicago）通常會將此問題轉告華盛頓區的阿寶特局長（Chief Abbott in Washington DC），因為兒童局很有可能可以協助研究的進行，且其後能應用研究結果在國家法案的制訂上；同樣地，若是兒童局發現棘手的問題，葛蕾絲將透過身在社會服務行政學院（SSA）的姊姊愛迪絲，找出最優秀的研究者以探尋問題的根源。

阿寶特姊妹在社會工作學術與實務兼容並蓄地合作無間，著實是社會工作專業與其所關注的人群極大的福氣。從1935年美國社會安全法案制訂的過程，即可看到這對姊妹花的合作無間。妹妹葛蕾絲擔任羅斯福總統的經濟安全委員會的委員，而姊姊則擔任新政（the New Deal）舵手霍普金斯（Harry Lloyd Hopkins）的特別顧問，共同參與社會安全法案的起草工作。

陸、對社會工作者的啓示

一、姊妹連心

相似的成長背景、求學經歷以及遊歷見聞，使得阿寶特姊妹有議題相近的終極關懷，然而同樣的心志可以個人截然不同的方式表現於大我間，而姊妹間亦可彼此支持與欣賞，著眼於今日的社會工作後輩，亦可見此姊妹情誼於學習、工作的過程中。願這樣的精神，在每顆為社會議題觸動並欲付諸行動的心與心間持續、蔓延。

二、即使像憲法這樣厚實的高牆

面對各項童工與勞工權益保障法案，因憲法高牆遲遲無法通過，葛蕾絲等人仍然耐心守候，雖然最後破除憲法路障的修憲案得以暫時解除。但終究

是勉勵著社會改革後輩：「機會是給準備好的人。」以及鼓勵後世：「不論社會改革的攔阻是看似多麼不可搖撼的巨石或高牆，依舊要打定主意，立定志向，朝對的方向繼續邁進。」

三、社會改革是一場美式足球賽

　　葛蕾絲曾在1926年以狄克思（Dorothea Dix）的當代女性參政現況為主軸進行演講。奇妙的是，葛蕾絲與狄克思都曾因為聯邦制度的限制而受挫。狄克思千里單騎於美國大江南北，蒐集各收容所精障者待遇的量化數據並分析論述後，上書當時總統，卻因違反美國聯邦與地方分權的習慣而宣告駁回。而葛蕾絲等人所推動的妊娠婦女與嬰兒法（MIA），成為美國聯邦首度介入地方事務的先例。雖然所關注的族群不同，其背後也仍有複雜的意義可供分析比較。然而就筆者而言，就像是觀看一場歷史悠久的美式足球賽，對於美國憲法的衝撞，就像是其中一次綿延百年的漂亮進攻。賽局中，球經過無數先賢的手，有的達陣，有的沒有。到如今，球即將接在我們手中，願過往的進攻防守、賽前集訓，以及達陣與未達陣前輩的汗水、奮勇與智慧，成為我們的養分和全副裝備。

第十一章　瑪麗・范柯立克
左派社會工作的勇者

前言

　　瑪麗・范柯立克（Mary Van Kleeck，1883-1972）是美國歷史上具影響力的女性之一。作爲一個社會學家和改革者，她一生致力於改善婦女權益與工廠勞動條件，並在多數社會工作者追求以精神分析爲基礎的專業化懷抱時，勇於對抗主流，在社會工作界掀起了一股左派風潮。

壹、早期生活

一、求學生涯

　　瑪麗・范柯立克於1883年生於美國紐約格陵罕（Glenham），1892年在從事牧師的父親去世後，舉家遷往紐約法拉聖（Flushing）。她讀完當地的法拉聖高中（Flushing High School），1900年順利進入史密斯學院（Smith College），因而加入史密斯學院協會（Smith College Association）與YWCA，投入基督教工作（Christian Work）。憑藉著過人的努力，成爲當時少數的女性社會學家。范柯立克於1904年獲得史密斯學院（Smith College）學士學位之後，即加入大學睦鄰協會（College Settlements Association），旋即擔任聯合就業局（Alliance Employment Bureau）的工業祕書（industrial secretary）。很快的她獲得羅素基金會（Russell Sage Foundation）的青睞，於1908年成爲該基金會婦女勞工委員會（Committee on Women's Work）的領導人，從事紐約市女性勞工和童工是如何暴露在低工資、危險工作環境的研究，並進一步推動立法改革。

二、婦女研究

　　1914年，范柯立克女士獲邀加入紐約慈善學校擔任教職。1920年代

回到母校擔任社會工作學院教師。1916年，羅素基金會擴大婦女勞工委員會為工業研究組（Division of Industrial Studies），之後，再改名為工業研究部（Department of Industrial Studies）。范柯立克女士擔任該部門主任長達四十年。除了第一次世界大戰期間，1918年，加入軍令部（Army's Ordinances Department），服務於戰爭勞動政策委員會（War Labor Policies Board），參與建立戰爭期間女性參與就業的基準；並被任命為女性工業服務局（Women in Industry Service Agency，即美國婦女局United States Women's Bureau的前身）的主管，並與婦女工會聯盟（Women's Trade Union League）有很強的連結。

短暫地擔任女性工業服務局主任後，因為母親病重而返回紐約照顧。母親過世後，又回到先前的工業研究。1921年商業部長胡佛（Herbert Hoover）邀請她參與哈丁總統的失業委員會（President Harding's Conference on Unemployment），擔任商業循環小組的常務委員（the Standing Committee of the Conference and Sub-Committee on the Business Cycle）。

1922年，在密爾福（Milford）召開的勞工法行政會議（the Labor Law Administration Conference）上，她引進一種新的計算長期就業統計的方法。她也詳細地研究洛克斐勒（John D. Rockefeller）在科羅拉多州的煤礦場的勞工代表制，而於1924年提出煤礦場的員工代表制（Employees' Representation in Coal Mines）報告。雖然洛克斐勒的員工代表計畫促進了員工的生活水準，范柯立克認為這種雇主與員工的關係，只部分保障了員工，員工仍然缺乏在其他方面的參與權力。她相信給予員工在更多組織管理方面的決策參與，才有助於提升勞動效率與生產力。

1920年代，范柯立克仍然持續關切女性勞工的薪資問題。她在1923、1926年兩度參加勞工部婦女勞動局所贊助的美國工業問題的婦女大會（American Women's Conference on Industrial Problems）上，疾呼爭取美國婦女勞工的權益。然而，在1926年的會場上，國家婦女黨（National Women's Party）提出質疑，為何她們被排除在會議代表之外，而范柯立克並不同意憲

法的兩性平權修正案（Equal Rights Amendment）。

　　美國國會文摘《The Congressional Digest》刊載有一篇范柯立克撰寫的辯論文章，其反對將性別平權納入憲法中，從中可看出她對於婦女權益的論證：

> 我們反對此修正案，因為我們認為其無法達到解放女性之目的……。要移除社會所有性別歧視，如開放大學名額給女性、增加專業職業機會、揚棄社會習俗對女性活動的限制等，遠遠超過法律所及，也並非修正案可以解決的。
>
> 我們相信此修正案若以各種法規在各州通過，就會被要求執行，且並不需要憲法修正案才能生效。女性享有的投票權已經使許多條文被通過……。等待憲法修正案核准只會延後這些法規通過的時間。
>
> 憲法中籠統、模糊的條文必須由法院解釋，如果要求男女平等的條文被納入憲法條文，那每一條新法規都會需要法官長時間重申憲法意義，最後這些開放更多機會給女性的法律都可能無效。某些法律無法適用於男性，會使得它們看起來像是在合法歧視女性，例如：母親津貼和支持兒童的法規。
>
> 相同地，此修正案也可能破壞女性勞工相關法律，因為其內容皆不適用於男性。所有能保障工作環境權益的法律，都應存在於任何主張女權平等的法案中。我們主張憲法修正案是不必要的，因為女性已享有投票權（Paul & Van Kleeck, 1924）。

　　范柯立克花很多時間在旅行、演講，宣揚她的社會主義理念。從1922至1930年間她也擔任母校史密斯學院的信託基金會委員；1928年，她幫助史密斯（Al Smith）[1]競選總統，結果失敗；1929年她接受胡佛總統任命擔任法律

----

[1]　史密斯（Al Smith）曾任紐約州州長，是美國進步主義年代效率導向的進步運動領袖。1928年獲民主黨提

執行與觀察委員（Law Enforcement and Observance Commission）負責調查城市地區的失業、不合宜的住宅、犯罪問題。

1931年她與泰勒會社工業倫理委員會（Taylor Society's Industrial Code Committee）合力推動最低工資制、縮短工時、失業保險等。她批判經濟大蕭條是因為供需失調和雇主對勞工的照顧不足所致。她支持華格納就業方案（Wagner Employment Bill），該方案創造了美國的就業服務。

1930年代，她擔任美國公民解放聯盟（American Civil Liberties Union, ACLU）的領導者，持續為解放美國的勞工而努力。1936年加入美國勞工黨（American Labor Party）。1948年，當她退休以後，支持華萊士（Henry A. Wallace）[2]競選美國總統，卻不敵民主黨提名的杜魯門；她也親自代表美國勞工黨競選紐約州參議員，結果也是失敗。

貳、從基變社會工作到基層運動（the Rank and File Movement）

一、基變社會工作

基變社會工作源自於十九世紀的睦鄰組織運動，在進步主義時代受到宗教、馬克思主義和社會主義影響。到了二十世紀初，基變社會工作和當時蓬勃的社會運動密切相關，例如：勞工運動、第一波女性主義、反戰主義等。1890年代的經濟危機提供基變社會工作發展的溫床，當時的傳統慈善機構忽略了貧窮背後的工業化、都市化和階級衝突問題，因此不足以解決大量受環境造成的「新貧」。不願直接面對結構性問題的改革者於是朝向「科技」方

名競選總統，敗給共和黨的胡佛。

[2] 華萊士（Henry A. Wallace）曾任美國農業部長、商業部長、第33任美國副總統（1941-1945）。1948年被進步黨提名競選總統。該次選舉由在任的民主黨候選人杜魯門獲得連任。

式，來減緩劇烈的社會環境改變。但這些新興方案服務卻被移民視爲異己，他們偏好自助團體，十分抗拒主流文化的機構，如公立學校、兒童福利部門、教會和慈善組織會社（Charity Organization Societies, COS）（Reisch & Andrews, 2001）。

亞當斯（Jane Addams）是受到基督教義影響深遠的睦鄰工作者之一，她在倫敦湯恩比館（Toynbee Hall）觀察到宗教理念如何付諸行動，之後便於芝加哥的胡爾館（Hull House）實踐（參見第七章）。大多數基變社會工作者出身於睦鄰組織運動，歷史學家對於基變社會工作的詮釋有許多不同說法，其中一個觀點認爲他們強調民主的概念，將助人行爲視爲較對等的互助行爲。在進步主義時代脈絡下，基變社會工作者視貧窮問題爲經濟上的不平等和社區瓦解造成，他們認爲助人與其說是出自一種慈善行爲，倒不如說是維護社會應有的公平正義。睦鄰組織工作者阿寶特姐妹（Grace & Edith Abbott）、布蕾金瑞琪（Sophonisba Breckinridge）就曾挑戰當時普遍將貧窮和個人道德相提並論的主流觀點。相較之下，當時的慈善組織會社仍將人分爲值得被幫助和不值得被幫助，將道德判準加諸窮人身上（Reisch & Andrews, 2001）。

雖然睦鄰組織工作者懷有某些程度的人道精神，但是他們仍然帶有一些上層階級的偏見，例如：與工會合作、自助服務是爲了協助他們社會化，以適應美國工業社會的秩序，不過，這些理念在進步主義時代已經被認爲相當前衛了。並且，基變社會工作比其他助人專業更信任勞工階級，大型睦鄰會社都有提供勞工運動的支持，特別是在與婦女勞工工會的合作上。范柯立克就曾針對婦女就業議題進行許多研究，她和愛迪絲（Edith Abbott）都下了此結論：「婦女面臨的就業問題和工業、社會條件有關，而這些都是男性和女性勞工會同時受到影響的。」之後，范柯立克和愛迪絲持續爲最低基本工資、工廠健康和安全規定奮鬥（Reisch & Andrews, 2001）。

然而在第一次世界大戰期間和之後的幾年，基變社會工作的觀點受到愛國組織與保守政黨強烈抨擊。基變社會工作者反對美國參戰，要求社會立法

全面改革的訴求，在1920年代都受到嚴重打壓，於是力量逐漸瓦解（Reisch & Andrews, 2001），代之而起的是社會工作的基層運動。

二、社會工作的基層運動

　　社會工作的基層運動受到三方面影響：（一）受到1929年的經濟大蕭條的影響；（二）與美國新興的白領特殊階層的出現有關，這些白領階級包括專業、技術、管理部門。經濟大蕭條不只影響傳統的藍領勞工，也對新興專業階級，例如：教師、工程師、建築師、化學師、記者、電影演員、律師等產生不利的影響，社會工作者也不例外。這些專業有的已有成熟的專業組織保護其利益，而社會工作者卻沒有。社會工作的基層運動首先意識到的是，她們不管是否受過專業訓練，都存在一種特殊的生產關係。社會工作者不論在公部門或私人機構工作，都是被不適足的救濟體系所限制，而她們本身也是經濟大蕭條的受害者；（三）部分受到美國勞工運動與左派思想的影響。社會工作者發現他們一方面要在經濟不景氣中，利用有限的資源幫助失業工人與窮人，又要關注自己的工作安全保障。這種雙重的剝削關係，讓社會工作者嚴重警覺到其工作的困境。

　　社會工作的基層運動很快速的擴散，到1936年顛峰時期有一萬五千名社會工作者加入。主要的成員來自公部門的公共救助的社會工作者和未經專業資格認證的社會工作者，他們大多是處在社會工作專業組織邊陲的位置，有部分來自猶太裔的社會工作者。其支持者包括：擔任紐約市猶太社會研究局（Bureau of Jewish Social Research, New York City）的主任陸里（Harry Lurie）、紐約社會工作學院的漢彌爾頓（Gordon Hamilton）、林德門（Eduard Lindeman）、史密斯學院精神病理社會工作系的藍諾茲（Bertha Reynolds）、《今日社會工作》（Social Work Today）期刊主編費雪（Jacob Fisher），以及費城社區會議研究部主任柯拉葛（Ewan Clague）（Selmi and Hunter, 2001）。其中，具全國性知名度的人物有范柯立克、藍

諾茲等（參見第十二章）。《今日社會工作》受到許多當時著名的社會工作者的支持，例如：藍諾茲、林德門、范柯立克、漢彌爾頓、勞瑞（Abraham Lourie）、格拉斯伯格（Benjamin Glassberg）、費區（John Fitch）、麥克米倫（Wayne McMillen）、包德溫（Roger Baldwin）、華盛頓（Forrester B. Washington）、道格拉斯（Paul Douglas）、柯義爾（GraceCoyle）等，算是寫手雲集（Wenocur and Reisch, 1989:193）。

她們主張成立社會工作者工會。社會工作的基層運動之所以吸引社會工作者加入的誘因有：（一）大部分社會服務工作者的就業是在不同公共科層體制屋頂下，卻扮演相同的功能。（二）大部分社會服務工作者都不曾受過專業的社會工作碩士訓練課程，因此，沒有經過專業教育訓練的社會化經驗。（三）少數受過很強的專業教育社會化的社會工作者，受僱於新設機構時，出現工作負荷重或是組織管理不良等情形。（四）不利的工作條件和缺乏工作保障。（五）她們執行不一定能得到補助者的資格審查與資產調查，很容易引發求助者與社區的仇恨相向。（六）以不足的資源來協助案主，容易引發這些社會工作者對案主處境的同情。（七）社會工作者很少來自上層社會經濟背景，容易與案主產生同病相憐的情感。據此，一場基層社會工作者結合起來為案主爭福利，也為自己爭工作保障的運動於焉展開（Wenocur and Reisch, 1989:182-183）。

在1934年全國社會工作會議（National Conference of Social Work）於堪薩斯城（Kansas City）召開，范柯立克女士鼓勵美國社會工作者反對新政，她站出來與工會結盟，希望促成新的社會與經濟計畫。她支持年輕社會工作者的基層運動路線，批判新政的救濟工作範圍並非在於提供一個持久與完整的聯邦社會福利。社會工作基層運動的主要言論刊物是《今日社會工作》期刊，主編費雪（Jacob Fisher）並擔任基變左翼社會工作運動的發言人，他認為新政「只不過是在維持現狀，使不安平靜下來，和做些不可能實現的承諾」。雖然，大多數的美國社會工作者協會（AASW）的會員傾向於支持中庸的看法，而對基變社會工作的觀點採取理解與迷惑的態度（Brieland,

Costin, & Atherton, 1985: 52）。

然而，基變社會工作的觀點卻在1934年的全美社會工作會議上大放異彩。范柯立克女士的二篇論文〈我們對政府的錯覺〉（Our Illusion Regarding Government）和〈勞工與社會工作的共同目標〉（The Common Goals of Labor and Social Work）風靡全場，獲得無數的掌聲。她指出政府的責任應是貢獻最大的善意給最大多數的人民，並擔任衝突利益的仲裁者；她進一步批評新政被利益階級所壟斷，在於維持美國既有經濟結構，而這種結構並不在於保障人權，而是保障財產權；最後，她強調社會工作者如果不能與工人結合起來共同調整經濟結構，則社會工作者的所作所為只不過是企業與資本階級的工具，提供的僅是對社會犧牲者的補助與諮商而已（Fisher, 1980）。這些文章後來又被《調查》（Survey）期刊轉載，也被《羅盤》（the Compass）雜誌摘錄，可見其受歡迎程度之高（Wenocur and Reisch, 1989:194）。

社會工作的基層運動於1933年開始形成組織，首先是由全國猶太人社會工作會議發動；接著，1935年在匹茲堡與克里夫蘭召開代表大會。匹茲堡會議有來自全國三十個組織、十一個城市、四十五個代表參加。大部分是公共救濟機構的社會工作者。克里夫蘭會議則有來自十五個城市的二十九個組織代表參加。

事實上，基層運動的社會工作觀點並非風行全美國，只有工業部門相關的社會工作接受這種號召，鄉村的社會工作者並不急於追求這種涉及到政治行動的社會工作。隨著羅斯福總統的新政推動，基層社會工作者漸漸失去著力點；何況由於二次大戰的來臨，社會工作者也擔心美國出現法西斯主義，過於左傾的言論較難受到歡迎。例如：1940年全美社會工作會議主席，也是支持草根民主、基變改革與《今日社會工作》期刊的團體工作推動者柯義爾（Grace Coyle），就提醒美國法西斯主義正在瀰漫（Wenocur and Reisch, 1989:201）。

《今日社會工作》期刊於1942年停刊，社會工作基層運動的成員也大

量流失，宣告此一階段的結束。回顧這段歷史，社會工作基層運動的產生對於社會工作的影響主要有三：（一）覺醒社會工作者的政治意識；（二）追求一個整合的聯邦社會保險與社會福利體系；（三）使社會工作工會合法化（Selmi and Hunter, 2001；林萬億，2013）。

參、組織經驗與社會改革

一、中心思想

　　第一次世界大戰結束後經濟蕭條，范柯立克回到羅素基金會（Russell Sage Foundation），擴大原來的工業研究，開始尋找社會種種失業與罷工的原因，1925年她被聘爲國際勞資關係機構（International Industrial Relations Institution, IRI）的副主任。IRI是一個無宗教派系的私人倡議組織，成員大多由女性、社會工作者、改革者所組成，其崛起原因是戰後興起的政治保守主義、企業福利方案和科技進步等，都嚴重影響勞工的基本生活水準和言論自由。IRI相信科技進步主義，認爲科學管理可以減緩經濟和政治的不平等，並保障勞動條件。科技進步主義借用了很多馬克思主義的概念和原則，例如：相信以利益導向爲主的資本主義終究會走向毀滅，且大量生產的過程造成勞工異化。但科技進步主義與馬克思主義不同之處在於，其崇尚科學並認爲經濟必須由社會工程專家（expert social engineers）主導，透過制訂社會計劃（Social Planning）克服階級衝突和不平等。也就是說，政府需要制定計畫，讓生產是爲了「使用」（use），而非「利潤」（profit）。唯有如此，現代科技和科學的進步才能眞正有助於提升所有個體的生活品質，創造安全的工作環境、社會及政治上的平等（Selmi and Hunter, 2001）。

　　此機構的信念正合范柯立克的胃口，因爲在羅素基金會所追求的溫和自由主義（modest liberal）氛圍下，使范柯立克很難於其中毫無保留地抒發

她向左靠攏的思維。也許是先前種種研究和組織經驗所致，她逐漸相信要消弭社會不公平、低下階層及婦女勞動處境，只能透過「社會」，而非「個人」途徑。如同其他科技進步主義者，范柯立克認為工業必須由勞工管理，社會工程者則是要與之合作，一同建立出合理的生產計劃（Selmi & Hunter, 2001）。

二、推崇社會主義

1929年紐約股票交換所破產，引起世界經濟大蕭條，造成工廠倒閉、股市大跌及失業率攀升。大多失業人口集中在東、北部工業州，州政府只能自行通過「緊急救濟法」。共和黨總統胡佛（H. Hoover）相信景氣會自行回升，拒絕改變以州政府和私人慈善為主的救濟體系。於是，IRI在1931年荷蘭的阿姆斯特丹舉辦世界社會經濟會議（World Social Economic Congress, WSEC），從參與的媒體、各界組織名單中就可看出當時IRI的地位，和社會對於經濟大蕭條有多麼不滿。會議討論聚焦在大蕭條的解決方式，例如：計劃經濟（planned economic）、有組織的勞工部門、有助於提升效率和工作環境的科技。會議還邀請蘇聯學者報告，說明共產主義下運作的五年計畫（The Five Year Plan），如何成功消弭失業人口、提升生活品質。雖然范柯立克一直都不是共產黨的成員，但蘇聯經驗的分享讓她更加確信社會經濟計劃（social-economic planning）可以達到目的（Selmi & Hunter, 2001）。

於是，1932年，她花了六週時間前往蘇聯了解其工業關係。范柯立克到蘇聯進行官方與學術上的交流。當時，美國基變主義者和改革者很流行到蘇聯參觀共產主義的實施。雖然她很清楚拜訪的工廠、城鎮其實和真實情形仍有落差，但仍讚許社會計劃有效的消除失業、提升生活水準。同時，她也對其運作提出客觀評估，表示產品價格與品質之間仍有落差，在一封寄給羅素基金會執行長的信中這樣寫著：

在蘇聯的五週半令人感到滿意……。但蘇聯至今還有很多困難，例如：
農人再也不願光著腳。他們想穿鞋，可是低效率的製鞋工業讓他們必
須付出很高的價格，得到的卻是品質很差的鞋子。（Selmi & Hunter,
2001）

　　不過整體而言，范柯立克歸國後越相信社會計劃是拯救美國經濟大蕭
條，並達到社會正義的解決之道（Selmi & Hunter, 2001）。往後的二十年
裡，她不斷地讚美蘇聯的制度，推崇蘇維埃社會主義，並主張美國與蘇聯可
以共存。

肆、重要事蹟與生涯轉折

一、群起激憤的反對者：羅斯福新政

　　1933年民主黨羅斯福當選總統，推出新政（New Deal），簽署「聯邦
緊急救濟法」（Federal Emergency Relief Act），國會通過撥款五億美元協
助各州失業人口。新政的主要內容包含兩個階段：第一階段（1933-1934）
主要在重振經濟和農、工業，提供暫時性工作，希望透過創造就業機會，來
解決國內失業率居高不下的問題；第二階段（1935-1941）主要目標在制定
社會政策與消弭社會不平等。最具體的作為，是1935年通過的「社會安全
法案」，法案內容包括退休工人社會保險給付、補助各州救濟失依兒童、盲
人和老人。為了配合第一階段的目標，1935年國會又成立「公共工程局」
（Works Progress Administration, WPA），提供上千萬個工作機會；同年，
「國家勞工關係法」（National Labor Relations Act, NLRA）通過，政府終於
建立協調勞資關係的機制，促使勞工工會成員大量增加。
　　從進步時代（Progressive periods）以來，社會工作者就不斷要求政府建

立健康保險、老人津貼和失業保險措施，1930年代美國是工業國中唯一沒
有相關方案的國家。范柯立克也是這一波運動的重要推手。直到羅斯福頒布
新政之後，進步時代的訴求似乎獲得了解答。然而，令當時的社會工作者失
望的是，新政並沒有根除當時的問題，舉例來說，受雇者雖然取得了工作的
機會，例如：建造道路、機場、橋梁、學校、圖書館等，但他們領到的工資
卻比私人工廠還低。「公共工程局」還因此被戲稱爲「我們無精打采而已」
（We Putter Along）、「我們做無聊的小事而已」（We Poke Along）、「每
天吹口哨、尿尿與鬥嘴」（Whistle, Piss and Argue）。此外，農場勞工、非
技術工人和婦女也被制度排除在外。整體而言，新政只是讓政府在這段期
間，恣意的取得更多廉價的勞動力，造成更嚴重的剝削。

　　范柯立克也觀察到了這樣的現象。她在報紙的投書這樣寫著：（Selmi
& Hunter, 2001）

　　未來四年政策將會受到勞工、農人、生產者的政治和經濟影響力左右，
　　其集體談判與罷工權是關鍵。而大企業仍會繼續支持各種反工會政策。

　　羅斯福總統會試圖尋求與勞工「合作」，如同先前「國家勞工關係
法」的主張，各個政府部門會極力防止罷工行動。工業工會主義（industrial
unionism）和勞工黨過去與政府妥協的作風，將不會被廣大勞工所接受，而
專業工作者和中產階級所訴求的安全保障和較高生活品質，也出現在勞工運
動中。

　　在當時的社會中，如范柯立克，反對新政的人其實不在少數，然而，這
些當時的反對者所採取的立場，彼此之間其實不一致，甚至互相矛盾的。范
柯立克站在勞工的角度，舉出新政之中的不合理地方，同時，她也呼籲當時
的社會工作者，不要輕易地被新政給「騙了」。我們可以說，范柯立克是站
在社會主義的角度來批評新政，這與當時其他極端的自由主義者反對新政的
理由，有著本質上的差異。這些所謂極端的自由主義者，基於「自由市場」

的看法,反對羅斯福利用國家資源介入市場的手段;同時他們也反對新政中相關的福利制度,認爲國家的干預都會使市場失靈。事實上,范柯立克並不反對國家積極的建設福利制度,她反對新政很主要的一個原因在於:新政中的福利制度之運作仍不脫自由市場的邏輯。舉例而言,范柯立克認爲新政只解決了失業率的問題,而不是解決人民生活中其他需求無法被滿足的問題,新政只是治標而不治本。但是對其他所謂極端的自由主義者而言,國家不應該以任何方式介入市場。今天失業率居高不下也是市場競爭的結果,國家能做的就是給予資方更低的聘雇限制,使得市場更開放、更自由。

由此可見,雖然當時反對新政的行動者大有人在,但是他們是基於不同的脈絡而反對的。事實上,反對新政的自由主義者,到了戰後1950年代,逐漸成爲社會中的主流思潮。這股思潮的代表作,就是接下來一股無法壓抑的麥卡錫主義。在這樣的背景下,原本搭乘著進步主義列車的社會工作者,尤其是基變的社會工作者,在歷史上逐漸噤若寒蟬(Reisch & Andrews, 2001)。

二、麥卡錫主義下的反動氛圍

1950年代初期,由美國參議員約瑟夫・麥卡錫(Joseph Raymond McCarthy)煽起的美國全國性反社會主義運動,是謂「麥卡錫主義(McCarthyism)」。麥卡錫在擔任議員期間,大肆渲染共產黨侵入政府和輿論界,並且成立「反美調查委員會」(House Committee on Un-American Activities),在文藝界和政府部門煽動人們互相揭發彼此支持社會主義的「罪刑」。被舉發的人不一定會被判刑,但是某些權利會受到剝奪,例如:不得服公職。聯邦調查局(FBI)等情治單位,也因此滲透在社會的各個部門中,可見官方積極反社會主義的意識形態(Reisch & Andrews, 2001)。

這一切反社會主義的行動背後,美國反社會主義者所瞄準的敵人,除了遠方的蘇聯之外,就是國內那些帶有進步主義思想的人民團體。由於這些

人民團體倡導福利國家（Welfare State）的概念，使得他們在1950年代成為國內社會輿論的靶心。那些曾經是社會工作基層運動的參與者和領導者，大部分都是社會工作者，尤其容易受到攻擊（Fisher, 1980）。不論是當時在政府部門工作、卻同時身為《今日社會工作》編輯的雅客·費雪（Jacob Fisher），或是《人類共同需求》（Common Human Needs, 1945）的作者夏綠蒂·陶爾（Charlotte Towle）（參見第十三章），這些人都成為了在麥卡錫主義之下，遭受「整肅」的對象。費雪在這段時間被迫卸除原本在政府機構的任職，陶爾的著作則是受到接近謾罵式的批評（Reisch & Andrews, 2001）。

　　當然，並非所有的行動者在當時都受到了打壓。事實上，有少數社會工作者持續的捍衛他們的理念，例如：藍諾茲、陶爾等人，在麥卡錫主義盛行期間，仍然持續發揮一定的影響力。但是大部分的社會工作者，在此時仍感受到很大的挫敗（Reisch & Andrews, 2001）。我們可以想像，在這樣的氛圍下，范柯立克也一定受到了嚴密的監控。不論是到蘇聯去參訪計畫經濟建設的成果，或是後來參與社會工作基層運動的經驗，更遑論在報紙上大力的抨擊「新政」，這些事蹟很顯然地都與1950年代的氛圍大相逕庭。我們唯一不能想像的是，范柯立克在實際生活中所承受的壓力，那種來自於社會周遭與國家官僚的凝視，恐怕不是現今的我們可以體會的。

伍、社會影響與對社會工作者的啓示

　　范柯立克對於後世社會工作者的影響，主要在於以她作為標竿的基變社會工作觀點的出現與擴張。如前所述，在當時的社會氛圍下，基變主義往往是被體制內所整肅，不論是將其解雇、黑名單，或甚至是監禁都時常發生，要在這樣的逆境下，繼續堅持相信的基變路線相當難能可貴。除了范柯立克外，與她站在一起的費雪、藍諾茲等人也接續了她的理念，將基變觀點不論

是從實務工作或是著述講學等方法中保留下來，也讓現今的我們得以看見前人的足跡。

　　然而，在資料蒐集的過程中我們會發現，為什麼關於范柯立克的資料如此的稀少？進一步探查與思考後，從這點我們更是可以印證范柯立克一派是遭受了多麼嚴密的打壓，當代主流的專業社會工作學派又是如何的不願接納基變觀點。這導致我們對於基變社會工作歷史，甚至於社工專業發展的認識都是斷裂的，即便它從發生至今仍未超過一個世紀之久。

　　美國的社會工作歷史往往僅聚焦在專業化主流的面向，嚴重忽略了基變社會工作者對於美國社會政策發展的影響。基變社會工作方法對於社會工作專業的形象的豐富，更是被視而不見，這都反映了當下的主流價值判斷，將一些基變社會工作者形塑成社會工作的外圍、少數、邊陲者，例如：工會運動者和以種族、婦女、猶太人為對象的社區工作者們。然而，在這些基變社會工作者的努力下，創造了許多目前社會工作專業與社會都視為理所當然的價值，例如：人權、案主覺醒、充權、人在情境中與人的基本尊嚴等，這都是由基變社會工作者爭取與創造出來的。但在這些價值被主流社會工作專業所吸納之後，便被大量的剝奪了基變的原本面貌，也因此讓人對於基變社會工作對現今美國社會與社會工作所產生的影響感到難以理解。

　　1990年代以來，當政治與經濟學者們不斷宣告著自由市場與自由民主路線的勝利；社會主義路線已經破產，女性主義思想、所得重分配等概念皆已不合時宜；社會安全體系的私有化逐步獲得政府與大眾的信任，這已變成是個不可逆的趨勢。在這樣的趨勢下，基變社會工作的提倡將更具挑戰性，然而對比於范柯立克所處的時代氛圍，當代對於有心提倡基變社會工作觀點的工作者來說，是相對友善許多了。

　　同時，在我們了解基變社會工作思想，是如何受到當時支配的社會與專業社會工作文化所影響與壓抑之後，當代社會工作學生對於社會工作歷史的斷裂感和社會工作理論上的認識都能更加全面與深入。如此一來，有心要從事社會工作的人們便可獲得更多對於社會工作的認識，包括對於案主角色、

形塑未來實務工作的法規及政策規劃等。這樣的認識提供了一個穩固的基礎，也將有利於往後的學習與實務工作。

　　而對於臺灣社會工作界擔心社會工作過度專業化、建制化、官僚化的提醒，以及社會工作工會化的呼籲，也可從美國社會工作基層運動中找到養分。的確，不適足的社會福利資源、短缺的社會工作人力、支離破碎的社會服務系統、新公共管理主義下的績效管理、沉重的工作負擔、超時的工作負荷、不安全的工作環境等，讓基層社會工作者夾雜在既要同情服務對象的艱苦生活，又怨嘆自身空有位置權力，卻無力於協助服務對象擺脫命運的坎坷，因此倍感雙重壓力到懷疑社會工作的存在價值油然而生。美國社會工作基層運動雖然不如想像中勢如破竹，卻也掀起浪花滾滾，一時風起雲湧，值得當代社會工作者從中找到可資借鏡之一二，本章的貢獻足矣！

第十二章　柏莎・藍諾茲
桀傲不遜的靈魂：精神病理
社會工作者也可以很宏觀

前言

　　一位偉大的美國社會工作先驅，在她的一生中經歷了兩次世界大戰、經濟大恐慌、麥卡錫主義時代，以及六十年代的民權運動，她同時是一位社會工作者、教育家、作者以及學者。她的人生致力於找到那些至今仍困擾著社會工作者的問題答案，她的視野、開放的態度，以及有勇氣去堅持她所相信的理念，造就她成為一位較具爭議性，且較為被孤立的人物。

　　如果一定要用一個詞去總結我過去五十五年的生命教我的事情，那必定是人與人之間的「關係連結」（relatedness）。

　　她，就是柏莎·藍諾茲（Bertha Capen Reynolds，1885-1978）。

　　美國社會工作者協會（NASW）這樣地介紹她：

社會工作界很有福氣地有這樣一位有著既深且廣的知識、饒富同情心、獨立與正直的前輩奠基者。在保守當道的歲月，社會工作很丟臉，沒有站在這位勇敢與基變（radical）的新英格蘭女性這邊，她勇於遠離政治的正確（politically correct），為的是改變貧窮與種族主義，而採取工會與馬克斯主義的鬥爭。柏莎·藍諾茲作為一位進步的教育者、創意者、思想家、臨床工作者、社區工作者，她努力使社會工作實務變得更寬廣且深遠，其精神是復活的與正確的。她的貢獻在這個專業中彌足肯定。

　　這段頌詞，並無溢美。她就是這樣的一位較為人所不知的社會工作前輩。

壹、童年生活

　　關於柏莎的童年記載相當的少，只知道她是在一個靠近波士頓、傳

統的新英格蘭地區小鎮布洛克頓（Brockton）出生。在柏莎二歲時，因為父親的驟逝，柏莎與母親搬家到麻薩諸塞州的史托頓小鎮（Stoughton, Massachusetts）。由於她的母親原是教師，因此她從小皆是由母親在家中帶領她自學，直到十二歲那年母親在波士頓找到一份教職，柏莎才進入學校就讀。之前因爲在家自學而缺乏社會互動的經驗與建立友情的機會，柏莎被形容是一位害羞的女孩，並且全心奉獻給她的信仰。柏莎相當的孤獨，但也因爲這個孤獨讓她特別珍惜「關係」，這也奠定了她人生所相信與堅持的基礎。

貳、邂逅社會工作

一、雙重社會工作學士與精神社會工作訓練

在阿姨的贊助下，柏莎於1904至1908年就讀史密斯學院（Smith College），獲得學士學位；1912至1913年在西蒙思（Simmons College）學院攻讀社會工作學位。西蒙思女子學院（Simmons Female College）於1904年與哈佛大學（Harvard University）合創了波士頓社會工作者學校（the Boston School for Social Workers），由長期在巴爾的摩（Baltimore）參與慈善組織運動的布雷凱特（Jeffrey R. Brackett）主持。這應該是第一個以社會工作爲名的學校（林萬億，2013）。當時的社會工作教育仍在友善訪問員的傳統之下，柏莎最初的志向是幫助窮人與黑人。畢業後，她進入波士頓的北邊健康診所（North End Health Clinic）工作。

1918年，柏莎進入美國首次開設的精神社會工作培訓課程的史密斯學院（Smith College），學習精神科社會工作，並在學習完後繼續留在學校擔任教學工作，教授精神科社會工作，並於1925年升任爲助理院長。她有幸參加了1923年米爾福會議（Milford Conference），這是社會工作界非常重要的會

議，奠定了社會個案工作的共同基礎（林萬億，2013）。經此訓練，佛洛伊德的心理動力理論成爲柏莎理解人類行爲和心理的主要知識基礎。1938年，由於與院長理念不合而去職，部分原因是她主張學院員工應該可以組工會，和她的馬克斯主義思想不見容於當道。

二、高中的教學經驗

在1909年柏莎從史密斯學院畢業後，她首先進入亞特蘭大大學附屬的高中開始爲期三年的教書生涯。因爲這個工作，讓她得以直接與非裔美國人的學生們互動，也直接目睹了非裔美國人遭受不公平對待，以及被剝削的情況。當時柏莎與一位當地的黑人領袖有教育上的合作——威廉·杜波伊斯（William Du Bois），一位活躍的歷史學者、作家，以及發起爭取黑人權益的運動分子。

第二年柏莎受不知名的疾病所苦，讓她的身體與精神衰竭，當她返家休養，同時擔心著會失去她的工作。此時，在她母親學校工作的一位社會工作者建議她去看一位普特南（James Jackson Putnam）先生，他是一位精神醫學家，而柏莎就在神奇的四次診療後痊癒了。柏莎在這次與社會工作者的互動經驗中，決定未來將自己投身至社會工作這個職業之中。因爲她發現社會工作者可以同時看見一個人在社會經濟面下的處境和個人內心的混亂，並給予其所需的情緒支持與資源。這次的觀察也形成她往後對社會工作提出「雙重焦點」的看法。

參、重要事蹟

一、對社會工作專業的反思

1915年的全國慈善與矯正會議在巴爾的摩召開，鑽研德國專業教育，任

職洛克斐勒基金會（Rockefeller Foundation）的一般教育委員會助理祕書的佛雷克斯諾（Abraham Flexner），被邀請發表其研究結論——檢視「社會工作是一門專業嗎？」（Is Social Work a Profession?）。佛雷克斯諾以絕對的專業認定標準來判定社會工作尚不是一門專業。這個演講引起社會工作界很大的恐慌和討論。但柏莎對這種論點感到反感，她認為更重要的是，我們必須要視服務對象和我們為同樣平等的個體，而並非不同於我們（此指社會工作者）的人們。而且早在1913年柏莎還是一位學生時，她就已經對此有新的體悟，來自一次她的家訪經驗。那次家訪前，她原本想像會看見一位衣衫襤褸的婦女，坐在破落的家裡啃著她的麵包皮；沒想到她卻看見了一位和她沒有什麼不同的婦女，在廚房準備著午餐。這讓她想到：

當我們越使用不同於我們自己所習慣的生活態度、方式對待或預想那些服務對象，我們越感覺我們是「專業的」！

　　柏莎更提醒社會工作者，去思考服務對象在工作過程中的角色位置：

他們有能力可以積極的參與追求更好的生活這場奮鬥，而非只是一個消極的接受者，在一種被建構出來的受助者的角色之中。

　　柏莎所持有的這種平等價值觀，同樣也在她教育工作中體現、教化著她所帶領的學生。她透過與學生緊密的生活在一起，花大量的時間和他們討論問題，甚至是參與學生的課餘活動。

　　在《社會工作實務的教與學》（Learning and teaching in the practice of social work）（1942）書中，柏莎特別提到使用「幫助」（helping）這個詞必須非常小心。她認為我們在使用這個詞的時候，就代表著必然有一個助人者與受助者。

當我們將自己視爲給予的一方，我們等於替我們潛意識中優越，屬於我們自己爲較重要的主體建設了一個安全的港灣……。

　　柏莎提醒我們，工作者是助人者同時也是受助者，工作者可以藉由與服務對象的互動了解他們對世界的理解方式、行動的能量，以及他們眞實的感受等等。

眞正好的、專業的社會工作者不是由於他的「不同之處」，而是「類似之處」，即是作爲一個在社會中的人應如何好好的生活。如此可以將我們從那些被專業規範的「人們應該如何生活」中解放出來。

　　從這段話可以看出柏莎相信眞正的專業，不應該是走向自己的象牙塔，而是應該走向人民、我們的服務對象，並回到最根本的問題上。

二、對精神社會工作的批判

　　會談剛剛結束。疲倦的柏莎拿起手邊的鉛筆，在個案紀錄紙上匆匆地寫了幾個字，但又再次擦去。她努力回想著剛剛的會談內容，試著寫出符合精神社會工作專業的個案分析，卻覺得自己似乎無法下筆。剛剛那位婦人憔悴的臉孔，在柏莎腦中留下深刻的印象。正值經濟蕭條的年頭，那位婦人全家失業。在寒冷的冬天裡，看著家中嗷嗷待哺的孩子，她逼不得已，只好從事一個自己過去死也不願去做的工作——偷牛奶爲生。

如果在一個連生計都無法維持的情況下，要去問她是否有個人問題，或是思考個案工作可以在此時發揮哪些效用，我覺得是件很可惡的事。

　　柏莎在這位婦人身上看到，個人的悲哀有時並不是個體的問題，而是社

會造成的結果。走出個案研討小組的聚會，柏莎不禁鬆了一口氣。

終於再也不用忍受那群自負又傲慢的傢伙了！自以爲擁有『專業』就可
以無限上綱。

1920年代，柏莎被認爲是社會工作界一顆閃亮的明星，她擁有正統的社
會工作訓練，這是前輩社會工作者，例如：亞當絲、芮奇孟，所沒有的；更
重要地，她擁有當時最夯的精神分析理論基礎，而且又是史密斯學院的社會
工作教授。出乎大家的意料，柏莎竟然主動退出當時極具聲望的組織，一個
以精神社會工作者爲主的個案研討小組。

那些趾高氣揚的精神社會工作者，常會看不起其他的社會工作者，並且
總是喜歡待在一個純然用精神分析方法的環境裡。這與柏莎所認同的理念相
違背。

我比較認同的工作方法是，少一點過於機械式的冷漠、多一點人性的關
懷。

身爲第一批的精神社會工作者，柏莎在吸收佛洛伊德關於心理動力理論
中對人的分析知識外，她也針對精神社會工作提出許多批判。認爲社會工作
者在與服務對象工作時，應使用簡單的語言而非複雜又專業的語彙。

如果我們連將自己的想法，簡單清楚的表達給服務對象這件事都做不
到，根本不用想我們能夠爲他們做什麼。

柏莎相當排斥有菁英主義思維的社會工作，特別是在精神社會工作的領
域內。她同時也歡迎更多科學化的方法進入精神分析領域，她承認這可能會
變相導致社會工作遠離它的本質。

我不想去在意某些精神社會工作者看不起其他領域的社會工作者，且活
在一個全然只推崇精神分析的世界裡。我會選擇站在較少工具性、較人
性化的取向的社會個案工作之中。

前面這段話也道出了柏莎觀察到後來精神社會工作界發展的狀況，也成
爲她後來在1920年代退出精神社會工作個案討論社群的原因。

三、社會工作應著重「雙重焦點」

對於一個不快樂的人的評估，不應該忽略整個社會的病態及其對於這個
個人生命的影響。

這句話很明確的點出，柏莎對於納入外部環境影響因素評估的重要性。
所謂的「雙重焦點」，乃是指社會工作者必須同時關注個人的需求與痛苦、
整個社會、政治與經濟的外部影響因素，和如何影響這個人的處境。柏莎提
出社會工作應著重「雙重焦點」，這個概念的背景是由於當時在美國經濟大
恐慌的時代，造成大量人民失業的原因，很明顯的已經不是個人的個性、問
題行爲所致。但當時的社會工作者仍以處理個人的情緒問題爲主要工作目
標，而忽略了他們的需求與整個大環境的社會條件。特別是在羅斯福總統提
出新政之前，陷在失業和缺乏社會安全制度設計的保障下的人們，爲了自己
和家人的生存開始做出了一些違法的行爲。柏莎認爲在這樣的狀況下，還要
一直質問這些人到底有什麼問題，是非常不合理的。

雖然如此，柏莎並沒有認爲社會層面或心理層面其中，哪一個比較重
要，而是應該同時考量到這兩者。「目前個案工作已經擁有對於人類行爲穩
固的基礎知識，社會工作者應該更花時間在研究整體社會結構的知識上。」
透過對於社會結構的理解，讓社會工作者得以有能力不只是在關注服務對

象當下所面臨的問題上。因此，在柏莎的著作，或是平常的教學中，她都不斷強調：「社會工作一定要注重雙重焦點：個人的需要和痛苦，以及造成個人痛苦的社會成因。」這也就是社會個案工作的全人觀點（holistic form of social casework）：將心理分析原則（psychoanalytic principles），加入了解產生個人問題的環境脈絡（environmental context）中。

四、提出「綜融性社會工作」的概念

1910年代的社會工作仍在剛起步的階段，當時學院的社會工作教育將課程分成三類：慈善組織（包含家庭個案工作和一部分的社區組織工作）、兒童工作（包含個別的兒童照顧、安置及保護工作）、醫務社會工作（包含病房與門診的工作）。社會個案工作之所以會被視為社會工作的根基，事實上是由於其在整個歷史脈絡中是培訓制度發展最早也最完善的部分。由慈善組織會社的友善訪問員之基礎發展而成，再加上1930年代心理分析理論的加入，更加強個案工作的重要性。當時這些社會工作實施場域中的社會工作者，多半有紮實的實務工作經驗，而從學院教育訓練出生的社會工作者在當時仍為少數。社會團體工作在那個時候尚未從教育與休閒活動中被提煉出來，直到1930年代之後才正式成為一種工作方法；社區組織工作也約略在1930年末期確認其為社會工作方法之一。

柏莎認為社會工作所必須面對的議題，並不能仰賴單一的工作方法去處理，因此她提出「綜融性社會工作」的概念，為實施對象、場域多元的社會工作建立一個基石，並得以與其他專業的價值做連結與互動。由於這三種工作方法皆是社會工作者與人互動的方式，它勢必有一定程度的價值，它們的哲學基礎也是相通的。透過「綜融性社會工作」概念的提出，提醒了社會工作者不能只從單一種工作方法的思維切入，而是必須要以整體的需求界定、評估到發展解決方案，選擇適切的工作方法予以介入。同時柏莎也強調，此概念會保有彈性，因著不同的時代背景、社會文化納入新的元素。

五、籌組社會工作工會

「哈囉！藍諾茲老師，好久不見。」

看見過去任教的學生回來拜訪，柏莎心中覺得萬分欣慰。

「快點進來坐坐吧！」「謝謝老師，我就來打擾囉！。」

即使學生那誠心的笑容，也不能掩蓋她眉宇之間透露出的無奈和焦慮。

「老師，其實這次來拜訪您，是因為有些事想找您談談……」

屋內瀰漫著剛泡好的咖啡香，師生兩人坐在客廳的沙發上，學生細說起畢業後直接投入基層社會工作實務的種種故事，說著說著，淚珠從她的臉龐滑落。看見這樣的場景，柏莎回想起這位學生大學時代的模樣。

當時那位對社會工作充滿熱情，一心想改變世界的年輕人，已經不見了。現在站在面前的人，神情疲倦，熱情似乎早已被工作消磨殆盡。看見體制的限制使她懷疑改革的可能性，甚至，因為挫折感太高，連過去對社會工作的信仰都快要放棄了。

她心中不禁感到一陣惋惜，面對日益惡化的工作環境，如過高的個案量、棘手又複雜的問題、偏低的薪資結構、嚴苛的支持條件等等，讓許多新進社會工作者手足無措，跑來和柏莎討論自己應該如何調適。

這已經不是第一位了……又是一位新進的社工員，又是一位對工作產生倦怠的社工員。……值得慶幸的是，她還沒有放棄！

柏莎再次喝下一口早已涼掉的咖啡。「好苦呀！」雖然在思緒紛亂時，

必須藉助咖啡讓人清醒，但這苦澀的味道卻讓人不敢恭維。「是不是清醒的人是否都必須承擔人生的苦澀？」她心中暗自忖度，同時也醞釀著一個特別的行動。

社會工作工會組織的成立大會上，年近半百的柏莎在這群年輕的社工中略顯突兀。但她的出現給予這群組織工作者一個很大的鼓舞力量，畢竟在這條沒人走過的路上，前進需要足夠的勇氣和前輩的肯定。

「組織工會，是我們社會工作者不可推卸的責任與權利。」

當柏莎的演講一結束，臺下爆出如雷的掌聲。

1934年開始，面對不友善的制度，柏莎做出一個大膽的決定——投入一群年輕社會工作者試圖組織的工會。這些被稱爲基層運動（rank and file）的基層社會工作者，在認清體制上的限制後，不甘心淪爲一個個的犧牲者，決定匯聚衆人的力量，抵抗壓迫的環境（參見第十章）。

柏莎在她經典的文章〈Rethinking Social Casework〉（1938）中強調，社會工作者必須團結起來組成工會，原因有以下三點：

1.改善薪資與勞動條件。

2.改善社會福利服務。

3.直接促成社會變遷。

假如社工面對壓迫時，選擇獨自面對或抵抗，那這樣的行爲無異於專業上的自殺，因爲他孤立於其餘和他有相同狀況的人們，而必被異化。

這些關於組織工會的思想，開始在社會工作界引起迴響，但也招致批評的聲浪。柏莎站出來爲社會工作者發聲的行爲，和推展社會工作工會的行動，並未受到史密斯學院保守校風的支持。她雖然擔任過史密斯社會工作學院的副院長一職，在學術圈內占有重量級的份量，可是在不得已辭去史密斯學院的教職後，依舊面臨一個人生的困境，那就是——工作難尋。她曾在自傳中提到「有時門就直接關上……。」對於長期受到敬重的柏莎

而言，這樣的經驗並不愉快，但她並沒有後悔做出支持籌組社會工作工會的選擇。最後，她在海運工會（Maritime Union）找到一個薪水不多的職位。在往後的幾年裡，她除了零星地在密西根大學擔任訪問教授外，工作並不穩定，最後決定以從事寫作爲業。她的幾本重要著作大部分發表於此時期，例如：*An Experiment in Short-contact Interviewing*（1932）、*Learning and Teaching in the Practice of Social Work*（1942）、*Re-thinking Social Case Work*（1943）、*Social Work and Social Living: Explorations in Philosophy and Practice*（1951）、*An Uncharted Journey: Fifty Years of Growth in Social Work*（1963）、*Between Client and Community: A Study in Responsibility in Social Case Work*（1973）。她的社會工作觀點被後世優勢觀點、基變社會工作、批判社會工作發揚光大。

1985年，一群進步的社會工作者紀念她的柏莎學社（Bertha Capen Reynolds Society）於芝加哥成立，目前改名社會福利行動聯盟（Social Welfare Action Alliance），以彰顯她對進步觀點的社會工作的貢獻。

肆、對社會工作者的啓示

一、社會工作走回人群—助人的實踐

曾經有人這麼問柏莎：

「假如要一句話總結你的畢生的工作，那這句話會是什麼？」

她是這麼回答的：

「倘若要總結這五十年人生所教我的，只需要一個字，那就是『關

係』。」

她並沒有誇大，但也沒有過於輕描淡寫。

晴朗的天空下，夏日的海水湛藍，柏莎與她的學生們正在海邊游泳。一位史密斯社會工作學院畢業的學生，如此回憶當時柏莎所說的這些話：

以前的我很怕水，因此從來沒有游過泳。那次是因為大家都是我認識的人，我才沒那麼害怕，可以一步一步慢慢學會游泳……。或許有人會覺得很奇怪，但我真的那麼覺得。我開始體會所謂的「關係」，並不是在學校的課堂學習到的，而是在我們一起去游泳的時候，深切地感受到──透過「關係」，我們給予人勇氣去嘗試新事物。

柏莎非常重視她與學生之間的關係，並且把平等主義落實在她教學的過程，以及對社會工作推動的過程中。當時學生對柏莎的評論：

我對藍諾茲老師印象很深刻……。她喜歡和我們學生聊天，不管是上課時的討論，或是下課後聚在一起……。感覺上很重視我們。

柏莎的著作極為豐富，可說是著作等身，透過書寫來傳達她對社會工作的反思與批判。她在《社會工作實務的教與學》（*Learning and Teaching In the Practice of Social Work*）一書的第二版（1965年）中，提到「社會工作回到人群」（Social work goes back to the people）。她認為所謂的專業化不在於這個專業樹立了多高的權威，而在於實際做了什麼事。從歷史的角度出發，她認為人一生會面臨到的問題，絕大多數是仰賴個人私下的關係連結而解決的。柏莎為「社會工作」一詞賦予更寬廣的意義，只要是助人的實踐就是社會工作，不該由職業的名稱或是工作的方法所限制。

同時，柏莎也提出關於社會工作轉捩點的分析，第一次的轉折在於從單

純的直接服務連結到社會政策與研究，而第二次的轉折她認為正在發生。以前社會工作對於外來專業的介入感到十分排斥，但自從第二次世界大戰後，志願性服務成為社會工作者的重要夥伴，社區的參與也被視為是值得鼓勵的行為。

二、不斷地省思

自從1915年佛雷克斯諾（Abraham Flexner）被邀請發表其研究結論，檢視「社會工作是一門專業嗎？」在社會工作界投下一枚至今威力不減的震撼彈後，社會工作界開始尋找被認可為專業的「證據」。而當時盛行的佛洛依德精神分析，被吸納作為社會工作專業知識的內容，因此在美國產生了第一批精神社會工作者，柏莎正是其中之一。身為精神社會工作的先鋒，在享有極高的聲望後，柏莎並沒有因此感到自滿，沉溺於專業的光環中。相反地，她在這個被吹捧的環境中，思考精神醫療社會工作的意義與價值，不斷地尋求反思和重新審視的眼光。

三、展望未來

過去有許多教導社會工作實務技巧的書籍，卻鮮少探討其過去發展的脈絡。看見柏莎，我們才發現原來我們社會工作今日所面臨的問題，並非單獨存在的現象，而是有其長期發展脈絡之下的結果。時值香港選舉，新聞報導中提及有一群社會工作者積極投入參選，並提出以社會福利為出發點的多項政見。然而，當我們充滿期待想了解國內社會工作者對此事的回應時，打開BBS站上社工版的文章，幾乎都是關於社工師考試題目的討論，多少令人感到有些失望。心想，假如這就是我們社會工作專業化的結果，那我們究竟是擁有獨立自主的「專業地位」？還是被體制馴服了？

雖然知道自己身處臺灣社會工作的關鍵時刻，卻在面對社會工作要向前發展的腳步時感到遲疑，當前方沒有地圖指引，後方亦無提供資源，左右兩

旁的夥伴方向不同時，該如何自處？柏莎給我們一個繼續走下去的力量，知道我們並不孤單，前人努力的痕跡成為一個指引的明燈。

第十三章　夏綠蒂・陶爾
溫柔而堅定的社會工作典範

壹、童年生活

夏綠蒂・陶爾（Charlotte Towle，1896-1966）於1896年誕生於蒙大拿（Montana），家中排行老二，有一個姐姐（Mildred）、一個妹妹（Elise）和一個弟弟（John）。爸爸是位珠寶商，媽媽則從事社會改革。童年的她是個活潑的小女孩，身手敏捷又聰明，調皮得很，爬屋頂、走柵欄樣樣都來，簡直就像個頑皮的小男孩一樣。她的模仿能力也很強，好像骨子裡就有這樣的天分，看過她模仿卓別林的鄰居和家人們，都稱讚其活靈活現，讓她在青少年的時期一度想要往舞臺之路發展（Perlman, 1969）。

在她還小的時候，原本需求大的西區礦坑，因爲經濟的衰退紛紛關閉。礦坑對當時艱辛的移民者來說，是努力獲得權力的地方。陶爾還記得那時媽媽組織工人來反抗資本主義，討論有關勞工權利義務的問題。她形容媽媽是個忠實的破壞者（trust buster）。對於社會改革有濃厚的興趣，就連長大以後，她從事社會個案工作時，媽媽也曾不以爲然地認爲：「那樣做是沒有希望的，就像大海裡舀起一小匙水般。」（Perlman, 1969）

她對知識的好奇和能力受到父母和師長的讚賞，中學畢業以後，她先到東岸維吉尼亞（Virginia）念了一年的女子大學，再轉往巴爾的摩（Baltimore）的古徹學院（Goucher College）完成剩下三年的學業。她主修教育，同時也修習了英文和心理學相關的課程，爲將來在中小學任教做準備。當時，她獨立又帶有叛逆的精神，成爲校園中第一個將頭髮修剪成「泡泡頭」（bobbed-haired）的學生。自此，一頭灰白短髮又留有一小搓瀏海便成了她的造型風格（Perlman, 1969）。

在古徹學院時，好奇心驅使她花了很多時間深入社區，她常在碼頭、市場、貧民窟遊蕩，感受美國歷史城市的氣氛，傳統的優雅和醜陋的面貌都盡收她眼底（Perlman, 1969）。

貳、邂逅社會工作

　　主修教育的她，之後轉入社工領域，這與她在大學時就投入紅十字會志工密不可分，培養她對於人和社會的意識。另一實習經驗也深深影響她，教小朋友拉丁文的過程，她發現不是只懂拉丁文就可以教拉丁文了，還必須了解他／她整個人的社會網絡，包括她的同儕、父母，以及內在外在的拉力推力（Perlman, 1969）。

　　第一次世界大戰後，大學畢業的陶爾投入社會工作，頭兩年（1919-1921）在巴爾的摩和丹佛的紅十字會工作；接著兩年（1921-1924）在舊金山美國榮民服務處做個案工作，再轉至華盛頓的精神病理醫院工作（1924-1926），在那裡，她發現自己必須得對於人類的疾病有更多的認識，於是申請獎學金到紐約社會工作學院（New York School of Social Work）進修精神病理社會工作，那時影響她最深的老師應屬肯窩錫（Marion Kenworthy）。在完成基礎的專業訓練以後，她出任費城兒童救助會社（Children's Aid Society）的主管。在費城的那段日子，社會工作界已有新的理論發展，那就是賓州大學社會工作學院的功能學派（Functional School）成形，這重要的創建者是塔虎脫（Jessie Taft）與羅賓森（Virginia Robison）。她們以阮克（Otto Rank）心理分析理論為基礎，發展出不同於哥倫比亞大學社會工作學院以佛洛伊德精神分析學派為基礎的診斷學派（Diagnostic School）的個案工作的理論。陶爾那時在賓州大學社會工作學院擔任兼任講師，而已離開佛洛伊德核心的阮克正在賓州大學擔任客座教授。在社會工作專業上她和其他人有很多的交流，儘管她不同意他／她們的理論或實務方法，她也可以理解並尊重他人的想法。1928年，在紐約大英國協基金會（Commonwealth Foundation）贊助之下成立了兒童輔導機構（Institute for Child Guidance），她到那裡去擔任個案工作者，同時也在紐約和史密斯大學的社會工作學院擔任實習督導。在兒童輔導機構裡，有很多跨專業的工作者，在合作當中彼此互相影響。而同時，陶爾也會思考社會工

作在這麼多專業當中應如何定位（Perlman, 1969）。

　　在二十世紀初，「社會工作」（Social Work）這個詞是很難以界定的。約莫在1920年代，大部分受過訓練的慈善工作者翻轉了維多利亞時期的想法，她們不再認為貧窮只歸因於個人，還必須注意到人所處的環境。但是，儘管知道這些窮人可能是因為所處的環境惡劣才導致貧窮，但當時仍然還是以處置個人為主要方式。到了1930年代，這些從事慈善工作的女性將「社會工作」這個詞用來指稱個案工作、慈善和政治改革（Gordon, 1996）。

　　相較於陶爾這個世代的社會工作者，亞當斯（Jane Addams）、拉斯洛普（Julia Lathrop）、阿寶特姐妹（Edith Abbott＆Grace Abbott）是社會工作的前輩。這些人在社會工作教育發展之前，並未受到社會工作教育的薰陶，反而是受到女性意識的影響和第一波女權運動的影響，許多女性是看到其他身受貧窮痛苦的女性而獻身從事社會工作，她們在進步主義年代與1920年代的發展最盛，且多數成員在新政時期政治的位置到達顛峰，至約莫1940年代才消退。而陶爾這一世代的社會工作者受到精神病理的影響，她們有時會批判性地去思考自己對案主的反應到底是同情還是譴責（Gordon, 1996）。

參、重要事蹟

　　陶爾的生涯中教學占了很大一部分，從1932年到其終老都在為社會工作教育努力，並注入了許多新想法，在她很多著作中看得到她對當時社會工作專業的反思。她在處理社會問題上對人的看法在當時是十分難得的，也促成了她的成名作。此外，她的教學層面很廣且桃李滿天下，其中有一段時間她拿到了獎學金前往英國與當地的社會工作界大師們交流，因此有許多人也將她奉為「社會個案工作的始祖」。除此之外，陶爾在實務界與教學界的人際關係還不錯，有許多實務界的社會工作者推薦她擔任教職，在教學與研究的範疇中也受到當時教務長的肯定。在之後發生的事件之中，良好的人際關係

更是冥冥之中幫助陶爾走出難關。

　　1931年，芝加哥大學社會服務管理學院（School of Social Service Administration）的院長愛迪絲（Edith Abbott）將眼光放到陶爾身上，希望說服陶爾加入芝加哥行列。當時芝加哥大學希望能將精神分析引進，她們請到匈牙利裔，在德國研究精神分析的亞歷山大（Franz Alexander）建立芝加哥心理分析研究所（Chicago's Institute for Psychoanalysis）。亞歷山大的課程吸引許多知識飢渴的社會工作學生前去選課。因此，愛迪絲院長迫切需要一位懂精神分析的社會工作教師。經由紐約社會工作學院的教授，包括漢彌爾頓（Gordon Hamilton）在內，都推薦陶爾。1932年陶爾接受了芝加哥的聘書，進入芝加哥大學，發展精神社會工作領域與擔任實習督導，並持續她的寫作。在投入教學後，陶爾的工作負擔因為學生越來越多而增加，她也因此贏得不少名聲，由於當時陶爾在芝加哥的表現與人際相處上良好，愛迪絲院長形容她是「與其說她是一位非常具吸引力的人，不如說她才華洋溢。」（An extremely attractive, rather brilliant person）。陶爾在芝加哥大學教學與督導的學生中更包含碩博士生。1962年退休後持續兼職，將一生貢獻給芝加哥大學（Perlman, 1969）。

　　陶爾進入芝加哥大學時正逢經濟大蕭條（Great Depression）與法西斯主義（Fascism）瀰漫，經濟大蕭條是1930年代全球性的經濟衰退，在此脈絡下家庭經濟受影響，且當時陶爾家人的疾病影響著她。陶爾當時加入了芝加哥大學社會服務管理學院，該校在當時的社會立法上有很大的影響力。陶爾受到阿寶特姊妹與布蕾金瑞琪（Sophonisba Breckenridge）的啓發並繼續整合觀點，她的觀點從未把個人從社會中分開，強調藉由觀察人與社會環境的互動關係來解決問題，1939年發表了《個人與社會變動的關係》（The Individual in Relation to Social Change）一文，並在1945年出版了最為重要的著作《人類共同需求》（Common Human Needs）（Perlman, 1969）。

　　1955年陶爾前往倫敦經濟學院（London School of Economics）與她的朋友楊哈斯本（Dame Eileen Louise Younghusband）合作，楊哈斯本是當時英

國最重要的社會工作教育家。在英國時期，陶爾教書並與其發展個案工作元素，陶爾將個案工作的基本概念帶入英國（Perlman, 1969）。兩人關係十分良好，楊哈斯本也在之後爲《人類共同需求》（Common Human Needs）再版做序。

肆、生涯轉折

陶爾另一個令人值得注意的地方是她對自由人權的關懷，在她生活的年代經歷了許多大大小小的事件，對她產生莫大影響的是美國的麥卡錫主義，在這段期間陶爾也受到政府的迫害，但由於她對自由人權的堅持與社會工作界的支持，她勇敢地與政府對抗，本文在下面也將詳細介紹。

麥卡錫主義（McCarthyism）是美國參議員麥卡錫在1950年代在美國形成的反共氛圍。在二次大戰結束後這段期間，美蘇之間關係緊張，當時恐共的氣氛才會如此盛行，麥卡錫認爲已經有不少共產黨滲透入美國內，必須透過互相揭發將他們給找出來。此外也有一些出版物像是當時的一本漫畫書《這就是明天嗎？共產主義下的美國！》（Is This Tomorrow? America Under Communism!）向民眾說明，被共產黨統治之後的世界會是什麼樣子。在當時互相揭發的恐共氛圍下，很多人因爲被認爲是共產黨的同路人而受到影響，其中知名人士更包括了卓別林、愛因斯坦等人。然而在1954年美國國內外開始指責麥卡錫，他也失去了大部分的民意支持，最後在1954年底參議院通過決議，正式譴責麥卡錫「違反參議院傳統」的行爲，結束了「麥卡錫主義時代」。

整體來說，麥卡錫主義與臺灣1950年代的白色恐怖的氛圍類似，許多言論與出版自由受到控制，像是陶爾所出版的《人類共同需求》與她支持羅森伯格（Rosenberg）減刑乙事，使得她的護照被扣留，在當時社會工作界大力介入下才得以化解（參見第一章）。

　　以上兩事件可以看出陶爾不只專注於社會個案工作，還十分注重自由與人權的概念，不懼麥卡錫主義下的壓力勇敢反抗政府。此外，這兩事件也對社會工作有所影響，首先陶爾變成社會工作的團結點；此外政府「焚書」的舉動也使得社會工作更關注在民主議題中。

伍、晚年和社會影響

　　陶爾在1962年時從芝加哥大學的教職退休，時值六十六歲，在這之後她仍繼續待在學校兼職了四年的時間。於陶爾爲時三十年的教學生涯中，她從各種不同的面向教授個案工作，對象包含了大學部、研究所、博士班，還有爲同事的進修訓練與學生課程擔任督導工作。陶爾最後教授的課程是她最喜歡的人類發展與行爲（Human Development and Behavior），也許可以說是她長期強調跨專業整合的成果，並且結合她畢生所學，把這個理念實踐於教學當中。在她最後一堂課上，她描述自己的一生「我活在一個踏車的日子裡，或是長途旅行途中。」（I have lived on a treadmill— or on a pilgrimage」她的同事與好友發展問題解決學派的波爾曼（Helen Harris Perlman）肯定地說陶爾是後者，因爲她從不被生活中的瑣事所局限，匆忙地度過人生。她是個謹慎的人，一旦她決定了某件事情就不會半途而廢。對陶爾來說，社會工作價值、教育、對人類需求的洞察、保有彈性的持續學習與跨領域的合作……，這些都是她生命歷程中所背負的使命。陶爾總是努力去精進自己，堅持理想，當她決心踏入社會工作的道路後，她就一直全心全意地投身其中，成爲社會工作的一個典範（Perlman, 1969）。

　　陶爾熱愛繪畫、健行、登山、旅遊、閱讀……。在她退休之後，她有很多的機會和時間可以重拾這些令她感到充實與雀躍的事情。她也是位非常喜歡動物的女士，尤其是狗。她常常會帶著她的狗兒在早晨或傍晚的校園中散步。她也喜歡園藝，在她的後院種滿了綠意盎然的植物。她喜歡看見生命成

長的樣子。陶爾有位女性的摯友在其晚年一直陪伴著她，名爲駱爾（Marry Rall）。她時常陪著陶爾四處旅行，兩人很喜歡到新英格蘭（New England）度假。1966年的9月，陶爾和駱爾前往新罕普夏（New Hampshire）度假，享受美好的日光浴與森林的氣息。但是在旅行途中一個禮拜後，陶爾因爲不明原因腦內出血，逐漸變得無法言談。經歷兩個星期的昏迷後便與世長辭了。

　　1930年代的美國社會工作教育仍專注在個案工作上，包含一門綜合性的社會工作概論，再細分成許多的專精領域科目。當時的心理學知識應用便被歸類在精神醫療社會工作的領域。陶爾因爲受過心理學知識背景的薰陶，長久以來一直倡導社會工作專業教育對於人類基本心理狀態、人類發展進程、能力、動機與需求等等的訓練和理解。她直言：「一般性人類行爲和人格發展的知識不是任何一個專業的財產（property）。」只要是任何和人類社會相關的社會科學領域或助人專業，都應該具備這些基礎的知識。雖然陶爾認爲精神醫學領域和社會工作者應該從不同的角度去服務不同類屬的服務對象，但是兩者無須朝向獨立和分割的專業發展，而是要透過合作和知識技巧的廣泛運用，共同爲需求者提供更全面的支持。人類行爲與社會環境會被列爲社會工作系的基礎必修課程之一就是源自於陶爾的理念，她蒐集整理許多相關的資料，1941年時陶爾編著了一本《來自精神診所的社會個案紀錄》（Social Case Records from Psychiatric Clinics with Discussion Notes），後來被廣泛的運用於個案工作教學中，也爲全美國的社會工作教育課程規劃出了初步的教學方式和模樣（Perlman, 1969）。

　　陶爾認爲社會工作教師是知識體系的篩選者，他們的職責之一是從廣袤紛雜的知識體系中，爲學生們選取得以被應用於實務場域的知識技能（Perlman, 1969）。她在與學生的言談中，時常是以辯論或對話的方式來激盪出彼此想法上的交流和知識的傳遞。陶爾提出每個人都有「渴求進步的內在動力」（impulse toward progressive），教學者是站在一個支持的角度而非灌輸的角度去促進學生的成長。學生並非老師的產物，無須聽從所有老師所說的東西，他們應該被視爲是自我驅動的學習的潛能者（Perlman, 1969）。

教師將自身所學的豐富知識與經驗，透過對話使學生內化和了解。陶爾很看重求學者的自主性，她認為當學生不同意你的時候，其實也是一個讓他們去發展自己的價值的機會，追求符合自己理想的專業內涵。

1962年，陶爾獲得凱斯西方儲才大學（Case Western Reserve University）頒給她的榮譽博士學位。頌詞寫著：

> 陶爾，一位社會工作者、領導者以及學者，妳擁有上進的專業，妳將最新的各學科知識整合入艱難的實務藝術中；妳對專業的貢獻如同一位學者般擁有高的知識天分；妳也是一位擁有不凡技巧的實務工作者；妳更是一位能啟發學生的好老師。由於妳成為妳的同事們傑出的榜樣；由於妳在專業教學中的優雅；藉由妳的努力，社會工作才有能力克服解決問題與社會疾病所需的更多技巧。我們很榮幸頒贈這個學位給妳。

這頌詞可說是道盡了陶爾作為一位社會工作的實務工作者、教師、學者所成就的貢獻，不虛此行。同年，美國社會福利會議亦頒獎給她，表彰她對社會工作教育與著作的傑出貢獻。其他所獲得的榮譽與讚美，不在話下。

陸、對社會工作者的啟示

陶爾同時深信，成為一位社會工作者要有「腦、心、手」（Head, Heart, Hand）。「腦」表示一個專業人員必須要具備充足的知識，服務背後要有準則與依據，有系統、理論架構、方法，合理並且適切的分析工具，能準確的評估個人和情境的狀態，而不是一味盲從地去蠻幹。「心」說明工作者的態度是無比重要的，要有熱誠、尊重、能夠同理與付出、接納服務對象的特質、充滿關懷，但也必須有理想、有信念、有堅持，例如：專業的倫理維護、對正義與平等的追求。「手」表示當一個人有了上述的條件之後，所有

事情最終都必須付諸實踐才有意義的實現。

　　陶爾最爲人景仰的是她終其一生於社會工作的教育的深耕，身體力行實踐社會工作內涵的充實，教育後進，不斷倡導各項專業的融合和統整，以結合社會工作實務和教育的互動與反省。

第十四章　梭爾‧阿林斯基
　　　　吹響基變社區工作革命的號角

前言

　　梭爾・阿林斯基（Saul Alinsky，1909-1972），可以說是二十世紀美國芝加哥地區最偉大的組織工作者之一。出生於1909年的芝加哥，阿林斯基從小就受到地方多元文化的薰陶，深刻的體悟到貧窮和弱勢的結構性意涵。這些體會都促使他成為二十世紀中期「組織社運界」的翹楚。他對後世的啓發可說是彌足珍貴，不論是他的行動或是信念，對於今天的社會工作者都具有啓發性的意義。

　　在今日臺灣社會相對缺乏組織運動的社會工作環境中，阿林斯基的作爲和思想將重新開啓我們對於社會工作的想像。除了探究這傳奇性的人物的一生之外，我們在本文也介紹了阿林斯基的著作《反叛手冊》（Rules for Radicals）。以下，就讓我們進入阿林斯基人生中的熱情、理想與行動。

壹、童年生活

　　俄羅斯猶太裔的美國移民之子風如鷹般從美國密西根湖呼嘯至近芝加哥西邊（the Near West Side of Chicago），在冷冽寒冬的夜晚，一對年輕的俄羅斯猶太移民夫婦班傑明與莎拉・阿林斯基（Benjamin & Sarah Alinsky）生下一個男孩，他們將他命名爲梭爾・阿林斯基（Saul David Alinsky），這一天是1909年1月30日。

　　班傑明與第二任妻子莎拉十分感恩擁有三層樓中的一樓租屋，雖然除了用一道窗簾隔著的房間是夫妻私人空間外，其餘都做爲班傑明吵雜的裁縫店使用。因爲班傑明夫妻只是這個世紀交替之際，跟著五萬西歐猶太移民潮來到芝加哥市的二人，爲了避開已經過度擁擠的紐約市移民社區，他們選擇往

西走，來到被移民稱爲「美國的克朗代克洲[1]」（Klondike of America）的芝加哥，這是移民淘金的地方。

　　1909年的芝加哥是美國的心臟，身爲鐵路中心的芝加哥每日皆有四百輛火車交會、轉運、穿梭於此，工業發展更使得芝加哥市繁榮無比。當然，移民移入更增添芝加哥的族群多樣性，也因此形成不同的族群幫派。

一、信仰與父母

（一）猶太教（Judiasm）

　　阿林斯基的父母皆爲虔誠的猶太教徒，阿林斯基曾經描述自己的父母終其一生將生命花在工作和在猶太大教堂中，永遠不可能參與新社會主義運動（New Socialist Movement）。

　　當阿林斯基大到可以上小學的年齡，就被傳統虔誠的父母送至當地猶太教區的學校（Heder）就讀。阿林斯基認眞的與同學背誦希伯來字母、學習聖經，母親莎拉非常期待用功又聰明的阿林斯基在短短的生命中可以成爲猶太大祭司拉比（rabbi）。

　　某日阿林斯基因閱讀技巧不錯而獲得拉比送的一枚硬幣，往後阿林斯基再次表現出良好的閱讀能力而伸手要硬幣時，卻獲得拉比的一巴掌與家庭訪視，抱怨阿林斯基不敬的態度。沒過多久，阿林斯基就轉學到社區的公立學校就讀了。

　　雖然不知道此經驗是否影響阿林斯基對信仰的看法，但阿林斯基卻實實在在的成爲反猶太主義者（antisemitism）。他曾將「毒」拿來描述「信仰」的特質：

---

[1]　「克朗代克洲」（Klondike）：爲加拿大的育空地帶，1890年代有人在克朗代克河附近淘金礦，1897年金礦消息傳至美國，1897～1898年興起一時的淘金熱，並被稱爲「克朗代克淘金熱」。

（信仰）如此的普遍瀰漫、滲透到每一個角落，讓你甚至連想都不會去想它，你只是接受它為生命的事實。

阿林斯基以「戒毒」來比喻他脫離被父母逼迫成為猶太教祭司的經驗。不過，在接受《花花公子雜誌》（Playboy Magazine）（1972）訪問時，他說：「我很快速地擺脫症狀且踹走（宗教）習慣，……。但是，告訴你關於我的宗教認同，一旦有人問我，我會說，我將說，我是猶太教徒（Jewish）。」其實，在阿林斯基在《反叛手冊》乙書中，帶出許多因過去與信仰的互動，轉而提升、形塑出自己一套組織幹部人格特質，例如：好奇心、不敬、想像力、自由而開放的心靈等。

（二）母親：莎拉·阿林斯基

莎拉的父母與兄姊們在五年前便抵達芝加哥定居，莎拉的姊姊也在班傑明·阿林斯基的裁縫店當女裁縫師。剛離婚的班傑明被有著迷人的鵝蛋臉與陽光氣息的莎拉吸引，在莎拉十七歲時生下阿林斯基。

莎拉是傳統典型的母親，在她心中，這個唯一的兒子是多麼的不平凡與聰穎，莎拉將其生命重點幾乎都聚焦在栽培阿林斯基身上，希望將最好的一切都給阿林斯基。莎拉用自己的生命滋養兒子的成長。

（三）父親：班傑明·阿林斯基

班傑明的店並非日進斗金的大服飾行，只是為芝加哥服飾公司代工的幾百家小工廠之一。阿林斯基在往後稱其父親經營的店是「血汗工廠」（sweat shop）──用低廉的薪資，逼迫員工長時間處於擁擠、不通風的房間內工作。

阿林斯基眼中的父親是個嚴守紀律，內心只有野心、努力工作，並期盼擁有美式成功的小商人。班傑明花非常少的時間與心力在他與莎拉唯一的兒子阿林斯基身上。班傑明對阿林斯基而言是權威的象徵，阿林斯基並不喜歡

自己的父親，在十歲時曾因一件小事與父親起爭執，卻拒絕認輸，雖然最後得到一頓毒打，卻代表了阿林斯基準備好與「行禮如儀的制式權威」（duly constituted authority）做一輩子糾纏的開始。

二、芝加哥的工業繁榮 vs. 少數族群的環境壓迫

　　阿林斯基兒時對於父親的另一個記憶是班傑明會在經過社區時蒐集各種可以丟的小東西以自保，像是小石頭、碎玻璃或小截的鐵條等，班傑明強調這是爲了對抗波蘭鄰居侵犯猶太街區，並興起隨機殺人「對少數族群的屠殺」（pogrom）**2**。

　　班傑明看似好笑的行爲其實不是沒有根據，在第一次世界大戰（1914-1918）爆發前夕，近芝加哥西境區中最大的猶太社區被不友善的鄰居完全包圍，成爲此區中的另一個世界，被阿林斯基稱爲「貧民窟中的貧民窟」。這個區域其實早在阿林斯基出生前幾年，美國社會工作界睦鄰組織的大老珍·亞當斯（Jane Addams）就在離阿林斯基住家北邊的幾個街區做起了有名的胡爾館（Hull House）（參見第七章），並形容近芝加哥西境區爲一個擁擠、不可愛的「移民聯合貧民窟」，包含了義大利的拿波里人（Napolitan）、西西里島人（Sicilian）、卡拉布里亞人（Calabrian）、倫巴族人（Lombard）、威尼斯人（Venetian），以及南邊的日耳曼人（German）、波蘭人（Polish）和俄羅斯人（Russian）等。

　　直至1921年各種幫派的年輕暴徒會在近芝加哥西境區的街道上威脅恐嚇、攻擊猶太社區，芝加哥的族群大熔爐沸騰著街頭犯罪活動與血腥的幫派械鬥。

　　阿林斯基所住的社區中也有猶太幫派，其中最惡名昭彰的就是「邊界

2　「對少數族群的屠殺」（pogrom）是指19世紀晚期至20世紀早期，在俄羅斯帝國時期對當地猶太人的攻擊。後來使用於對少數民族的攻擊，包含破壞他們的家園、店面、宗教或聚會場所，攻擊者由多數族群的平民、政府授權成立的軍隊或武裝團體組成。

幫」（Boundary Gang），這群小流氓常常將小打架引發成大暴動。對於阿林斯基來說，成為幫派分子的一員代表著被接納、冒險，更重要的是能被幫派保護。因此，小小十一歲的阿林斯基時常遊蕩在幫派核心地——第十二街，更說：「如果我們某個人跨越至第十六街（其他組織的地盤），我們就把那個爛貨踢出去，如果波蘭人跨到我們的領土，我們也會把他狠狠踹出去。」一天下午，阿林斯基額頭上腫了一個大瘀青，衣服也被撕裂得又破又髒地回家，更向母親吹牛自己狠狠地揍了一群在猶太人地盤遊蕩的波蘭小孩，這個謊言使得莎拉非常緊張，十分擔心阿林斯基變成街頭惡棍，便將阿林斯基押送至猶太教大祭司**³**拉比（rabbi）處，不願妥協的阿林斯基引用經句「以牙還牙、以眼還眼」（an eye for an eye and a tooth for a tooth），並且解釋這就是美國解決問題的方法。對於阿林斯基的回應，祭司喜歡這個早熟的男孩，祭司向阿林斯基解說成為一個受人尊敬的好人要素，還送給阿林斯基一句箴言：「當哪裡沒有男人，你就成為男人（Where there are no men, be thou a man）。」阿林斯基一輩子謹記這句話。

　　其實，龍蛇雜處的近芝加哥西境區的確如一個培養各種樣態的生命苗圃。的確有一些人在未來變成了職業罪犯，像是卡彭幫**⁴**（Capone Gang）的關鍵人物——江湖封號為「行賄點鈔手傑克·古茲克**⁵**」（Jake Greasy Thumb Guzik）、謀殺刺殺甘迺迪總統的嫌疑犯李·奧斯華（Lee Harvey Oswald）的兇手「傑克·盧比**⁶**」（Jack Ruby）等。然而，同時也有很多像

---

³　猶太教大祭司（rabbi）：同為猶太教律之法律專家。

⁴　卡彭幫（Capone Gang）：由人稱「地下市長」艾爾·卡彭領導，是1920年芝加哥最有結構的地下組織，以走私、娼妓、人口販賣、賭博、放高利貸、操控公會與賄賂等為主要犯罪形式。

⁵　「行賄點鈔手傑克·古茲克」（Jake "Greasy Thumb" Guzik）：「Grease」為賄賂與油墨之雙關，而「Thumb」為點鈔票最重要的拇指，「Greasy Thumb」則是親手點因賄賂警察而透過非法途徑獲得暴利，並且讓算錢的大拇指都沾著鈔票的油墨之意。傑克·古茲克（Jake Guzik, 1886～1956）為當代芝加哥的法律與金融顧問，更是後來犯罪集團的大推手，協助對警方與政客進行賄賂，傑克·古茲克活動於卡彭幫（Capone Gang）。

⁶　傑克·盧比（Jack Ruby（Rubenstein））：謀殺美國刺殺甘迺迪總統的嫌犯李·奧斯華的人，傳說最後在獄中因被人下毒罹患癌症而死。

阿林斯基一樣轉向好的地方發展的人，像是著名的爵士搖擺之王（King of Swing）「班尼」班傑明‧古德曼（Benjamin Benny Goodman）、最高法院的法官亞瑟‧高德堡（Arthur Goldberg）、美國哥倫比亞廣播公司CBS的董事長威廉‧培利（William S. Paley）、海軍將官海曼‧瑞可歐華（Hyman Rickover），以及芝加哥社會學家菲立普‧豪舍（Philip Hauser）等，都是在芝加哥貧民區長大的名人。

　　阿林斯基雖然知道怎麼打架，但是他很早就學會靠嘴巴避開危險的方式。而愛子心切的莎拉也夜以繼日地監視阿林斯基，避免他參與幫派犯罪活動，到阿林斯基即將進入青春期，莎拉希望可以給阿林斯基更好的環境，於是要求班傑明搬離芝加哥社區，帶他們遠離幫派與犯罪。

三、家庭互動與生活環境養成阿林斯基成為社區組織者的性格

　　某天，班傑明將裁縫店收起來，決定搬離第十三街至加州（California）的洛杉磯（Los Angeles），卻沒有帶著莎拉和阿林斯基一起去。幾個月後，莎拉和班傑明離婚，又與另一個男人結婚，新丈夫帶著母子倆搬離了這個老舊的社區。

　　莎拉與班傑明在離婚時達成協議，讓阿林斯基半年可以和班傑明住在一起。班傑明馬上又與帶了三個小孩的第三任妻子結了婚。然而，當阿林斯基抵達洛杉磯找班傑明時，班傑明卻告知阿林斯基必須自己住在鄰近的小木屋，並塞了一些錢當作阿林斯基的住宿與生活費，要求阿林斯基除非生病，否則不要來找他。阿林斯基就這樣半年與莎拉住在芝加哥，半年住在洛杉磯，來來回回四年，雖然很孤獨，卻也因為母親溫暖的關愛而抵銷了在洛杉磯的寂寞。

　　高中時期的阿林斯基因遊歷與半年跟著母親遷移的生活而換了許多所高校，卻始終保持著很好的成績，喜歡打網球、玩美式足球，甚至還有過一段與二十二歲的「老女人」的戀愛韻事，更在此時期成為一位貪婪於閱讀的

人。

　　1925年高中畢業於好萊塢高中（Hollywood High），十七歲的阿林斯基已經是位獨立自主、將自己照顧得很好，更可以與各種人相處的人，加上熱愛旅遊的特質，讓這個獨行俠（lone wolf）早已積累了未來巡迴遊歷的組織行動的資產。

貳、邂逅社區工作

　　阿林斯基非常的開心可以在每年一度的洛杉磯之旅參訪當地的大學，他最後決定進入芝加哥南邊，距離家裡幾步路一家不錯的美國私立大學——芝加哥大學（the University of Chicago）。

一、都市社會學（Urban Sociology）的洗禮

（一）1930以前的大學時期：芝加哥大學——考古學、社會學

　　阿林斯基選擇考古學為主修，在當時是一個好選擇，因為在芝加哥附近就有一處開挖的溫尼貝戈族印第安人（Winnebago Indian）遺址，阿林斯基花了兩個暑假頂著大太陽在西南邊的遺址處做考古挖掘的勞工。

　　阿林斯基也很喜歡社會學。對阿林斯基來說，1920年代，芝加哥大學的社會學系——芝加哥都市社會學學院（the Chicago School of Urban Sociology）可能是當時學習社會學最好的選擇。其中，當時芝加哥都市社會學學院的重要人物，羅伯特・帕克（Robert Ezra Park）教授變成了阿林斯基最喜歡的老師。

　　易怒的帕克教授是一個曾經從報社記者轉為社會學家的實務工作者，他以阿林斯基易懂的方式描繪城市樣貌，這個方式影響了阿林斯基以後進行組織工作時要以對方的經驗範圍來互動，才能達到溝通理解。帕克更期許自己

可以踏遍每一座城市、走遍每一個世界的角落。在親臨每寸土地後，帕克分享了自己觀察的「社會有機體」（Social Organism）的概念：每一座城市、社區、地域都不只是簡單的地理現象，城市雖然是社區、鄰里、各個區域的集合，但是每一個單位都有自己的生命，有清楚明顯的成長、擴張、消逝與死亡。研究這樣的「都市生態學」（Urban Ecology）協助人們更有效的計劃與組織，使社區更適合人們居住。經過帕克洗禮的學生們可以更明白地觀察社區中的教堂、學校、商店、俱樂部等，而非將它們都視為雜亂無章的集合。

　　阿林斯基向帕克的同事額尼斯特・布吉斯（Ernest K. Burgess）學習「實地研究」（Field Study）。阿林斯基開始帶著筆記本離開教室，觀察芝加哥的街道與鄰里。阿林斯基很快就熟稔於將自己隱身於社區的角落成為觀察者，並且是記錄芝加哥市的旁觀者，再回來向布吉斯教授報告。關於芝加哥的輪廓與樣貌都被布吉斯的這位學生描繪得淋漓盡致，芝加哥市的消長與運作更清晰的勾勒、映在眼簾。

　　1920年代的芝加哥是社會學家完美的研究場域。芝加哥在百年內以驚人的速度成長，芝加哥的多樣性也讓阿林斯基深愛不已，這是一個珍・亞當斯、艾爾・卡彭[7]（Al Capone）與卡布里尼修女[8]（Mother Cabrini）的時代。在這裡，阿林斯基享受著社會學帶給他可以逃離教室、漫步在城市街角、社區的快樂。不久，阿林斯基變成了非常有才幹的街角觀察者（street corner observer）與社會分析家（social analyst）。

　　在芝加哥大學1930的年刊中，阿林斯基是位有著嚴肅的臉龐、帶著眼鏡，還有一頭像拖把一樣的黑色鬃髮青年，他並不屬於任何兄弟會或學生社團，如同高中時期，他仍然是個獨行俠。

---

[7] 艾爾・卡彭（Al Capone）：卡彭幫的領袖。

[8] 卡布里尼修女（Mother Cabrini）：天主教聖心傳教女修會創始人，是第一位受封號的修女。美國的移民對於宗教有不少影響，同為移民的她對於芝加哥地區的移民影響很大。

（二）1930至1932研究所時期：芝加哥大學—犯罪學

就如同2008年的經濟寒冬，阿林斯基不幸碰到1930年代的經濟大蕭條，大學畢業即失業，考古學也如同溫尼貝戈族印第安人的屍骨一樣死寂，唯一還有的考古挖掘工作是跟著公共工程局（WPA）（參見第十一章）。

阿林斯基的母親莎拉並沒有錢，父親班傑明雖然已經成爲洛杉磯一帶的富商，卻拒絕阿林斯基任何的借貸。阿林斯基畢業後花了很多時間遊蕩，也曾替學校的職員跑腿僅爲了乞求一頓溫飽。

二、成爲少年犯罪研究者（Juvenile Delinquency Researcher）

（一）芝加哥青少年犯罪研究機構（IJR）的田野研究者

阿林斯基在卡彭幫內做研究這件事情已經到處傳得沸沸揚揚。一天，布吉斯教授把阿林斯基介紹給他的門徒，芝加哥學派[9]的犯罪學家克里佛‧蕭（Clifford R. Shaw），原來他是芝加哥的少年犯罪研究機構（Chicago-based Institution for Juvenile Research, IJR）的主管，他想見見這位新手犯罪學家。芝加哥的少年犯罪研究機構原本的成立是爲了提供少年進入少年法庭前的青少年犯罪診斷性研究（Diagnostic Study），但機構在後來阿林斯基的領導時期，擴張成爲伊利諾州的犯罪學部門（Illinois Division of Criminology）。

當蕭要求與新手的犯罪學家阿林斯基見面後，兩個星期阿林斯基就得到了芝加哥的少年犯罪研究機構的實地研究者一職。阿林斯基一點也沒有猶豫，帶著書本一腳踏入研究所，從此再也沒有完成卡彭幫的研究論文，而且在接下來的八年之中，阿林斯基都與蕭以及芝加哥的少年犯罪研究機構的同事們一起做美國青少年的實證研究，直至1940年左右爲止。

芝加哥的少年犯罪研究機構使用帕克的都市生態學模型，將研究運用

[9] 芝加哥學派犯罪學：20世紀初由羅伯特‧帕克（Robert Ezra Park）與額尼斯特‧布吉斯（Ernest K. Burgess）等都市社會學家所建立。

到芝加哥的街上，研究每一個地區中犯罪最猖獗的區塊，並且蒐集、分析高犯罪率地區的資料。芝加哥的高犯罪區域被發現存在於兩個十分對立區域的灰色地帶，即都市商業發展中心四周的貧窮社區。阿林斯基就與他的同事們深入各個社區訪談青少年犯罪者與他們的家人，阿林斯基就與不少少年一起工作，記錄他們的生命故事，這些故事經過與鄰里訪談核對後發現：「在貧窮、未組織的社區中，孩子們涉入犯罪活動其實是一個正常的社會發展」。由此可見，少年犯罪並非人格異常或單純個體行為偏差等個人因素，而是整個社會的結構、社區狀態與趨勢下的產物。

　　因為有成功進入卡彭幫的經驗，阿林斯基的第一項工作就是被指派到近芝加哥西境的「小義大利區」**10**（Little Italy），擊破位於兒時家鄉附近惡名昭彰的「42人幫」**11**（42 Gang）。

　　早在幾年前，由社會學家弗萊德克‧查舍（Fredrich M. Thrasher）針對芝加哥街頭青年幫派廣泛性的研究中計算出共有1313個活躍的幫派存在於都市的貧民社區裡，而最兇悍的就是這42人幫，這個幫派甚至被譽為卡彭幫的青年實習幫派，是培育未來職業犯罪者的溫床。一位芝加哥的少年犯罪研究機構的研究者還形容42人幫「無懼於和警察與社會起衝突爭戰」。42人幫的徽章特徵是有一個白邊的毛氈帽，帽緣還有象徵被幫派成員磨損的俏皮缺角。42人幫的專長在於偷汽車、解組，再賣掉零件。當他們心情好的時候還會在一位精力旺盛的組織頭頭貝比‧盧斯（Babe‧Ruth）的帶領下，砸爛芝加哥商店的窗戶搶劫。其中一位畢業的成員人稱「山姆」（Momo Salvatore Sam Giancana）還被甘迺迪總統稱為「42人幫混混中繼承卡彭幫的最強槍手」。

　　42人幫完全忽視阿林斯基，這群少年根本不跟阿林斯基講話，阿林斯基

10　「小義大利區」（Little Italy）：都市社區中義大利人聚集的社區，如同猶太社區。
11　「42人幫」（42 Gang）：1925年由平均9歲的義大利男孩組成，一開始成員只有24人，他們取「阿里巴巴四十大盜」的40人，加上2，表示他們比四十大盜更厲害，成為「42人幫」。他們組成的地區就是當年珍‧亞當斯（Jane Addams）成立的胡爾館社區，被珍稱為「胡爾館社區」是一個義大利移民社區。

還是很努力的在街上晃蕩，希望有機會能得到幫派成員的信任。一天晚上，一個42人幫的老大，名號為「小仲馬」（Little Dumas Massina）在持槍搶劫的過程中被殺。阿林斯基去小仲馬家探望，希望能幫他的家人一些忙，結果小仲馬的媽媽一邊哭，一邊告訴來探望的所有人，她連一張小仲馬的照片都沒有。離開小仲馬的家，阿林斯基就消失蹤影，隔天早上卻帶了一張小仲馬的照片給他母親。原來那天晚上，阿林斯基帶了一位攝影師到停屍間，拜託他替小仲馬照相，而且盡可能的替他拍得越自然越好。他們騙過停屍間的警衛，迅速拍到小仲馬的照片。小仲馬的媽媽接到相片後欣喜若狂，阿林斯基的善行馬上傳遍整個小義大利社區。就這樣，阿林斯基進入了42人幫。在這裡，我們看到阿林斯基並不會把被研究者當做「物」，而是真誠地與被研究者互動，更重視彼此之間的關係。

緊接著的兩年內，阿林斯基幾乎天天和42人幫的成員、家人與朋友接觸，十五位少年在阿林斯基的幫忙寫下了他們的生命故事。在一篇寫給美國監獄協會（American Prison Association）的文章中，阿林斯基也有介紹與42人幫訪談的技巧。

克里佛‧蕭非常欣賞阿林斯基的報告，更因阿林斯基建議將本報告書的作者掛上共同作者──「42人幫」，而對阿林斯基刮目相看。幾個月後，蕭給了這個二十四歲的犯罪學家一個獎勵，指派他一個新興的工作──監獄社會學家，阿林斯基便到了喬利埃特的伊利諾州監獄（Illinois State Penitentiary at Joliet）開始一段新的人生旅程。

（二）喬利埃特的伊利諾州監獄的監獄社會學家

三年的時間阿林斯基都在喬利埃特監獄分類單位訪談每一個剛到監獄的人，並且根據罪犯的犯罪紀錄與背景做詳細的評估。分類單位和阿林斯基保證這些資料是為了幫助監獄發展罪犯個別的輔導或復健方案，然而數個月後，阿林斯基了解到這些資料只是為了方便獄卒管理罷了。這件事讓阿林斯基了解到不管監獄在社會上扮演什麼角色，他們絕對不是輔導罪犯的地方。

　　由於阿林斯基和芝加哥的地下世界關係良好，獄方對他有些戒備，阿林斯基不想失去工作，因此在不違反監獄規範之下，協助幫派受刑人在假釋期間可以順利就業。被阿林斯基輔導過的受刑人，甚至有一位在未來阿林斯基與芝加哥市府官員的鬥爭中曾助阿林斯基一臂之力。

　　阿林斯基從這個監獄裡學到，這些罪犯只不過是不幸出生在高犯罪率的貧窮社區中，不知不覺涉入法律問題而被警方盯上，當這些人被送進監獄，他們卻往往會成為職業罪犯。阿林斯基認為犯罪學家對少年罪犯根本無所貢獻，因為即使他清楚犯罪來自於社會結構壓迫下的貧窮問題，但是為了避免爭議，卻以個人歸因的休閒方案課程和人格建構來處置。

　　1935年，二十六歲的阿林斯基雖然被蕭老師推薦給費城的羅森法官（Theodore Rosen）擔任費城緩刑處長，這個工作的好處除了薪水高、離妻子娘家近，還可以在費城大學擔任教職，並可擁有費城日報的專欄，但阿林斯基期待自己可以有一個積極打擊少年犯罪的職位。

　　拒絕這個志業對阿林斯基是一個生命的轉捩點，結束了監獄的工作後他回到了芝加哥的少年犯罪研究機構，更被蕭指派到被稱做「芝加哥後院」[12]（Chicago's Back of the Yards）的西境社區（West Side community）組織社區以打擊少年犯罪問題。

三、重新組織鄰里（Reorganizing a Neighborhood）

　　芝加哥的後院是一個以貧民窟出名的地方，三十年前的1906年，厄普頓‧辛克萊（Upton Sinclair）以這裡為場域，寫出著名的《叢林》（The Jungle）一書，三十年後這裡一樣是貧民窟聚集、發出惡臭的屠宰後院，阿林斯基甚至說這裡是生病、犯罪、墮落、汙穢和依賴的代稱。

---

[12] 「芝加哥後院」（Chicago's Back of the Yards）：這個工業與住宅混雜的社區因鄰近美國聯合牲畜後院——美國重要的屠宰場而得名。

（一）芝加哥地區計畫（Chicago Area Project, CAP）

經過了在幫派與監獄工作的歷練，阿林斯基越來越清楚社區對於少年犯罪的影響，他很努力去執行蕭與布吉斯想出來的「芝加哥地區計畫」（Chicago Area Project, CAP）。芝加哥計畫是一個睦鄰組織，但是它不同的地方在於是由社區居民（父母、老師、警察、神職人員等）自己運作：芝加哥的少年犯罪研究機構提供社區資金，並訓練阿林斯基等工作者去協助居民組織、運作方案。阿林斯基贊同蕭的理論：組織社區比喬利埃特監獄把一群小孩聚集在一個地方，由一個外來的專家管控還好。但是「芝加哥地區計畫」的方案還是如同傳統的休閒活動、對有問題兒童進行諮商、和學校洽談讓輟學的學生復學、讓這群青少年找到工作等，沒有針對結構與社區整體問題之源頭下手的處置方案。

阿林斯基用以前的方法找當地社區的重要影響人物會面、討論，他思考著到底這個衰敗的社區為九萬名居民帶來哪些災難？然而沒有人真的理睬阿林斯基，以為他只是又一個研究少年犯罪的沒路用大學生。直到約翰・路易斯（Jonh L. Lewis）的出現才證明居民這次錯了。

（二）工業組織議會（CIO）

路易斯是「工業組織議會」（Congress of Industrial Organization, CIO）的領導人，他派了「工業組織議會」的勞工組織工作者來組織未被組織的芝加哥肉製品包裝工業工人。1938年芝加哥是全世界的豬隻屠宰場，有四大屠宰公司（Swift, Armour, Wilson, Cudahy）想盡辦法聯合壓榨勞工，並且想盡方法不讓工會組織建立。在「工業組織議會」來之前，已經有三個勞工組織被擊垮，四大屠宰公司已經摩拳擦掌要毀了「工業組織議會」這個新敵人。

阿林斯基發現「工業組織議會」的成員都是全職、專業的基變者（Radicals）。他們進入工人們的生活中，說服工人們「他們的困境並非特殊案例，是每一個貧窮、被剝削的人的共同遭遇」，鼓吹工人團結一致、行動、改革。阿林斯基來到他們的大眾議會，注意到組織工作者討論的議題

不限於罐頭工業，還有當代重要的社會政治議題：西班牙內戰、政府的救濟方案、沙塵暴事件[13]（the Dust Bowl）、提供給失業者的工作等各種在地社區問題。阿林斯基對組織運動者組織人民發動攻擊、改變讓人民貧窮、受壓迫的狀態印象深刻，因此白天他在芝加哥的少年犯罪研究機構工作，晚上和「工業組織議會」的組織工作者在一起。組織工作者教阿林斯基組織大眾的技巧，如何動員、指揮行動、募款等，是滋養阿林斯基未來組織工作的母親。

在此，阿林斯基也發現很特別的現象：受經濟大蕭條所困的貧民窟居民已經成千上百的聚集在一起，準備好要為自己的生存和希望奮戰。這也讓阿林斯基靈機一動，想到協助「工業組織議會」克服組織包裝工會障礙的方法。

（三）1939年後院的社區（鄰里）議會

1939年組織包裝工會的行動因為天主教神職人員的攻擊而熄火，神職人員放話說：「工業組織議會要組的工會是共產主義者想要贏得當地勞工的新陰謀」。由於當地百分之九十以上的勞工都是天主教徒，他們很想要有工會，卻不想要失去教會，故當最後工會決定要發起大罷工時，竟沒有人願意出來一起行動，這剛好合了四大屠宰公司的意。工會領導者赫伯特·麻曲（Herbert March）了解工人們害怕罷工，因為「用刀子過活的人不是和平的罷工者」。

阿林斯基在街上遊蕩，約了社區核心人物喬瑟夫·梅根（Joseph Meegan），他認識社區所有的人，與妻子同為天主教徒。他弟弟是位芝加哥的神職人員，梅根也邀請他的朋友與阿林斯基花了數週一同討論後院的議題。最後這群人決定以「工業組織議會」的形式組成社區議會來解決當地社

---

[13] 沙塵暴事件（the Dust Bowl）：1920～1930以沙塵暴為名的俄克拉荷馬狹地，包括科羅拉多西南、堪薩斯西南、德克薩斯狹地和新墨西哥東北部，又被稱作「黑風暴」或「砂碗」（Dust Bowl）地區。因為經濟大蕭條加上沙塵暴，造成當地農民大遷徙的事件。

區問題。阿林斯基也提醒要聯合勞工與教會才有辦法解決問題，因為勞工和神職人員可以為議會的不同議題想解決的辦法。

透過梅根的幫忙，找來天主教區的主教，同為天主教青年組織（Catholic Youth Organization，CYO）領袖的薛爾（Bishop Bernard J. Bennie Sheil）與阿林斯基會面，最後主教同意說出：「共產主義對社會的正義與慈善之散布沒有威脅。」並且陪伴阿林斯基去拜訪每一個芝加哥後院的神父。阿林斯基說服他們：「社區組織是由一群存在當地的組織組成，而非只是個體的集合罷了。」於是教會、當地組織、各種族群的聚樂部、保齡球聯盟、商人協會、卡片俱樂部，甚至連美國退伍軍人協會（American Legion）皆想要登記成立社區議會。

1939年7月14日這一天，「芝加哥後院社區（鄰里）議會」（the Back of the Yards Neighborhood Council）在戴維斯廣場公園（Davis Square Park）的娛樂中心舉行組成會議，並且如馬拉松式的討論一直延續到凌晨兩點，選出超過三百五十位代表，代表一百零九個當地組織，當「工業組織議會」的包裝工會（CIO Packinghouse Workers Union）代表被選出時，全場歡聲雷動。連續兩天，後院社區議會在芝加哥體育中心舉行大遊行，主教薛爾與「工業組織議會」領導者路易士並肩坐在一起。當然，包裝公司想盡辦法要阻止一切，請來暴徒射傷了工會領袖赫伯特，而薛爾主教與阿林斯基幸運地逃過一劫。結果三十萬人民塞爆了整個芝加哥體育中心，準備罷工，要讓包裝公司知道他們不可以反對社區中居民、教會與工人的聯盟，包裝公司最後決定投降了。《時代雜誌》（Time magazine）將這次譽為「社區、教堂、工會的夥伴關係帶來芝加哥後院的和平」。五十年來，芝加哥後院的居民（立陶宛人、捷克人、德國人、波蘭人、愛爾蘭人、墨西哥人、天主教徒、新教徒、猶太教徒）第一次肩並肩、為共同的原因站出來，每個人說出自己的聲音，贏得了整個社區的勝利。而勝利的背後，卻離阿林斯基被芝加哥的少年犯罪研究機構的蕭炒魷魚的時間沒幾天。

參、重要事蹟

　　阿林斯基被後人譽為是一位天生的專業組織工作者，他一生中展現了十分多樣的面貌，是個具爭議、較難被定位的人。阿林斯基不如一般人所知只是美國1960年代的活躍分子。事實上，他在1930、40年代，以及1950-1970年代均投身在社區組織工作中。早期他較關注在北美地區社區窮人的居住條件改善，晚期他轉而投入非裔美國人少數族群在社區中的居住問題，從芝加哥到加州、密西根州，以及紐約的社區中都可以看見他付出努力所獲得的改善。

　　同時，阿林斯基也是一位作家。他總共出版了三本書，一本是阿林斯基為他仰慕的一位工人組織運動前輩約翰‧路易斯（John L. Lewis）撰寫的傳記，另外兩本則是關於他組織動員的概念與行動指導原則。阿林斯基一直期待有更多人投入社區組織工作，因此他經常與年輕的組織工作學習者分享他的經驗，並著手撰寫這兩本書當作指導原則。但阿林斯基強調這些都只是「原則」，每次的行動、組織必須依著不同的時代背景與文化脈絡做調整，並且要不斷的進行辯證，避免盲目跟從「信條」。

一、芝加哥的後院經驗

　　起初，阿林斯基會進入芝加哥的後院（the Back of the Yards），由於他受雇於芝加哥少年犯罪研究機構的一項計畫，派他進駐社區進行了解與研究，並企圖透過社區方案解決社區內的少年犯罪問題。他帶著芝加哥地區計畫（CAP）進入社區發展少年犯罪預防方案。雖然方案皆由當地居民運作，但其施行內容與傳統提供的服務無異。

　　阿林斯基發現他必須為了他在社區中相處的不良少年、無能力為自己發聲的居民做點什麼，而非只是研究他們。阿林斯基遂與梅根（Joseph Meegan）、帕克（David Square Park）等社區關鍵人物結識，共同成立後院

鄰里議會（BYNC，the Back of the Yards Neighborhood Council）。從發展新方案，像是協助在地就業、成立信用社、阻絕高利貸進入社區，以及學童午餐方案等，來眞正協助居民解決問題，獲得信任。在過程中，阿林斯基會與社區領導者討論、反思其社區行動。後來，在社區議會的支持下成立了鄰里青年委員會（the Neighborhood Youth Committee），其成員包含了警察、社區高中校長、神父、父母，以及當地的商店與組織的代表等等。他們透過傾聽抱怨、在事發時與當事人和相關人士溝通、討論，使得社區內的少年犯罪問題大量降低，且不論犯罪或被害一方都被充分的理解與給予機會，並回歸社區正常生活。

二、創立工業地區基金會（the Industrial Areas Foundation）

阿林斯基在1940年創立工業地區基金會（IAF），這一連串的行動開展於前一年（1939年），在「工業組織議會」（CIO）支持下進行芝加哥的後院包裝工廠工人工會。在1940年初，「工業組織議會」（CIO）的組織工作者因爲其他地區的需求而必須移往其他肉類加工中心。當時有許多其他地區的社區人民積極邀請阿林斯基前往協助組織他們的鄰里，但是礙於沒有經費聘請阿林斯基而暫時延宕。阿林斯基後來拜訪了地區主教薛爾（Bishop Sheil），主教也認同阿林斯基的理念，認爲應該成立組織支持他的行動，而後在主教與其友人馬歇爾·費爾德（Marshall Field III）的支持下成立工業地區基金會（IAF）。

工業地區基金會（IAF）不只提供需要協助的社區成立組織，並提供發展的策略建議，以及針對組織工作者培訓而努力。阿林斯基後半生所參與的事務大多以工業地區基金會（IAF）爲基礎，及其培訓出來的組織人才所創設的組織。組織成立之後，阿林斯基陸續在堪薩斯市（Kansas City）、南聖保羅市（South St. Paul, Minnesota）建立組織據點，面臨更多比芝加哥的後院條件更險惡的情況與挑戰。

　　阿林斯基所培訓的後輩如尼可拉斯・霍夫曼（Nicholas von Hoffman）、愛德華・錢伯斯（Edward T. Chambers）、湯姆・高蝶特（Tom Gaudette）也陸續成立許多組織動員群眾。例如：霍夫曼在芝加哥的伍德勞恩（Woodlawn）組織的伍德勞恩組織（The Woodlawn Organization, TWO），最初是爲了對抗芝加哥大學的校地擴張運動，而後與當地組織、教會合作，雖使用較爭議性的手段引起兩極的評價，但在阿林斯基與霍夫曼的努力下，當地的貧民窟人民被集結起來，爲自己發聲，議題也延伸到非裔美人的投票參政上，以及當地採隔離主義的教育體系。另外，較有名的是由錢伯斯所主導的「戰鬥」（FIGHT），其名字的意涵包括：自由（Freedom）、整合（Integration）、上帝（God）、榮譽（Honor），以及今日（Today）爲期許，位於紐約州的羅徹斯特（Rochester），當地極大比例的人民皆爲柯達公司（Kodak）工作。官方數字上失業人口極低，但卻有百分之八到三十的非裔美人失業，且工人也未享有合理的福利與薪資，阿林斯基與錢伯斯進入此地，要求柯達公司對當地的社區負責，提出完整且合理的雇用政策與培訓計畫，並與柯達公司進行一場長期的抗戰。阿林斯基先要脅柯達公司將在其贊助的羅徹斯特愛樂交響樂團（Rochester Philharmonic）演奏會上放屁，干擾敏感的音樂會演奏。然後，「戰鬥」成員就買了大量烘焙過的青豆，這些吃過烤青豆的愛樂人，隱身在觀眾群裡進入音樂廳，坐在觀眾席上，排出大量的瓦斯，夾雜著吵雜的屁聲，干擾木管樂器的演奏，迫使柯達公司妥協。

　　爲了迫使芝加哥市政府妥協，阿林斯基要脅要在芝加哥歐黑爾機場（Chicago O' Hare Airport）尿尿。他集結了大批的黑人，穿著正式的服裝，占領機場的廁所不離開，讓機場的旅客抱怨連連，終於使芝加哥政府願意坐上談判桌，協助伍德勞恩當地的教育、住宅及市區重建工作。這些抗爭都依著阿林斯基的《反叛手冊》中的權力鬥爭的策略原則三：「盡其可能超越對手經驗之外」，以及原則五：「嘲諷是人們最有力的武器」（林萬億，2013）。

三、紀實：路易斯—當代勞工運動靈魂人物

　　阿林斯基撰寫《約翰路易斯：一本未授權的傳記》（John L. Lewis: An Unauthorized Biography, 1949）這本書的時候四十歲，而這本傳記的主角路易斯六十歲。兩人的相遇在芝加哥後院一起工作的那一段日子。對阿林斯基來說，在路易斯所運作的「工業組織議會」（CIO）底下學習如何動員包裝工廠工人，成為他往後一輩子組織工作很重要的基礎。路易斯曾經邀請阿林斯基加入他們的組織，但阿林斯基以想要保持獨立為理由拒絕，但仍願意與他密切合作。後來阿林斯基成立工業地區基金會（IAF）的行動，兩人也有許多合作與互動。

　　路易斯對阿林斯基來說是一位老師、親近的朋友，甚至是政治上的父親。路易斯是美國經濟大恐慌時，當代最傑出的勞工運動者，他同時是「工業組織議會」（CIO）與礦工聯會（the United Mine Workers）兩大組織的領導者。「……這個時候（意指經濟大恐慌時代）一名叫路易斯的男人出現了，其組織工人產生了經濟結構上的革命，去對抗整個國家不合理的體制……。」阿林斯基在書中是這樣描述的。阿林斯基撰寫這本書是試圖補充他於1945年出版《基變的號角》（Reveille for Radicals），並讓更多人理解真實的路易斯——美國經濟大恐慌時代偉大的工運人物。

四、寫給走在基變路上的人們

　　阿林斯基前後撰寫了《基變的號角》（Reveille for Radicals, 1945）與《反叛手冊》（Rules for Radicals: A Political Primer for Practical Radicals, 1971）兩本書。前者著重阿林斯基觀念的闡述，後者則延續前者的核心概念延伸補充，提供組織工作者實務操作要點與經驗的分享，這個部分容後再敘。

　　《基變的號角》內容上分成兩個部分，第一個部分阿林斯基闡明了他所信仰的政治哲學，第二部分則解釋他如何建立人民的組織（People's

Organizations）。阿林斯基的政治哲學基礎分別來自湯瑪斯‧傑佛遜
（Thomas Jefferson）、詹姆士‧麥迪森（James Madison），以及亞歷西
斯‧托克維爾（Alexis de Tocqeville）。從傑佛遜與麥迪森身上借重人民權利
的「不可侵犯的原則」，即意味著當有需要的時候，人民有權利組成志願性
組織，並透過組織表達他們對公共議題的意見，進而扭轉政府的決策。「自
治的習慣」則是繼承托克維爾的概念，提及近代美國人逐漸將自由視為理所
當然，且將大量時間花費在追求個人主義與財富累積的同時，放棄了他們美
好的自治傳統，並仰賴政府替他們做所有的決策，人們變成對政治冷漠且毫
無權力可言。「人民的組織」這個概念繼承湯瑪斯‧傑佛遜主權在民的信
念，阿林斯基寫著：

> 所有在我們眼前的議題的解答，只在廣大的人民自己身上可以找到，別
> 無他處。

　　融合這些概念，阿林斯基在芝加哥的後院工作時實踐了這些概念，透過
一個適當的鄰里大小範圍內人民所形成的組織，這個範圍夠小足以讓當地人
民可以密集的互動和一起工作、討論決策。

肆、社會影響

　　對於許多社會工作者或學生來說，阿林斯基對於他們的影響是什麼？
是許多人無法理清楚的，而且或許連阿林斯基本人都不一定知道自己對他們
的影響是什麼。因為阿林斯基在從事他的社區組織工作時，從來不曾認同
自己是一個社會工作者，甚至對於當時的主流社會工作之一「睦鄰組織」
（settlement house）有許多批判，他批評當時的睦鄰組織，認為他們不再和
他的鄰居（neighbors）有密切的連結，也不知道他們的鄰居真正想要的是什

麼，而這樣的批判從何而來，又對之後的社會工作產生了什麼影響。本文將從二次大戰之後的睦鄰組織運動的發展和阿林斯基與一些睦鄰組織會社的合作經驗，試著說明他對社會工作的影響。

一、二戰之後睦鄰組織運動的發展

1889年，美國的睦鄰組織運動重要的時間點，珍・亞當斯（Jane Addams）創立了胡爾館（Hull House），也被後世尊爲當代社會工作的先驅，到了1940到1950年代，睦鄰組織運動已在美國過了將近半世紀，和珍・亞當斯時的睦鄰組織不同，開始發展出一套管理人力與金錢的制度，所以內部的居民（resident）不再像過去一樣只是大學生志工，而有不少非大學生志工或是有給薪的職員（paid staff）（Reinders, 1982），亦多了受過專業訓練的社會工作者（professionally trained social workers），使睦鄰組織多了種專業主義（professionalism）的感覺（Reinders, 1982; Trolander, 1982）

二、阿林斯基與睦鄰組織的合作──以與哈德森公會（Hudson Guild）的合作爲例

在1950年代，阿林斯基接受了紐約基金會（New York Foundation）的委託，和該組織合作成立了切爾西社區會議（Chelsea Community Council），然而因爲阿林斯基具爭議性的名聲，使當地睦鄰組織的社會工作者結盟起來試圖阻礙阿林斯基的計畫，爲了平息這樣的爭議，最後這個計畫由哈德森公會（Hudson Guild）的主任卡本特（H. Daniel Carpenter）接手。阿林斯基成爲了團隊的顧問，而卡本特仍將新的計畫建立在阿林斯基的組織哲學上，不過終究沒有完全採用阿林斯基的意見，這個計畫發展最後仍採用睦鄰組織常用的方式：切爾西社區的住宅計畫希望能夠讓太窮而沒有辦法去住在聯邦政府補助的住宅社區居民棲身（Finks, 1984），而成立了切爾西社區會議，但這個地方會議在十九個月以後，就因爲半數當地組織代表退出而解散

（Trolander, 1982）。

三、小結：一種阿林斯基風格的社會工作

　　從這個事件或許能看出阿林斯基的工作風格和當時的睦鄰組織有多大的不同，阿林斯基強調衝突（conflict），然而睦鄰組織的傳統，從早期的湯恩比館（Toynbee Hall）開始到美國的睦鄰運動，都希望藉由種種方式，例如：教育、立法等去保障窮人的生活，本文認為這些其實可以說是試圖消除衝突（可能由階級造成的），這兩種非常不同的價值觀在這個事件中的故事（Finks, 1984）做了詳細的描述：

　　麥卡吉（Paul McGhee）這位紐約基金會的顧問解釋道：

「社區組織」（community organization）對於社會工作者來說，代表一個專業者組織社區、分配工作給人們或使這些人的意見能包含在會議中等等，……需要的是參與（participation）。……雖然這些人願意使用「參與」這個最新的詞，他們終究不知道它到底代表些什麼……。
（Finks, 1984）

　　除此之外，可以從這個事件中發現地方會議（Council）的出現，Trolander（1982）認為它就是睦鄰組織對阿林斯基的回應，為了使社區居民的意見能更被包含在睦鄰組織的決議中，他們鼓勵社區居民參與會議，因而形成一種合作取向（cooperative approach），一方面仍舊維持原本睦鄰組織的形式（由一群有較高知識水平的居民或是後來的專業社會工作者領導）：但另一方面也試圖融入阿林斯基取向的優點，讓更多社區居民得以參與決策，希望能以民主的方式達成協議，而這樣的取向，雖然不若阿林斯基的取向，使冷漠的群眾感受到力量，而動員起來爭取權力，以改善自己的情況，但其強調合作大於衝突的特性，使其相對穩定而持久，所以比起依照阿林斯

基的取向建立起來的組織，這樣取向的組織在後來的社會改革中扮演重要的角色，阿林斯基的影響也隨著之被傳承下去。

伍、阿林斯基對於後世的啓發與影響：從《反叛手冊》獲得啓示

阿林斯基對後世的啓發可說是非常珍貴的，不論是他的行動或是信念，對於今天的社會工作者都具有啓發性的意義。從前面的描述中，我們可以發現阿林斯基是一位優秀的組織工作者，他總是能深入到社會的各個角落、團體、組織當中，獲得他人的信任。

此外，除了組織動員能力強之外，阿林斯基也以花招多變著名。他總是有許多具創意的抗爭策略，針對不同的議題和族群，採取不同的路徑。舉例來說，他曾經以諷刺的手法，讓學生假扮成三K黨歡迎當時的老布希總統；他也曾經動員三千多位黑人，一同進入有種族歧視聘用條款的百貨公司購物，癱瘓其會計系統和服務人員，要求公司改變他們的聘用條款。

想要了解阿林斯基一生的思想，從其最重要的著作《反叛手冊》入手絕對是條捷徑。《反叛手冊》可以說是一本組織工作者的教戰守冊，書中的內容除了思想上的教育之外，也包含了實務中的抗爭策略。阿林斯基透過他的文字，協助組織工作者釐清他們的目標、手段以及困境。

阿林斯基從來不吝於將他自己擅長的組織工作，傳授給後輩。阿林斯基（1971）在《反叛手冊》的序言中，毫無保留的公開了自己寫作的目的：

這些倡言革命的年輕人，口裡高喊著：「打倒這個體制！」關於體制，他們是沒有幻覺的。可是，講到改變這個世界的方式，他們就充滿了幻覺。為了這一點我才寫了這本書。我急切地寫下這些話。

對於阿林斯基來說，組織工作是幫助人們解決問題的重要方式。他認為，人類社會最大的問題在於，缺乏團體的生活，進而使得人們道德感日益低落。

> 他以爲他的幸福可以跟別人幸福分家，互不牽扯。（阿林斯基，1971：34）

在阿林斯基的筆下，人類社會的問題在於無視他人的痛苦；人們以爲只要關起門來，所有的不幸和災難都可以與自己無關。

> 道德生活是人唯一生存的一條路。他就要學會：他若不與他人分享財務，他就會失去全部的財務。他若是希望文明繼續存在，他就要尊重並且學習與別人不同的政治意識共存。（阿林斯基，1971：5）

對一個組織工作者來說，組織僅僅只是手段，但是這樣的手段卻遭受到許多的質疑和挑戰。這些質疑大多來自於倫理上的質疑，諸如「手段太過於激烈」、「爲達目的不擇手段」等。對此，阿林斯基鼓勵行動者明辨這種自詡爲「道德主義者」論述背後的意識形態。阿林斯基清楚地指出，在這個利益的競逐場中，道德不過是一種合理化自我利益的理論；換言之，當人們以道德指控組織行動，認爲這種行動冒犯了自己的利益時，其實只是因爲這個行動影響到他的利益罷了。阿林斯基認爲，這些人的利益並非不重要，但是在獲得利益的同時，也讓某些人的權益受到了損害；組織工作就是在協助這些人，向那些既得利益者爭取人的基本權利。因此，重要的問題在於「爲了這個目的，是否可以使用這個手段？」那些指責阿林斯基不擇手段的人，只是和一般人一樣站在一個自利的立場罷了！

除了上述的倫理學觀點之外，阿林斯基在《反叛手冊》中最重要的目的，還是在組織工作者的相關教育上下功夫。書中有絕大的篇幅在談組織工

作者應具備的技能、性格、知識。作者尤其花了很多篇幅討論如何訓練一個幹部。在「幹部教育」一章中，阿林斯基清楚列出了一個好的組織幹部，必須具備哪些特質，例如：幽默感、思路清晰的人格、好奇心、誠實等。在「經驗的交流」一章中，阿林斯基分享了許多過去進行組織的經驗，從中我們可以看出作者對於組織工作的熱情與創意。在「策略」一章中，阿林斯基則是提出許多如何在組織工作中發揮創意的方式，

綜合以上，在社會工作的實務上，越來越強調個案工作取向的今天；在社會工作專業發展過程中，越來越不願回頭的專業主義的路途上，阿林斯基作為一個能夠深入了解他人痛苦的社區組織工作者，又同時採取基變手段的組織者，無疑為今日的社會工作注入了更多的想像。同樣是對於社會的不公不義懷著強烈憤怒的行動者，他的經驗讓我們看到組織工作的可能，也讓我們看到組織工作中困難，卻又精采的一面。組織工作長期被汙名化為不理性的社會運動，阿林斯基用他的一生向世人證明了，基變的手段和訴求只是更有深度地反映了社會中的不正義。這些在本文作者看來，都是阿林斯基用人生的筆墨所留下來的珍貴足跡。

1969年阿林斯基獲得天主教教宗頒給的人類和平與自由獎（Pacem in Terris Peace and Freedom Award），表彰他對追求和平與正義的貢獻。晚近，美國傳記學者霍維特（Sanford Horwitt）證實：2008年美國總統歐巴馬（President Barack Obama）的選舉深受阿林斯基的影響，追隨他以芝加哥為基礎的社區組織的腳步。

1972年3月，阿林斯基心臟病發死亡前，他接受《花花公子雜誌》專訪，有一段對話，或許適合作為本文的結束。

阿林斯基：如果人有來生，而我能說些什麼。我將毫無保留地選擇下地獄。

花花公子雜誌：為何這樣說？

阿林斯基：地獄將是我的天堂。我終生與窮人為伍。如果你貧窮，你將

327 第十四章 梭爾·阿林斯基（Saul Alinsky）

三餐不繼。如果窮人活在地獄，則無須講究美德。一旦我也下地獄，我必在那兒開始組織窮人。

花花公子雜誌：為何是他們？

阿林斯基：他們是我的兄弟！

　　一位終其一生都在組織貧民，為弱勢者爭取權益的社區工作者，死後猶不忘初衷。這段對話猶如佛教地藏王菩薩原可以成佛，但見地獄裡有無數受苦的靈魂，不忍離去，留在地府，立下重誓：「地獄未空，誓不成佛；眾生度盡，方證菩提。」人間地獄何曾空過，貧窮、飢餓、暴力、歧視、壓迫、不義等仍然充斥人類社會，社會工作者從來不會閒著，也不應該！

參考書目

第一章

林萬億（2013）當代社會工作：理論與方法。臺北：五南出版股份有限公司。

林萬億（2010）社會福利。臺北：五南出版股份有限公司。

Agnew, E. (2004) From Charity to Social Work: Mary E. Richmond and the Creation of an American Profession. Urbana and Chicago: University of Illinois Press.

Alinsky, S. D. (1969) Rules for Radicals. New York: Vintage Books.

Alonso, H. H. (1995) Nobel Peace Laureates, Jane Addams and Emily Greene Balch: two women of the Women's International League for Peace and Freedom", Journal of Women's History, 7: 2, 6-16.

Andrews, J. and Reisch, M. (1997) The Legacy of McCarthyism on Socual Group Work: An Historical Analysis, Journal of Sociology and Social Welfare, XXIV: 3, 211-235.

Axinn, J. & Levin, H. (1982) Social Welfare: a history of the American response to need, 2nd ed. NY: Harper & Row.

Bailey, Roy & Brake, M. (1975) Radical Social Work, London: Edward Arnold.

Barker, P. (1999) 福利國家的創建者——十六個英國社會改革先驅的故事（洪惠芬與簡守邦，譯）。臺北：唐山。（原著出版於1984年）

Brieland, D., Costin, L. B. & Atherton, C. R. (1985) Contemporary Social Work: an introduction to social work and social welfare, NY: McGraw-Hill Book Co.

Brown, E. L. (1936) Social Work as a Profession, NY: Russell Sage Foundation.

Burghardt, S. & Fabricant, M. (1987) Radical Social Work, in Anne Minahan et al., Encyclopedia of Social Work, 18th ed. NASW. pp.455-62.

Elshtain, J. B. (2001) Jane Addams and the Social Claim, The Public Interest, Fall, 82-92.

Fisher, J. (1980) The Response of Social Work to the Depression, Cambridge, MA: Schenkman Publishing Co.

Foucault, M. (1992) 瘋癲與文明（劉北成與楊遠嬰譯）。臺北：桂冠圖書。（原著出版於1971年）Fraser, D. (2009) The Evolution of the British Welfare State, 2nd ed. Basingstoke: Macmillan Press.

Gilbert, N. & Specht, H. (1974) The Incomplete Profession, Social Work, 19: 6, 66-74.

Greenwood, E. (1957) Attributes of Profession, Social Work, July, 45-55.

Karger, H. J. and Stoesz, D. (2006) American Social Welfare Policy: a pluralist approach (5th ed.). Boston: Pearson Education, Inc.

Kidneigh, J. (1965) "History of American Social Work," in Encyclopedia of Social Work, 15th ed. NY: NASW, p4.

Kirst-Ashman, K. (2007) Introduction to Social Work & Social Welfare: critical thinking perspectives (2nded.). Belmont, Ca: Thomson Brooks/Cole.

Leiby, J. (1978) A History of Social Welfare and Social Work in the United States. NY: Columbia University Press.

Lubove, R. (1965) The Professional Altruist: the emergence of social work as a career, 1880-1930. Cambridge, Ma: Harvard University Press.

Lundblad, K. S. (1995) Jane Addams and Social Reform: a role model for the 1990s, Social Work, 40: 5, 661-668.

Mahood, Linda (2009) Feminism and Voluntary Action: Eglantyne Jebb and Save the Children, 1876-1928. NY: Palgrave Macmillan.

Marsh, D. (1980) The Welfare State: concept and development, London: Longman.

Murray, C. (1984) Losing Ground: American Social Policy, 1950-1980. NY: Basic Books.

Perlman, H. H. (1969) Helping: Charlotte Towle on Social Work and Social Casework, Chicago: The University of Chicago.

Pierson, C. and Castles, F. (2006) The Welfare State Reader, 2nd ed. Cambridge: Polity.

Piven, F. & Cloward, R. (1977) Poor People Movement: why they succeed, how they fail, NY: Pantheon.

Popple, P. R. & Leighninger, L. (2008) The Policy-Based Profession: An Introduction to Social Welfare Policy Analysis for Social Workers. (4th ed.). Person Education, Inc.

Pumphrey, Raeph (1971) Social Welfare: history, in Encyclopedia of Social Work, 16th ed. NY: NASW, pp. 1446-1461.

Reisch, M. (1998) The Sociopolitical Context and Social Work Methods, 1890-1950, Social Service Review, June, 161-180.

Rose, M. (1986) The Relief of Poverty 1834-1914, 2nd ed. Macmillan.

Selmi, P. & Hunter, R. (2001) Beyond the Rank and File Movement: Mary van Kleeck and Social Work Radicalism in the Great Depression, 1931-1942. Journal of Sociology & Social Welfare, 2001, 28: 2, 75-101.

Shoemaker, L. M. (1998) Early Conflicts in Social Work Education, Social Service Review, June, 182-191.

Throssell, H. (ed) Social Work: radical essays. Australia: University of Queensland Press.

Timms, N. (1983) Social Work Values: an enquiry, London: RKP.

Tolwe, C. (1954) The Learner in Education for the Professions: as seen in education for social work, Chicago: The University of Chicago Press.

Trattner, W. (ed.) (1983) Social Welfare or Social Control? Some Historical Reflections on Regulating the Poor, Knoxville: the University of Tennessee Press.

Trattner, W. I. (1999) From Poor Law to Welfare State: a history of social welfare in America.

NY: Free Press.

Wenocur, S. and Reisch, M. (1989) From Charity to Enterprise: the Development of American Social Work in a Market Economy, Urbana: University of Illinois Press.

Woodroofe, K. (1962) From Charity to Social Work: in England and the United States, London: RKP.

第二章

莊秀美（2004）社會工作名人名著。臺北：松慧有限公司。

Axinn, J. & Levin, H. (1982) Social Welfare: a history of the American response to need, 2nd ed. NY: Harper & Row.

Dix, D. (2006) I Tell What I Have Seen-The Reports of Asylum Reformer Dorothea Dix. American Journal of Public Health. 96(4): 622-624.

Dix, Dorothea L. (1802-1887) American Eras. (1997). Retrieved December 19, 2011 from Encyclopedia.com: http://www.encyclopedia.com/doc/1G2-2536601107.html

Dix, Dorothea L. (1802-1887) Encyclopedia of World Biography. (2004). Retrieved December 18, 2011 from Encyclopedia.com: http://www.encyclopedia.com/doc/1G2-3404701801.html

Dix, Dorothea L. (1802-1887) West's Encyclopedia of American Law. (2005). Retrieved December 18, 2011 from Encyclopedia.com: http://www.encyclopedia.com/doc/1G2-3437701461.html

Durant, W. and Durant, A. (1965) The Lessons of History, New York: Simon & Schuster.

Murphy, G. and Kovach, J. K. (1972) Historical introduction to modern psychology, London: Routledge and Kegan Paul.

Trattner, W. I. (1999) From Poor Law to Welfare State: a history of social welfare in America. NY: Free Press.

Woodroofe, K. (1962) From Charity to Social Work: in England and the United States, London: RKP.

第三章

洪蕙芬、簡守邦和譯（Paul Barker ed.）（1999）福利國家的創建者：16個英國社會改革先驅。臺北：唐山出版。

Boyd, N. (1982) Josephine Butler, Octavia Hill, Florence Nightingale: Three Victorian women who changed their world, The MacMillan Press Ltd.

Walkowitz, J. (1980) Prostitution and Victorian Society: Women, Class and the State. Cambridge.

第四章

洪惠芬、簡守邦合譯（Paul Barker ed.）（1999）《福利國家的創建者—十六個英國社會改革先驅的故事》。臺北：唐山。

Bremner, R. H. (1965) An Iron Scepter Twined with Roses: The Octavia Hill System of Housing Management, The Social Service Review, 39(2), 222-231.

Bell, E. M. (1943) Octavia Hill: a biography. London: Constable and Co.

Whelan, R. (1998) Octavia Hill and the Social Housing Debate: Essays and Letters by Octavia Hill, London: Institute of Economic Affairs.

Maurice, C. E. (1913) Life of Octavia Hill as told in her letters. London: Macmillan.

Mackay, C. J. (2000) Housing Management and the Comprehensive Housing Model in Hong Kong: A case study of colonial influence. Journal of Contemporary China, 9(25), 449-466.

Octavia Hill (2013, March 7). In Wikipedia, The Free Encyclopedia. Retrieved 10: 17, March 11, 2013, from http://en.wikipedia.org/w/index.php?title=Octavia_Hill&oldid=471143175

Smith, M. K. (2008). Octavia Hill: housing, space and social reform, the encyclopedia of informal education. Retrieved January 14, 2012, from http://www.infed.org/thinkers/octavia_hill.htm

第五章

林萬億（2013）當代社會工作—理論與方法。臺北市：五南圖書出版股份有限公司。

林萬億（2007）團體工作—理論與技術。臺北市：五南圖書出版股份有限公司。

林勝義（2011）。《社區工作》。臺北市：五南圖書出版股份有限公司。

林勝義（2010）社會工作概論。臺北市：五南圖書出版股份有限公司。

莊秀美（2004）社會工作名人名著。臺北：松慧有限公司。

黃彥宜（2007）溫柔的權威：十九世紀湯恩比館的發展。《社區發展季刊》，119: 387-401。

Abel, E. K (1974) A Victorian Views Reconstruction: The American Diary of Samuel Augustus Barnett. Civil War History, 20(2): 135-156.

Smith, M. K (1999) University and social settlements, and social action centres, the encyclopaedia of informal education. Retrieved September, 11, 2012, from http://www.infed.org/association/b-settl.htm

Reinders, R.C. (1982) Toynbee Hall and the American Settlement Movement. Social Service Review, 56(1): 39-54

Brigs, A. & Macartney, A. (1984) Toynbee Hall, the first hundred years. London: RKP

Pimlott, J. A. R. (1935) Toynbee Hall, fifty years of the social progress 1844-1934. London: Dent.

The University of Norttingham (unknown). Biography of Edward Denison, Bishop of Salisbury (1801-1854), and his family. Retrieved March 11, 2013, from http://www. nottingham.ac.uk/manuscriptsandspecialcollections/collectionsindepth/family/denison/ biographies/biographyofedwarddenison, bishopofsalisbury (1801-1854),andhisfamily. aspx

第六章

林萬億（2010）社會福利。臺北：五南圖書出版股份公司。

洪惠芬、簡守邦合譯（1999）福利國家的創建者：十六位英國社會改革先驅的故事。臺北：唐山出版社。

莊秀美（2004）社會工作名人與名著，第八章：韋布夫婦。臺北市：松慧出版公司。

劉建伶（2001）從貧窮救助到國民保險：以韋布夫婦及英國濟貧法皇家委員會報告書（The Minority Report of the Poor Law Commission）為討論對象（1905-1912）。國立台灣大學歷史所碩士論文。

Caine, B. (1983) Beatrice Webb and her Diary. Victorian Studies, 27(1): 83.

Flewers, P. (2005) A happy land far, far away? "Fellow-traveling with sir Bernard Pares and Sidney and Beatrice Webb." School of Slavonic and East European studies (Autumn 2005).

Fraser, D. (2009) The Evolution of the British Welfare State, 2nd ed. Basingstoke: Macmillan Press.

Mackenzie, N. and Mackenzie, J. (2001) The Diaries of Beatrice Webb, Northeastern; Abridged Ed.

O'day, R. and Englander, D. (1995) The History of Social Investigation in Britain, Scolar Press.

Richardson A. (1937) "Introduction" to C. L. R. James, World Revolution 1917-1936: The Rise and Fall of the Communist International. Humanities Press.

Rose, M. (1986) The Relief of Poverty 1834-1914, 2nd ed. Macmillan.

第七章

Alonso, H. H. (1995) Nobel Peace Laureates, Jane Addams and Emily Greene Balch: two women of the Women's International League for Peace and Freedom", Journal of Women's History, 7: 2, 6-16.

Conway, J. K. (1998) When memory speaks: reflections on autobiography. New York.

Lubove, R. (1965) The Professional Altruist: the emergence of Social Work as a Career, Cambridge, MA: Harvard University press.

Lundblad, K. S. (1995) Jane Addams and Social Reform: a role model for the 1990s, Social Work, 40: 5, 661-668.

Polikoff, B. G. (1999) With one bold act: The story of Jane Addams. New York, NY: Boswell Books.

Trattner, W. (1999) From Charity to Welfare State：a history of social welfare in America, 6th ed. NY: The Free Press.

Wenocur, S. and Reisch, M. (1989) From Charity to Enterprise: the development of American social work in a market economy, Urbana: University of Illinois Press.

Woodroofe, K. (1962) From Charity to Social Work: in England and the United States, London: RKP.

第八章

莊秀美（2003）〈芮奇孟的生平與社會工作思想〉，《社區發展季刊》，103: 170-183。

許臨高（2010）〈歐美社會個案工作的沿革與發展〉，《社會個案工作—理論與實務》。臺北：五南圖書出版股份有限公司。

Agnew, E. (2004) From Charity to Social Work: Mary E. Richmond and the Creation of an American Profession. Urbana and Chicago: University of Illinois Press.

Lubove, R. (1965)The Professional Altruist: the emergence of Social Work as a Career, Cambridge, MA: Harvard University press.

Perlman, H. (1957) Social Casework: a problem-solving process, Chicago: University of Chicago Press.

Richmond, E. M. (1906) Friendly Visiting among the Poor: A Handbook for Charity Workers. Russell Sage Foundation. Retrieved January 12, 2012 from http://www.russellsage.org/sites/all/files/u4/Brief%20History%20of%20RSF.pdf

Shoemaker, L. M. (1998) Early Conflicts in Social Work Education, Social Service Review, June, 182-191.

Trattner, W. I. (1999) From Poor Law to Welfare State: a history of social welfare in America. NY: Free Press.

Wenocur, S. and Reisch, M. (1989) From Charity to Enterprise: the Development of American Social Work in a Market Economy, Urbana: University of Illinois Press.

Woodroofe, K. (1962) From Charity to Social Work: in England and the United States, London: RKP.

第九章

Mahood, L. (2009) Feminism and voluntary action: Eglantyne Jebb and Save the Children,1876-1928. Basingstoke: Palgrave Macmillan.

Mulley, C. (2009) The woman who saved the children: a biography of Eglantyne Jebb founder of Save the Children. Oxford: Oneworld.

Yates, M. (2011) Leader Values: Eglantyne Jebb Retrieved 10/1, 2011, from http://www. leader-values.com/Content/detail.asp?ContentDetailID=794

第十章

林萬億（2013）當代社會工作—理論與方法。臺北：五南圖書出版股份有限公司。

私人部落格。〈美國憲政歷程—影響美國的二十四個司法大案〉。上網日期：2012年1月16日，取自私人部落格http://tw.myblog.yahoo.com/jw!eabYLUWRGBZLreDWWvR6GJAIgA-/article?mid=1159&prev=1160&next=1158&page=1

Lubove, R. (1965) The Professional Altruist: the emergence of social work as a career, 1880-1930. Cambridge, Ma: Harvard University Press.

Sorensen, J & Sealander, J. (2008) The Grace Abbott Reader. USA: University of Nebraska Press.

Trattner, W. I. (1999) From Poor Law to Welfare State: a history of social welfare in America. NY: Free Press.

第十一章

林萬億（2013）當代社會工作：理論與方法。臺北：五南圖書出版股份有限公司。

Brieland, D., Costin, L. B. & Atherton, C. R. (1985) Contemporary Social Work: an introduction to social work and social welfare, NY: McGraw-Hill Book Co.

Fisher, J. (1980) The Response of Social Work to the Depression, Cambridge, MA: Schenkman Publishing Co.

Mary Abby Van Kleeck (2011) In Encyclopadia Britannica. Retrieved December 19, 2011 from http://www.britannica.com/EBchecked/topic/622713/Mary-Abby-van-Kleeck

Paul, A and Van Kleeck, M (1924) Is Blanket Amendment Best Method in Equal Rights Campaign? The Congressional Digest, 1924, March, p. 198.

Reisch, M. and Andrews, J. (2001) The Road not Taken: A History of Radical Social Work in the United States. Philadelphia, PA: Brunner-Routledge.

Selmi, P. and Hunter, R. (2001) Beyond the Rank and File Movement: Mary van Kleeck and Social Work Radicalism in the Great Depression, 1931-1942. Journal of Sociology & Social Welfare, 28: 2, 75-101.

Van Kleeck, Mary (1936). What I expect of Roosevelt, The Nation, No.14, November, 1936, p.571.

Wenocur, S. and Reisch, M. (1989) From Charity to Enterprise: the Development of American Social Work in a Market Economy, Urbana: University of Illinois Press.

第十二章

林萬億（2013）當代社會工作：理論與方法。臺北：五南圖書出版股份有限公司。

Reynolds, B. C. (1942) Learning and teaching in the practice of social work. New York: Russell & Russell.

Cullen, Y. T. (1980) Maverick Mind: Bertha Capen Reynolds and Social Work, 1885-1978. Australian Social Work, 33(2), p25-31.

Hartman, A. (1986) The Life of Bertha Reynolds: Implications for Education and Practice Today. Smith College Studies in Social Work, 56.

第十三章

Gordon, L. (1996) Fitting Charlotte Towle Into The History Of Welfare Thought In The U.S.. Paper presented at a Conference in Honor of Charlotte Towle sponsored by the University of Chicago School of Social Service Administration, Chicago.

Perlman, H. H. (1969) Helping: Charlotte Towle on Social Work and Social Casework, Chicago: The University of Chicago.

University of Chicago Library (2012) Guide to the Charlotte Towle Papers 1915-1968. 2012.1.14取自http://www.lib.uchicago.edu/e/scrc/findingaids/view.php?eadid=ICU.SPCL.TOWLE.

第十四章

林萬億（2013）當代社會工作：理論與方法。臺北：五南圖書出版股份有限公司。

Alinsky, S. D. (1971) Rules for Radicals. New York: Vintage Books

Finks, P. D. (1984) The radical vision of Saul Alinsky. New York: Paulist Press.

Playboy Magazine (March, 1972) Playboy Interview: Saul Alinsky。

Reinders, R. C. (1982) Toynbee Hall and the American Settlement Movement. Social Service Review, 56(1), 39-54.

Trolander, J. A. (1982). Social Change: Settlement Houses and Saul Alinsky, 1939-1965. Social Service Review, 56(3), 346-365.

國家圖書館出版品預行編目資料

社會工作名人傳／林萬億著.--初版.--
臺北市：五南, 2014.03
　面；　公分.--
ISBN 978-957-11-7511-9（平裝）
1.社工人員　2.傳記
547.99　　　　　　　　　103001282

1JDR
社會工作名人傳

作　　者 — 林萬億(138)、鄭如君等

發 行 人 — 楊榮川

總 編 輯 — 王翠華

主　　編 — 陳姿穎

責任編輯 — 邱紫綾

封面設計 — 童安安

出 版 者 — 五南圖書出版股份有限公司

地　　址：106台北市大安區和平東路二段339號4樓

電　　話：(02)2705-5066　　傳　　真：(02)2706-6100

網　　址：http://www.wunan.com.tw

電子郵件：wunan@wunan.com.tw

劃撥帳號：01068953

戶　　名：五南圖書出版股份有限公司

法律顧問　林勝安律師事務所　林勝安律師

出版日期　2014年 4 月初版一刷
　　　　　2016年 9 月初版二刷

定　　價　新臺幣380元